出版说明

胡立根、谢晨先生主编的"经典阅读课"丛书，致力于传承中华优秀文化基因，提升青少年核心素养，帮助中小学生在阅读经典中建构并丰富自己的精神图式。在编辑过程中，我们按照现代出版规范对选文进行了统一处理，对部分选文做了删减，力求提供一套符合现代文字规范的青少年读物，以建立对纯洁汉语的认知和体悟。敬请作者、译者见谅。

另外，我们已经联系到大部分选文的作者和译者，他们同意将作品列入"经典阅读课"丛书，但由于作者面广，仍有部分作者和译者无法取得联系。请作者和译者看到本丛书后，尽快与我们联系，以便奉寄样书和稿酬。

诚致谢意！

联系人：蒋鸿雁
电话：0755-83460371
Email：984213171@qq.com

深圳市海天出版社有限责任公司
2018年7月

青少年核心素养
经典阅读课

生命的长河

文学顾问/曹文轩

主编/胡立根 谢晨

本册主编/刘文山 高培臣

编者/刘文山 高培臣 邹华桢 黄州洋 王冲林

海天出版社
·深圳·

图书在版编目(CIP)数据

生命的长河 / 胡立根, 谢晨主编. — 深圳 : 海天出版社, 2018.7（2020.7重印）
（青少年核心素养经典阅读课）
ISBN 978-7-5507-2243-9

Ⅰ.①生… Ⅱ.①胡… ②谢… Ⅲ.①阅读课—中学—课外读物 Ⅳ.①G634.333

中国版本图书馆CIP数据核字(2017)第325443号

生命的长河
SHENGMING DE CHANGHE

出 品 人	聂雄前
项目负责人	蒋鸿雁
责 任 编 辑	谢 芳
责 任 技 编	梁立新
责 任 校 对	叶 果
封 面 设 计	深圳市张达利设计有限公司

出版发行	海天出版社
地　　址	深圳市彩田南路海天综合大厦（518033）
网　　址	www.htph.com.cn
订购电话	0755-83460239（邮购、团购）
排版制作	深圳市龙瀚文化传播有限公司　0755-33133493
印　　刷	深圳市华信图文印务有限公司
开　　本	787mm×1092mm　1/16
印　　张	18.25
字　　数	286千
版　　次	2018年7月第1版
印　　次	2020年7月第2次
定　　价	32.00元

海天版图书版权所有，侵权必究。
海天版图书凡有印装质量问题，请随时向承印厂调换。

总 序

阅读需要仰视

阅读,是对世界和生命的凝视。未经凝视的世界是毫无意义的。苏格拉底说:"认识你自己。"经由阅读,我们的心沉静下来,开始细心聆听远方的声音,聆听与自己相隔千里万里、相距千年万年的高贵的生命回响,从而更好地认识世界,认识自己。

阅读,让灵魂高贵,让生命丰盈。人的精神高度与阅读高度紧密相联,人因读书而高贵。经由阅读,你会获得一种让灵魂生香的高贵气质。阅读,让我们领略另一种不可能经历的时代和生命,让我们用一种新的眼光反思生活,面对人生。

阅读与写作相辅相成。阅读是张弓,写作是支箭。要想写作这支箭射得更远,就要让阅读这张弓更强。阅读就像采摘葡萄,在心土的深处发酵久了就变成了葡萄酒,这就是阅读给再创作带来的灵感。

阅读,要与高贵的文字结缘。书是有血统的。我们要读有高贵血统的书,这些书能照亮生命的旅程。对于成长中的孩子而言,要让他们在有限的生命长度里读有价值的书,多读能够打精神底子的书,读"有根的书",读经典。经典至高无上,阅读需要仰视。

深圳是一座有着自己的人文梦想的城市,深圳读书月已经开展了

18年，深圳青少年阅读也一直是一面迎风招展的旗帜。这些年来，我每年都要到深圳，和深圳的校长、老师、学生，也和更多的市民朋友讲阅读，我一直强调读书要有选择，青少年人生经历有限，学业压力大，读什么书是一个很重大的问题。我在很多情况下讲过，现在的很多孩子读的是没有用的书，没有"根"的书。这个根，就是要有"文脉"，能够传承下去。近年来，深圳市学生文联和胡立根工作室一直在做一件事情，那就是帮助、引导学生阅读经典。基于青少年核心素养的"经典阅读课"丛书，立足人生中必然面对的关于传统、关于生命、关于自然、关于亲情、关于家园、关于哲学、关于历史、关于审美等12大命题，精选古今中外经典名篇，加以导读，汇成12个主题读本。这套"经典阅读课"是知名特级教师胡立根、知名阅读推广人谢晨和他们的团队多年阅读教育和阅读推广实践的集大成，已经数年试用，效果良好。我乐于见到一个青少年经典阅读推广的阳光地带。

"经典阅读课"是一套有"根"的书。愿每一个青少年读者都能懂得仰望经典、凝视生命，在阅读经典的过程中建构精神家园，打好人生底色。

曹文轩
2017年12月于北京大学蓝旗营住宅

序言

传承文化基因,提升核心素养

"春江潮水连海平,海上明月共潮生。滟滟随波千万里,何处春江无月明……"

浩瀚的大海,蕴藏无数珍奇,充满神奇魅力。但是,沧海茫茫,却又令我们无所适从。于是,许多人一个猛子扎进去,纵然喝了满肚子的海水,但最终被淹没在大海之中。有的人跳进去,捞了几只鱼虾,上得岸来,也不管有没有毒,适不适合,便整条整条地吃下去,吃得津津有味,这样,虽是品尝了海味,但终是囫囵吞枣,难免中毒,更不知大海中还有许多更神奇的美味。于是有一些潜水高手,一些渔民,从大海中打捞出各种珍品,一股脑堆在那里,或者胡吃海吃,最终可能导致消化不良,难以有效吸收。

同样,当我们来到人类文化的大海之滨,渺小的我们,会不会像当年张若虚那样,被人类文化的浩渺所震撼,所吸引?面对人类浩如烟海的文化典籍,我们有这样几种做法,一种是一头扎进去,找到几本书,也不知适不适合自己,读了再说。这种阅读,当然有价值,但正如老子所言:"吾生也有涯,而知也无涯。以有涯随无涯,殆已!"在信息化的当今时代,各种信息纷至沓来,新的知识层出不穷,令人应接不暇,尤其是学生，课业负担繁重，而大部分学生今后所从事的又并非狭义的文化类工作，哪有那么多时间一本一本地将文化典籍读完呢？这样我们所读的典籍终究有限。

于是我们有许多文人、学者、老师，从大量的文化典籍中遴选出优秀的篇章，编辑了各种各样的读本。这些读本因为经过了认真挑选，剔除了糟粕，浓缩了精华，应该是为读者提供了一定的精神食粮。这些读本虽然也形成了自己的所谓体例，也多是分单元阅读，但基本上是，或按作者，或按朝代，或按国别，或者取一个华美的单元标题，选文之间多缺乏内在的逻辑联系，选本没有形成独立的思维结构，因而仍然脱不了碎片化的嫌疑。大多只是将许多好东西送到了读者的面前，读者读完之后，虽不说是一地鸡毛，但很可能是一锅乱炖。

这就涉及我们今天为什么要阅读经典的问题。其中的一个目的，可能是了解，通过阅读经典，知道往圣先贤的生活、思想状况。但是，了解不应该是主要目的，读经典主要不是为了发思古之幽情。经典的阅读，不是让读者回到过去，更不是让孩子们穿着唐装汉服，摇头晃脑地之乎者也，经典阅读的目的应是指向未来；我们要将往圣先贤请到当下，让他们来指导我们当下的行为。因此经典阅读的目的，固然有丰富知识的因素，但是，知识不是我们的终极目的，经典阅读最终应该指向我们的行为，指向实践。

人类文化经典的形成，并不是一朝一夕之功，而是千千万万的先辈们，面对生命，面对人生，面对世界的诸多问题、诸多困扰，进行探索，从而形成他们的思考，形成他们应对的态度和精神。因此，所谓经典，本质上就是往圣先贤人生实践的精彩总结与记录。其中，最有价值的就是往圣先贤思考问题的方式、他们的精神态度、他们的人生趣味，这一切，我们不妨称之为思维图式、精神图式和审美图式。

早在19世纪，威廉·冯·洪堡特就说："在语言中，个别化和普遍性协调得如此美妙，以至我们可以以为下面两种说法同样正确：一方面,整个人类只有一种语言;另一方面,每个人都有一种特殊的语言。"①世界的语言无疑是多种多样的,但洪堡特为什么说整个人类只有一种语言?因为,每一种语言的背后,实际上隐藏着民族共同的认知与思维的方式和情感、价值观、世界观的共同趋向,甚至隐藏着整个人类相近的思维与认知方式,人类相近的情感价值观方向,也就是说,形形色色的语言背后,有民族的、人类的共有的思维图式、精神图式和审美图式在,正因为这样,不同语言的人群之间才能进行沟通和理解。而这些共有的图式,就是洪堡特所谓共有的语言,这些共有的思维图式,实际上就是民族和人类的文化基因。而经典,之所以能成为经典,就是因为承载了民族的、人类的共同的思维与情感的成果,隐含了一个民族甚至整个人类的共有图式。因此,民族的、人类的共有的思维图式、精神图式、审美图式应该是经典的内核。

经典之所以成为经典,固然与经典语言的规范与生动有关,但经典往往并不代表当时语言的最高法则,即使经典的语言代表当时语言的最高法则,这些法则对于当今时代,其价值也是极其有限的。经典的最高价值,是人类和民族某一阶段、某一方面的思维图式、精神图式乃至审美图式的精致的凝固,是民族和人类的思维图式、精神图式、审美图式的瑰宝,是人类文化的优秀基因。这才是我们阅读经典最应关注的东西!对于读者来说,人生也许没有非读不可的书,就像苏轼没有读过《红楼梦》,奥巴马不一定读过《论语》,但是,人生一定有必须面对和思考的问题,所以,《红楼梦》中涉及的许多话题,苏轼都有过深邃的思考,《论语》中涉及的许多问题,奥巴马也应该做过探索。所以,今天读经典,可能并非必须读某一本书,但是,我们应该从经典中吸取往圣先贤应对人生问题的优秀的思维图式、精神图式和审美图式,从而优化我们自己的思维结构、精神世界和审美趣味,进而提升我们的核心素养。

---

① 威廉·冯·洪堡特. 论人类语言结构的差异及其对人类精神发展的影响[M]. 姚小平,译. 北京:商务印书馆,1999.

这样，经典阅读，实际上有三个层面，第一个层面是语音、文字、词汇和语法，这是最表层的东西，也是入门的东西；第二个层面是语言的技巧，包括修辞、章法、为文技巧等；第三个层面是思维图式、精神图式和审美图式。而第三个层面，实际上又包括两个层次：一是民族的思维图式和精神图式；二是人类的思维图式和精神图式。第三个层面才是经典阅读的关键所在。

但是，我们怎样从经典中获取这些高贵的文化基因？我们怎样才能掌握人类几千年来传承的思维图式、精神图式和审美图式？按照前文所述的第一种方式，一头扎进去，找几本书读一读，固然可能获取某一个作家的某种文化基因，但，一则可能将不良基因也一并收取，二则所获有限。如果按上述第二种方式，阅读各种优秀文章堆砌的读本，可能避免了不良基因的吸收，但是，这些选本多是文章的碎片化堆砌，并没有从思维图式、精神图式和审美图式的角度进行整合，在阅读中，我们可能只能形成碎片化的记忆，难以形成我们自己的优秀的思维、精神、审美的图式。

基于这样的思考，我们尝试着从人生必须思考的问题出发，精选人生问题的12个主题，研究往圣先贤对这些问题的思考、态度与趣味，从浩如烟海的经典中，抽取我们认为承载了优秀的思维图式、精神图式、审美图式的经典文本，按相关主题，从这三个图式的角度加以梳理，编辑了这一套"青少年核心素养经典阅读课"主题阅读丛书，以求有助于构建我们的思维图式、精神图式和审美图式。

本丛书共分12个主题。包括人生首先必须面对的生命问题、人生发展问题、情感问题，从这个层面，我们编辑了《生命的长河》《人生的智慧》和《情感的咏叹》三个主题读本；然后是人与自然的关系、人与家国的关系和人与历史的关系，从这个层面我们编辑了《自然的密码》《家园的守望》和《历史的声音》三个主题读本；再上升一层是本民族的文化传承、科学的问题和哲学思考，在这个层面，我们编辑了《传统的精髓》《科学的边界》和《智者的哲思》三个主题读本;作为经典的语文读本,我们还从审美的角度选取了三个主题,包括审美与艺术、经典美文、古典诗词,由此编辑了《审美的盛宴》《美文的品鉴》和《诗词的韵味》三个主题读本。

为了引导读者从思维图式、精神图式和审美图式的角度思考相关主题,在编辑中,我们力图体现以下编创原则:

一是经典性。在选文上,力求将人类关于相关主题的思想精华和最具艺术化的作品呈现给读者,尽量让读者占领相关主题的人类思维制高点。

二是建构性。该丛书与其他读本类丛书最大的区别在于,编者以人生必须面对的问题为切入口,以问题的思辨和解决为逻辑主线,选取相关经典,力图以此引导读者建立起相关的精神图式、思维图式。

三是可读性。考虑到本丛书的主要读者对象为青少年,在选文上尽量做到经典性的同时,适当降低了选文难度,难度稍大的选文,在"导读"和"交流之窗"中对阅读做一些梳理性的提示。在导读的用语上也尽量考虑以青少年为读者对象,尽量增强导读的活泼性和可读性。

四是思辨性。在选文上,将思辨性放在优选地位,以期给读者思想启迪,不少章节有意识地选取了一些持不同观点的文章,目的在于形成思想的冲击波。编者还为读者提供了相关主题的研究范本,试图引导读者对相关主题结合当下进行深入思考与研究,帮助读者形成相关主题的健全的意识与感悟、思考。

五是原创性。在编辑中尽量做到体例的原创,导读的原创,注释的部分原创。在体例上,根据相关主题的思维结构设计相关章节,试图以此形成相关主题的完整的思维结构和精神样式。每个主题的每一章设计有相关的导读,每篇选文设计有编者与读者的"交流之窗",以引导读者深入思考。

六是大视野。选材范围力争广阔,力争站在一定的学术高度,所以除了国学主题之外,其他主题所选文章都涉及古今中外。而国学主题的选文则尽量从整个国学史的大视野，提取中华文化的优秀基因，选取国学经典，并从源流上对中华民族的优秀的思维图式、精神图式进行梳理。

  本丛书能够顺利出版，非常感谢胡立根工作室的所有成员及编写工作的所有参与者的辛勤劳动。当然更要感谢促成本丛书出版的谢晨先生，感谢海天出版社的领导和编辑的大力支持。尤其要感谢安徒生文学奖得主曹文轩先生欣然担任本丛书的文学顾问并为本丛书作序，曹先生对本丛书的编辑给予了多方面的指导，提出了许多宝贵的具体建议，才能使本丛书有今天的高度。

  当然，由于编者视野和水平所限，选文、体例、导读等等，难免有不尽如人意的地方，我们期待读者的宝贵意见。

胡立根
2017年12月于深圳羊台山

前言

生命无疑是宇宙间最神秘而伟大的现象，这一点，只要我们环视宇宙就都会毫无疑义地承认。千百年来，人类在茫茫宇宙中上下求索，却至今还没有发现其他任何生命迹象。而更令人惊叹的是，千百年来地球生命的演化和进步是如此神奇，地球在各种生命的共同经营下是如此丰富多彩、琳琅满目。难怪中外上古创世神话不约而同地都将生命的创造权交给了神灵——盘古开天，盖亚创地；亚当夏娃繁衍，伏羲女娲造人……

生命多样，而人类贵为灵长。中西先民们很早就认识到人类在众多生命中的尊贵地位。西方宗教把人类称作"上帝之子"，赋予人以神性；东方文化将人归入"三才"，与天地同尊。它们标志着人类自我意识的觉醒——他开始以主人翁的心态审视自身及其所处的世界。在这绿色的星球上，人类是唯一具有自知之明的生物。人类高度的自觉性使之能傲视众生，在进化的道路上独领风骚。

但是，这种自觉会转化为自尊，也会转化成自大，进而影响甚至左右着人类自己以及地球的命运。生命本质脆弱，但它是一棵"会思想的芦苇"，它能"精骛八极，心游万仞"，它能在有限的生命里，创造出惊天动地的事业。

因而中外先民们都极为重视生死。"死生亦大矣""慎终追远""事死如生""未知生，焉知死？"……这些话语的背后，是先民们对生命的无比敬畏。在各国民俗中,生命的生死两端的掌管者都是神灵,而庆生悼死也始终是他们共同的重要内容。"生"是生命之所从来,"死"是生命之所由去。鉴古方会知今,继往才能开来。弄清生命来自何处、去往哪里,这对人类从来都具有极强的现实意义:它不仅催生了哲学,引导人类反思反省,探索求知,去明晓生命的价值,洞察生命的意义,而且提升了人类生命的层次,促使人类自身不断发展和进步。

  而在当下中国,随着社会急剧发展变化和传统禁忌被打破,近些年轻视生命、虐待生命,甚至残害生命的现象频出,牵扯着社会敏感的神经。尤其是出现在校园中的这些现象,更加震撼着日益脆弱的社会心理。现象背后暴露出我们人文教育(其中尤其是生命教育)的缺失。因此加强生命教育的问题逐渐引起教育界的重视并越来越形成共识。

  所谓生命教育,"即是直面生命和人的生死问题的教育,其目标在于使人们学会尊重生命、理解生命的意义以及生命与天人物我之间的关系,学会积极地生存、健康地生活与独立地发展,并通过彼此间对生命的呵护、记录、感恩和分享,由此获得身心灵的和谐,事业成功,生活幸福,从而实现自我生命的最大价值"。(《生命教育导师》)这一思想,最先是由美国学者杰·唐纳·华特士于20世纪60年代提出,但在我国直到2010年,教育部才正式将它写进了《国家中长期教育改革和发展规划纲要》中。

  语文学科应该是中学人文教育的主战场,但生命教育却一直是语文教育中被忽略的问题(虽然教材的一些篇目可以引申到这一问题),中学语文教育从未将它作为教学的主要内容,更没有规划单元教学来落实它和强化它。因此,我们编选本读本,其中一个想法就是试图弥补这一缺憾。我们希望精选出关于生命的人类思想的精华和精美的文字,为青年学生提供一个思维的平台,进而让他们更深刻地理解生命。当然,更高一层的愿望是能为他们打开一扇思想之窗,以便于形成关于生命的相关的思维图式和精神图式。用钱理群教授的话来说,就是能为他们打下"精神的底子"。

  全书共分六个专题,分别从不同的视角为青年学生提供关于生命的研究参考。生命来之不易,它是宇宙间最奇特的现象。专题一就是从生命起源的角度揭示生命的难得与珍贵。生命之路由来坎坷,内外两重原因都决定了人生的艰难,因而专题二直面人生,揭示生命可能遭遇的种种痛苦和灾难。专题三讨论生命的价值和意义。生命固然艰难,但其中的快乐和美好却也足以让人向往,多少人都曾希望生命永驻,人生再来。专题四则讨论生命的坚韧和高贵。生命本质脆弱,人类只是一棵"会思想的芦苇",但是它因为有思想、精神而伟大。最后两个专题试图将视角引向深入:专题五"向死而生"直面死亡,将触发读者思考死亡的本质,领略生命的伟大;专题六"超越永恒"则展现生命的至高追求,促使读者探究人生的终极价值。

　　围绕生命这一主题,我们努力编选古今中外最为精华的文字,但限于本书的阅读对象和编者的视野、水平,所选文章肯定只是其中的沧海一粟,一定难免有"遗珠之憾"。期待能得到读者的反馈,以便以后不断完善它。

编　者

目录 contents

001　第一编　生命之源

文学之花

- 004　中国上古神话三则
- 006　圣经·创世记
- 008　大自然的礼赞　　　　　　　　　　　　　　　李长之
- 011　九年的家乡教育（节选）　　　　　　　　　　胡　适
- 015　泷冈阡表（节选）　　　　　　　　　　　　　欧阳修
- 017　母亲的诗（节选）　　　　　米斯特拉尔　赵振江 译
- 021　我为什么而活着　　　　　罗　素　胡作玄　赵慧琪 译

理性之光

- 023　人类在自然界的位置（节选）　　　赫胥黎　林　素 译
- 028　细胞生命的礼赞　　　　　托马斯·刘易斯　李绍明 译
- 031　论生活　　　　　　　　　　　　　雪　莱　徐文惠 译
- 035　薛定谔的《生命是什么》　　　　　　罗辽复　罗来鸥

039　第二编　沉重的肉身

文学之花

- 042　兰亭集序　　　　　　　　　　　　　　　　　王羲之
- 044　祭十二郎文　　　　　　　　　　　　　　　　韩　愈
- 047　墓畔哀歌　　　　　　　　　　　　　　　　　石评梅
- 051　寒风吹彻　　　　　　　　　　　　　　　　　刘亮程
- 056　人生寓言　　　　　　　　　　　　　　　　　周国平

062	奥斯维辛没有什么新闻	罗森塔尔	黎 信 等译
065	安妮日记（节选）	安妮·弗兰克	彭淮栋 译
075	人	高尔基	李玉祥 译

理性之光

082	鱼，我所欲也		孟 子
084	智慧的痛苦		张志伟
087	人生的真义		陈独秀
090	人：一种无常的存在	阿罗宾诺	石海峻 译
093	论生存的痛苦与虚无（节选）	叔本华	韦启昌 译
097	基于中西不同文化背景下的生命观探微 ——以挪亚方舟和大禹治水故事为例		阮金纯

103　第三编　温暖与欢愉

文学之花

106	春夜宴从弟桃花园序		李 白
108	天才梦		张爱玲
111	秋天的况味		林语堂
113	不需注释的生命		祝 勇
116	飘舞一次　美丽一次		何敏宏
118	外国随笔三篇		
	热爱生命（节选）	蒙 田	潘丽珍 等译
	幸　福		卢 梭
	青春赋	萨缪埃尔·沃尔曼	朱继华 译
121	人生旅途	泰戈尔	白开元 译
124	引言	雅罗斯拉夫·赛弗尔特	杨学新 译
126	无知的乐趣		罗伯特·林德
130	花未眠	川端康成	叶渭渠 译

理性之光

133	幸福	亚里士多德　廖申白 译
139	论快乐	钱锺书
142	人是什么？	赵鑫珊

149　第四编　坚守与仰望

文学之花

152	涉江	屈原
154	希望	鲁迅
156	石缝间的生命	林希
159	巩乃斯的马	周涛
164	一只特立独行的猪	王小波
167	我与地坛（节选）	史铁生
170	我的信念	居里夫人　穆霞 译
172	我有一个梦想	马丁·路德·金

理性之光

176	人生三种态度：逐求、厌离、郑重	梁漱溟
179	救世和自救	周国平
183	庄子：在我们无路可走的时候	鲍鹏山
186	我的人生信念	托马斯·曼　林衡哲 译
191	自由的精神	勒尼德·汉德
193	沉思录（节选）	马可·奥勒留·安东尼　吴琼 等译
197	我的世界观	爱因斯坦　许良英 译

201　第五编　向死而生

文学之花

204	五人墓碑记	张溥
206	与妻书	林觉民

209	文天祥千秋祭		卞毓方
218	安于途中		连玉基
220	一片树叶(节选)	东山魁夷	陈德文 译
222	遗嘱	果戈理	童道明 译

理性之光

227	临终辩词		苏格拉底
231	谈怕死		威廉·赫兹里特
232	论老之将至	伯特兰·罗素	申慧辉 译
235	人生之秋	米·努埃曼	李唯中 译
239	论年龄	赫尔曼·黑塞	姚保琮 译

243　第六编　超越永恒

文学之花

246	报任安书(节选)		司马迁
248	昙花的启示		殷颖
250	"无限之生"的界线		冰心
253	世间最美的坟墓——记1928年的一次俄国旅行		
		斯蒂芬·茨威格	张厚仁 译
255	悼念乔治·桑	维克多·雨果	姚远 译

理性之光

258	逍遥游(节选)		庄子
261	人生的境界		冯友兰
264	人和宇宙	维克多·奥辛廷斯基	徐元 译

第一编
生命之源

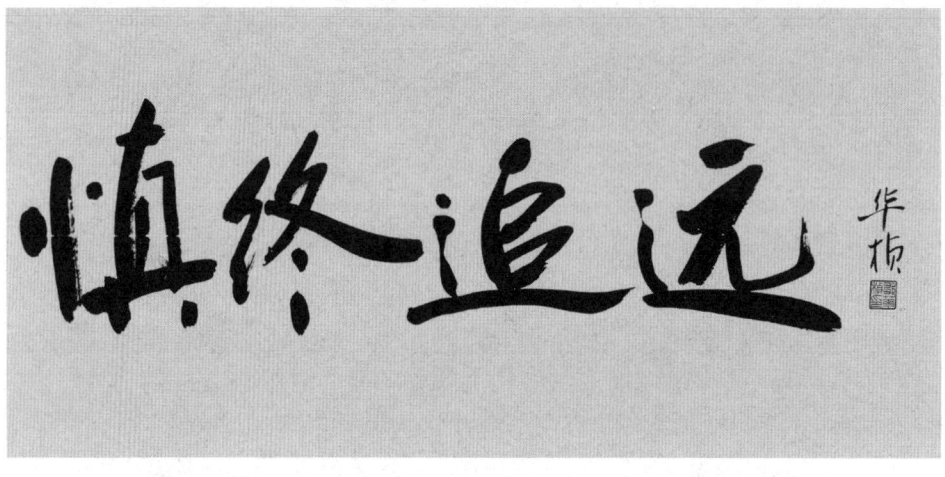

⊙ 慎终追远　邹华桢书

● 单元导读

我从哪里来？你在成长过程中有过这种疑问吗？你还记得小时候缠着妈妈不停追问的情形吗？

这绝不是个别人才有的困惑，而是古今中外人类普遍都有的生存体验。在古希腊，著名的德尔菲神庙中就刻着一则神谕——"认识你自己"，据说它象征人类的最高智慧。而在中国，古老的《中庸》开篇就写道："天命之谓性，率性之谓道，修道之谓教。"意思是天所赋予人的就叫作性，循性而行就叫道，使人修养道就叫作教，也可见儒家很早就开始思考的"天命"等重要概念，就有对人的本性的孜孜探寻。

那么，这个问题为什么这么重要？从浅一些的层面上说，它关乎人类的自我认知，自我定位。人类从远古走来，至今犹如一棵参天大树，弄清它根在哪里，进而培固根基，它才能枝叶繁茂；人类向未来走去，又像是一条奔流的大河，知道它源在何处，从而疏浚源头，它方能长流不绝。而从更深一层来说，弄清这个问题，人类才可以逐步洞悉世界，了解宇宙，最终使自身获得解放。

回顾人类发展的历史，我们可以看到，人类对这个问题的认识，每一次提升，都会带来自身和社会的巨大进步。人类不正是在此基础上才将自己与地球上的其他对象区别开来，从而建立发展出了自己的宗教、信仰、道德、文化、科学、技术等吗？随着人类对自我认识的不断深入，人类从蒙昧走向了文明，走向了不断进化的伟大路程。

本编就让我们跟随先贤去了解、感悟、思考这个问题。他们有从宗教角度作出的解释，体现出对生命的敬畏与尊重；有从文学角度作出的思考，表现出对自然的赞颂、对父母的感恩和对生命内涵的把握；有从科学角度作出的分析，揭示出生命的本质属性和重大发现……通过阅读本编，我们将会获得一种全新的视角，去重新打量、审视我们的生命，去建立我们更为坚实的生命意识。

● 文学之花

中国上古神话三则

一

  天地混沌如鸡子①,盘古生其中,万八千岁,天地开辟,阳清为天,阴浊为地,盘古在其中,一日九变,神于天,圣于地,天日高一丈,地日厚一丈,盘古日长一丈,如此万八千岁,天数极高,地数极深,盘古极长,后乃有三皇②。

(选自《宋本艺文类聚》,上海古籍出版社,2013年版)

【注释】①鸡子:鸡蛋。②三皇:传说中上古三帝王。所指说法不一。其中最有代表性的一种说法是指伏羲、神农、黄帝三人。

【交流之窗】
  人类出现之前,天地是如何产生的?在我国上古神话中,盘古就是伟大的创世神。看,他有一万八千岁,他每天生长一丈,他开天辟地。在另一则神话中,据说他死后,是他的身体化作了日月星辰、江河湖海等世界万物。

二

  俗说天地开辟,未有人民,女娲抟①黄土作人。剧务②,力不暇供,乃引绳于泥中,举以为人。故富贵者,黄土人;贫贱凡庸者,引絙③人也。

(选自《太平御览》,中华书局,1960年版)

【注释】①抟（tuán）：把东西揉弄成球形。②剧务：繁剧的事务。③絙（gēng）：大绳索。

【交流之窗】

人类从哪里来？在上古神话中，女娲是中华人类始祖，她用泥土创造了人类。将女娲作为人类的创造者，这是史前母系氏族的一种现实反映。至于说她用手捏的是富贵的人，用绳子沾泥甩出来的是贫贱的人，则反映出封建社会的等级意识。

三

往古之时，四极①废，九州裂，天不兼覆，地不周载。火爁焱②而不灭，水浩洋而不息。猛兽食颛③民，鸷鸟攫老弱。于是女娲炼五色石以补苍天，断鳌足以立四极，杀黑龙以济冀州，积芦灰以止淫水。苍天补，四极正，淫水涸，冀州平，狡虫死，颛民生。

（选自《淮南子集释》，中华书局，1998年版）

【注释】①四极：古代神话传说中天地四方的擎天柱。②爁焱（làn yàn）：猛烈炙烤。③颛（zhuān）：善良。

【交流之窗】

女娲不仅是创造人类的神，也是拯救人类的英雄。这则著名的"女娲补天"神话，讲的是由于水神共工和火神祝融争斗，推倒了不周山这个撑天的地柱，导致人间善良百姓陷于水深火热之中，女娲炼五色石补天，并修好了地柱，杀死了恶龙，止住了洪水，天下因而重回太平。故事体现了先民丰富而质朴的想象力。

圣经·创世记

起初神创造天地。地是空虚混沌,渊面黑暗;神的灵运行在水面上。

神说:"要有光。"就有了光。神看光是好的,就把光暗分开了。神称光为昼,称暗为夜。有晚上,有早晨,这是头一日。

神说:"诸水之间要有空气,将水分为上下。"神就造出空气,将空气以下的水、空气以上的水分开了。事就这样成了。神称空气为天。有晚上,有早晨,是第二日。

神说:"天下的水要聚在一处,使旱地露出来。"事就这样成了。神称旱地为地,称水的聚处为海。神看着是好的。

神说:"地要发生青草和结种子的菜蔬,并结果子的树木,各从其类,果子都包着核。"事就这样成了。于是地发生了青草和结种子的菜蔬,各从其类;并结果子的树木,各从其类,果子都包着核。神看着是好的。有晚上,有早晨,是第三日。

神说:"天上要有光体,可以分昼夜,做记号,定节令、日子、年岁,并要发光在天空,普照在地上。"事就这样成了。于是神造了两个大光,大的管昼,小的管夜,又造众星,就把这些光摆列在天空,普照在地上,管理昼夜,分别明暗。神看着是好的。有晚上,有早晨,是第四日。

神说:"水要多多滋生有生命的物,要有雀鸟飞在地面以上,天空之中。"神就造出大鱼和水中所滋生各样有生命的动物,各从其类;又造出各样飞鸟,各从其类。神看着是好的。神就赐福给这一切。说:"滋生繁多,充满海中的水;雀鸟也要多生在地上。"有晚上,有早晨,是第五日。

神说:"地要生出活物来,各从其类;牲畜、昆虫、野兽,各从其类。"事就这样成了。于是神造出野兽,各从其类;牲畜,各从其类;地上一切昆虫,各从其类。神看着是好的。

神说:"我们要照着我们的形象,按着我们的样式造人,使他们管理海里的鱼、空中的鸟、地上的牲畜和全地,并地上所爬的一切昆虫。"

神就照着自己的形象造人,乃是照着他的形象造男造女。

神就赐福给他们,又对他们说:"要生养众多,遍满地面,治理这地;也要管理海里的鱼、空中的鸟,和地上各样行动的活物。"

神说:"看哪,我将遍地上一切结种子的菜蔬,和一切树上所结有核的果子,全赐给你们作食物。至于地上的走兽和空中的飞鸟,并各样爬在地上有生命的物,我将青草赐给它们作食物。"事就这样成了。

神看着一切所造的都甚好。有晚上,有早晨,是第六日。

天地万物都造齐了。

到第七日,神造物的工已经完毕,就在第七日歇了他一切的工,安息了。神赐福给第七日,定为圣日,因为在这日神歇了他一切创造的工,就安息了。

(选自《圣经》中文和合本)

【交流之窗】

对于人类世界如何产生,西方影响力最大的一本书——《圣经》的解释与我国上古神话有相似点,更有不同处。比如《圣经》中的神是万能的,他井然有序地创造了天地万物;而人类是上帝按照自己的形象创造的,并被上帝赋予了管理大地及各种动物等的职责。

大自然的礼赞[1]

李长之

李长之(1910—1978),中国现代作家、文学评论家、文学史家。

世界不是荒凉的。我们感觉没有人的时候,另外却有更令我们向往的东西,而且这种东西一定存在。仿佛一个堂皇伟大,神秘而崇高的剧场吧,观众是愚妄的,这不要紧,因为他们可以散去。戏曲是鄙俗的,这不要紧,因为可以改。角色平凡,这也仍然能令人忍耐下去,因为可以希望有更不平凡的来代替。所有这些失望的痛苦,和不甘于失望,又追求新的幻影的疲劳,我们都为一点补偿了,也就是多多少少是一种慰藉了,因为剧场总是好的,一切靠不住,剧场靠得住,剧场却比较悠久些。

这剧场就是大自然。一切变,大自然不变,这剧场永远是堂皇,伟大,神秘,崇高的。观众,戏曲,角色,都渺小吧,这剧场却越发庄严。戏散了,这剧场也依然巍峨地矗立着。

所以,只要没忘掉这剧场的人,他是可以心平气和下去的,并且也不会寂寞。

有谁感到没有归宿的么?到大自然里去。

最不自量,而又最不安分的动物,恐怕只有人类吧。人类企求一切,而超越了实际的能力。大自然在这地方却恰是人类的母亲,她不会打消孩子们的梦,虽然早知道那是梦,她却只用种种暗示,种种比喻,种种曲折而委婉的辞令,让人们自己去觉悟。在人们的能力限度以内,她却又鼓舞人们,完成人们,务在把人们所仅有的一点能力,去作一些最善的发挥。

大自然有种种律则,是剧场吧,有剧场的规矩,做母亲呢,也有母亲

---

[1] 该文发表于1935年出版的《星火》杂志第一卷第二期,署名李长之。

的教导之方。不过人们不容易知道。熟悉剧场的人，自然会熟悉剧场的规矩。一个母亲的爱恶，也常是不能明白地说出来的，但是一个骄儿会恰恰符合了母亲的意向。

大自然的骄儿就是天才。大自然永远爱护天才，她有种种设计，是让天才完成自己，虽然不必事先告诉。歌德、屈原、李白、康德、悲多汶（现译作贝多芬）、曹雪芹、高尔基、达文西（现译作达·芬奇），这都是在大自然的爱护之下，而完成了自己的。

大自然往往给她的骄儿一种伟大课题，以课题为重，大自然便不惜给她的骄儿以种种的或甘或苦的经历，几乎不能胜任。她不溺爱，可是她对于她的子孙并不平等。

愚妄的人们，对她是可以怨尤的，然而她不管，她呈现给愚妄的人们的，就是驳杂，混乱，她不求愚妄的人们的了解，也因为他们不能了解。

大自然在天才们的跟前，却是和悦的，她那条理和秩序，完全启示于天才。

天才没有不了解大自然的，大自然对天才，也永不会不爱护。

大自然，有情感，也有意志。她不盲目，也不麻木。她不是没有智慧，她的智慧乃是溶化于情感、意志之中。情感最可靠，大自然是任情感的，一如她所爱护的天才然。

她不但任情感，而且喜欢表现出来，你就看浓绿如油的春水吧，这是她的情感的表现，高空淡远的秋云呢，也是她情感的表现。她处处在流露，她处处似乎情不自禁。

大自然是感官的，是色相的。她忘不掉美、丑的出现，只是在人们对于美的破坏之际。她要点缀一切，她要种种色调，而且那色调要纯粹，要单一，你瞧吧，雪，红叶，云，秋雾的文岚，夏木的浓荫……

大自然就是艺术家。音乐和绘画，她天天在创造。人间一切艺术，不过是大自然的艺术的副本。在人们忘掉，或者忽视了大自然的艺术的时候，往往是人间艺术堕落的时候，一旦携手，那才可以抬头。

艺术家必有意匠，大自然的意志就表现在她创造艺术品的意匠里。大自然的意志是生，所以所有大自然的艺术，是生的表现的艺术。和这不相连的，只有人间的天才。

  大自然，天才，艺术，是宇宙间最永恒的，最伟大的，最庄严的。然而这一切源于大自然。因作大自然礼赞。

（选自《李长之文集》，河北教育出版社，2006年版）

【交流之窗】

  "大自然的深邃或恩惠"是什么？在作者看来，大自然不仅带给了我们生命，而且"天才、艺术，这一切的成就与伟力皆源于大自然"。如今，世界各地"保护环境"的呼声日益高涨，"回归自然"行动方兴未艾，本文能让我们更加深入地理解它们的积极意义。

九年的家乡教育（节选）

胡 适

胡适（1891—1962），字适之，著名思想家、哲学家，"五四"新文化运动的领袖之一。

我小时候身体弱，不能跟着野蛮的孩子们一块儿玩。我母亲也不准我和他们乱跑乱跳。小时不曾养成活泼游戏的习惯，无论在什么地方，我总是文绉绉地。所以家乡老辈都说我"像个先生样子"，遂叫我做"穈先生"。这个绰号叫出去之后，人都知道三先生的小儿子叫作穈先生了。既有"先生"之名，我不能不装出点"先生"样子，更不能跟着顽童们"野"了。有一天，我在我家八字门口和一班孩子"掷铜钱"，一位老辈走过，见了我，笑道："穈先生也掷铜钱吗？"我听了羞愧的面红耳热，觉得大失了"先生"的身份！

大人们鼓励我装先生样子，我也没有嬉戏的能力和习惯，又因为我确是喜欢看书，所以我一生可算是不曾享过儿童游戏的生活。每年秋天，我的庶祖母同我到田里去"监割"（顶好的田，水旱无忧，收成最好，佃户每约田主来监割，打下谷子，两家平分），我总是坐在小树下看小说。十一二岁时，我稍活泼一点，居然和一群同学组织了一个戏剧班，做了一些木刀竹枪，借得了几个假胡须，就在村口田里做戏。我做的往往是诸葛亮，刘备一类的文角儿；只有一次我做史文恭，被花荣一箭从椅子上射倒下去，这算是我最活泼的玩艺儿了。

我在这九年（1895—1904）之中，只学得了读书写字两件事。在文字和思想（看下章）的方面，不能不算是打了一点底子。但别的方面都没有发展的机会。有一次我们村里"当朋"（八都凡五村，称为"五朋"，每年一村轮着做太子会，名为"当朋"），筹备太子会，有人提议要派我加入前村的昆腔队里学习吹笙或吹笛，族里长辈反对，说我年纪太小，不能跟着太子会走遍五朋。于是我失掉了这学习音乐的唯一机会。三十年来，我不曾拿过乐器，也全不懂音乐；究竟我有没有一点学音乐的天资，我至今还不知道。至于学图画,更是不可能的事。我常常用竹纸蒙在小说的石印绘象上,摹画书上的英雄美人。有一天,被先生看见了,挨了一顿大骂,抽屉里的图画都被搜出撕毁了。于是我又失掉了学做画家的机会。

但这九年的生活,除了读书看书之外,究竟给了我一点做人的训练。在这一点上,我的恩师就是我的慈母。

每天天刚亮时,我母亲就把我喊醒,叫我披衣坐起。我从不知道她醒来坐了多久了。她看见我清醒了,才对我说昨天我做错了什么事,说错了什么话,要我用功读书。有时候她对我说父亲的种种好处,她说,"你总要踏上你老子的脚步。我一生只晓得这一个完全的人,你要学他,不要跌他的股。"(跌股便是丢脸,出丑)她说到伤心处,往往掉下泪来。到天大明时,她才把我的衣服穿好,催我去上早学。学堂门上的锁匙放在先生家里;我先到学堂门口一望,便跑到先生家里去敲门。先生家里有人把锁匙从门缝里递出来,我拿了跑回去,开了门,坐下念生书。十天之中,总有八九天我是第一个去开学堂门的。等到先生来了,我背了生书,才回家吃早饭。

我母亲管束我最严,她是慈母兼任严父。但她从来不在别人面前骂我一句,打我一下。我做错了事,她只对我一望,我看了她的严厉眼光,就吓住了。犯的事小,她等到第二天早晨我眼醒时才教训我。犯的事大,她等到晚上人静时,关了房门,先责备我,然后行罚,或罚跪,或拧我的肉。无论怎样重罚,总不许我哭出声来。她教训儿子不是借此出气叫别人听的。

有一个初秋的傍晚,我吃了晚饭,在门口玩,身上只穿了一件单背心。这时候我母亲的妹子玉英姨母在我家住,她怕我冷,拿了一件小衫出来叫我穿上。我不肯穿,她说:"穿上吧,凉了。"我随口回答:"娘(凉)什么! 老子都不老子呀。"我刚说了这句话,一抬头,看见母亲从家里走出,我赶快把小衫穿上。但她已听见这句轻薄的话了。晚上人静后,她罚我跪下,重重的责罚了一顿。她说:"你没了老子,是多么得意的事! 好用来说嘴!"她气得坐着发抖,也不许我上床去睡。我跪着哭,用手擦眼泪,不知擦进了什么微菌,后来足足害了一年多的眼翳病。医来医去,总医不好。我母亲心里又悔又急,听说眼翳可以用舌头舔去,有一夜她把我叫醒,她真用舌头舔我的病眼。这是我的严师,我的慈母。

我母亲二十三岁做了寡妇，又是当家的后母。这种生活的痛苦，我的笨笔写不出一万分之一二。家中财政本不宽裕，全靠二哥在上海经营调度。大哥从小就是败子，吸鸦片烟，赌博，钱到手就光，光了就回家打主意，见了香炉就拿出去卖，捞着锡茶壶就拿出去押。我母亲几次邀了本家长辈来，给他定下每月用费的数目。但他总不够用，到处都欠下烟债赌债。每年除夕我家中总有一大群讨债的，每人一盏灯笼，坐在大厅上不肯去。大哥早已避出去了。大厅的两排椅子上满满的都是灯笼和债主。我母亲走进走出，料理年夜饭，谢灶神，压岁钱等事，只当作不曾看见这一群人。到了近半夜，快要"封门"了，我母亲才走后门出去，央一位邻舍本家到我家来，每一家债户开发一点钱。做好做歹的，这一群讨债的才一个一个提着灯笼走出去。一会儿，大哥敲门回来了。我母亲从不骂他一句。并且因为是新年，她脸上从不露出一点怒色。这样的过年，我过了六七次。

大嫂是个最无能而又最不懂事的人，二嫂是个很能干而气量很窄小的人。她们常常闹意见，只因为我母亲的和气榜样，她们还不曾有公然相骂相打的事。她们闹气时，只是不说话，不答话，把脸放下来，叫人难看；二嫂生气时，脸色变青，更是怕人。她们对我母亲闹气时，也是如此。我起初全不懂得这一套，后来也渐渐懂得看人的脸色了。我渐渐明白，世间最可厌恶的事莫如一张生气的脸；世间最下流的事莫如把生气的脸摆给旁人看。这比打骂还难受。

我母亲的气量大，性子好，又因为做了后母后婆，她更事事留心，事事格外容忍。大哥的女儿比我只小一岁，她的饮食衣料总是和我一样。我和她有小争执，总是我吃亏，母亲总是责备我，要我事事让她。后来大嫂二嫂都生了儿子了，她们生气时便打骂孩子来出气，一面打，一面用尖刻有刺的话骂给别人听。我母亲只装不听见。有时候，她实在忍不住了，便悄悄走出门去，或到左邻立大嫂家去坐一会，或走后门到后邻度嫂家去闲谈。她从不和两个嫂子吵一句嘴。

每个嫂子一生气，往往十天半个月不歇，天天走进走出，板着脸，咬着嘴，打骂小孩子出气。我母亲只忍耐着，忍到实在不可再忍的一天，她也有她的法子。这一天的天明时，她就不起床，轻轻的哭一场。她不骂一个人，只哭她的丈夫，哭她自己命苦，留不住她的丈夫来照管她。她先哭时，声音很低，渐渐哭出声来。我醒了起来劝她，她不肯住。这时候，我总听得见前堂（二嫂住前堂东房）或后堂（大嫂住后堂西房）有一扇房门开了，一个嫂子走出房向厨房走去。不多一会，那位嫂子来敲我们的房门了。我开了房门，她走进来，捧着一碗热茶，送到我母亲床前，劝她止哭，请她喝口热茶。我母亲慢慢停住哭声，伸手接了茶碗，那位嫂子站着劝一会，才退出去。没有一句话提到什么人，也没有一个字提到这十天半个月来的气脸，然而各人心里明白，泡茶进来的嫂子总是那十天半个月来闹气的人。奇怪的很，这一哭之后，至少有一两个月的太平清静日子。

我母亲待人最仁慈，最温和，从来没有一句伤人感情的话。但她有时候也很有刚气，不受一点人格上的侮辱。我家五叔是个无正业的浪人，有一天在烟馆里发牢骚，说我母亲家中有事总请某人帮忙，大概总有什么好处给他。这句话传到了我母亲耳朵里，她气的大哭，请了几位本家来，把五叔喊来，当面质问他她给了某人什么好处。直到五叔当众认错赔罪，她才罢休。

我在我母亲的教训之下住了九年，受了她的极大极深的影响。我十四岁（其实只有十二岁零两三个月）就离开她了，在这广漠的人海里独自混了二十多年，没有一个人管束过我。如果我学得了一丝一毫的好脾气，如果我学得了一点点待人接物的和气，如果我能宽恕人，体谅人——我都得感谢我的慈母。

（选自《胡适散文选集》，百花文艺出版社，2000年版）

【交流之窗】

我们的肉身来自父母，但可能容易忽略的是，我们的美德也源自父母。作者三岁时父亲病逝，从小由母亲抚养长大，她是作者的"慈母兼任严父"。俗话说"三岁看大，七岁看老"，在家乡的九年生活中，母亲就是作者人生的第一任老师。母亲的言传身教，指导着作者为人处世，奠定了他一生的美好精神品格。

泷冈①阡表（节选）

欧阳修

⊙欧阳修　王博绘

欧阳修（1007—1072），号醉翁、六一居士，北宋时期杰出的文学家、史学家。

　　呜呼！惟我皇考②崇公卜吉③于泷冈之六十年，其子修始克④表于其阡⑤，非敢缓也，盖有待也。

　　修不幸，生四岁而孤。太夫人守节自誓，居穷，自力于衣食，以长以教，俾⑥至于成人。太夫人告之曰："汝父为吏，廉而好施与，喜宾客。其俸禄虽薄，常不使有余，曰：'毋以是为我累。'故其亡也，无一瓦之覆，一垄之植，以庇而为生。吾何恃而能自守邪？吾于汝父，知其一二，以有待于汝也。自吾为汝家妇，不及事吾姑，然知汝父之能养也。汝孤而幼，吾不能知汝之必有立，然知汝父之必将有后也。吾之始归也，汝父免于母丧方逾年，岁时祭祀，则必涕泣，曰：'祭而丰不如养之薄也。'间御酒食，则又涕泣曰：'昔常不足而今有余，其何及也！'吾始一二见之，以为新免于丧适然耳。既而其后常然，至其终身未尝不然。吾虽不及事姑，而以此知汝父之能养也。汝父为吏，尝夜烛治官书，屡废而叹。吾问之，则曰：'此死狱也，我求其生不得尔。'吾曰：'生可求乎？'曰：'求其生而不得，则死者与我皆无恨也，矧求而有得邪？以其有得，则知不求而死者有恨也。夫常求其生犹失之死，而世常求其死也。'回顾乳者抱汝而立于旁，因指而叹，曰：'术者谓我岁行在戌将死，使其言然，吾不及见儿之立也，后当以我语告之。'其平居教他子弟，常用此语，吾耳熟焉，故能详也。其施于外事，吾不能知；其居于家无所矜饰，而所为如此，是真发于中者邪！呜呼！其心厚于仁者邪，此吾知汝父之必将有后也。汝其勉之！夫养不必丰，要于孝；利虽不得博于物，要其心之厚于仁。吾不能教汝，此汝父之志也。"修泣而志之，不敢忘。

　　先公少孤力学，咸平三年进士及第，为道州判官，泗、绵二州推官，又为泰州判官。享年五十有九，葬沙溪之泷冈。太夫人姓郑氏，考讳德仪，世为江南名族。太夫人恭俭仁爱而有礼，初封福昌县太君，进封乐安、安康、彭城三郡太君。自其家少微时，治其家以俭约，其后常不使过之，曰："吾儿不能苟合于世，俭薄所以居患难也。"其后修贬夷陵，太夫人言笑自若，曰："汝家故贫贱也，吾处之有素矣，汝能安之，吾亦安矣。"

自先公之亡二十年，修始得禄而养。又十有二年，列官于朝，始得赠封其亲。又十年，修为龙图阁直学士、尚书吏部郎中，留守南京，太夫人以疾终于官舍，享年七十有二。又八年，修以非才入副枢密，遂参政事，又七年而罢。自登二府，天子推恩，褒其三世，故自嘉祐以来，逢国大庆，必加宠锡⑦。皇曾祖府君累赠金紫光禄大夫、太师、中书令。曾祖妣累封楚国太夫人。皇祖府君累赠金紫光禄大夫、太师、中书令兼尚书令。祖妣累封吴国太夫人。皇考崇公累赠金紫光禄大夫、太师、中书令兼尚书令。皇妣累封越国太夫人。今上初郊，皇考赐爵为崇国公，太夫人进号魏国。

于是小子修泣而言曰："呜呼！为善无不报，而迟速有时，此理之常也。惟我祖考，积善成德，宜享其隆，虽不克有于其躬，而赐爵受封，显荣褒大，实有三朝之锡命⑧，是足以表见于后世，而庇赖其子孙矣。"乃列其世谱，具刻于碑。既又载我皇考崇公之遗训，太夫人之所以教人而有待于修者，并揭于阡，俾知夫小子修之德薄能鲜，遭时窃位，而幸全大节不辱其先者，其来有自。

（选自《古文观止》，安徽人民出版社，2005年版）

【注释】①泷冈（shuāng gāng）：山冈名。在江西省永丰县南凤凰山。②皇考：对亡父的尊称。③卜吉：安葬。丧俗中，葬地和葬日皆由卜筮来决定，若吉，方能行事，故称安葬为"卜吉"。④克：能，能够。⑤表于其阡：在墓道上立碑。⑥俾（bǐ）：使。⑦锡：赏赐。⑧锡命：天子赏赐诸侯爵位、车马服饰等物的诏令。

【交流之窗】

每个珍贵的生命，都应该有丰实的精神。但我们的精神之源在哪里？四岁而孤的欧阳修，为什么最终能成为闪耀千古的文化巨星？"哀哀父母，生我劬劳"（《诗经·蓼莪》），父母的言传身教和殷切期待，就是欧阳修一生不断进取的精神之源吧。

母亲的诗（节选）

米斯特拉尔　　赵振江　译

米斯特拉尔（1889—1957），智利女诗人，1945年获得诺贝尔文学奖。

他吻了我

他吻了我，我变了样：心跳的速度成倍地增长，从我的气息中可以嗅到另一种气息。我的腹部和心灵同样高尚……

我甚至在自己的呵气中闻到一种花的馨香：这一切都由于他在我的体内温柔地留下了那种东西，像露珠儿落在草上！

他是什么样的人？

他是什么样的人？我曾长时间地注视一朵玫瑰的花瓣，愉悦地抚摩它们，我愿他的脸庞也这般温柔。我曾抚弄过一团黑莓，愿他的头发也这般油黑、卷曲。然而如果他被晒成棕色，像制陶工人喜爱的红色陶土那样丰富，如果他的头发平直，像我的生活一样简朴，那都无关紧要。

此时此刻，我注视着山峦的错落，当云雾迷漫时，我用云雾塑造出一位温柔至极的少女的身影，他或许该是这样。

然而，我尤其喜欢他用甜蜜的目光看着我，喜欢他用颤抖的声音和我说话，因为我希望来者就是我所爱的那个想吻我的人。

柔　情

为了我怀中抱着的熟睡的婴儿，我的步子轻盈。自从我心怀这一奥秘，我整个心都变得肃穆。

我的声音轻柔，好像是在悄悄诉说爱情，那是我害怕将他惊醒。

现在我的眼睛从人们的脸上寻找他们心灵深处的痛苦，以便使别人看到并理解，我的面颊为何这般苍白。

我轻轻地在草丛中探寻何处有鹌鹑筑巢。我蹑手蹑脚，悄没声儿走在田野上。现在我确信，树木和万物都有自己的孩子正在睡觉，他们则正躬身守护在孩子的上方。

祈　求

不！上帝怎么会使我的乳房干枯，既然恰恰是他拓宽了我的腰身？我感到自己的胸脯在增长，宛似水面在宽阔的池塘上默默地升高。松软的乳房像承诺似的投映我的腹部。

倘若我没有乳汁，那么在这条山谷中还会有谁比我更可怜？

像女人们用杯子收集夜间的露水一样，我将自己的胸脯摊在上帝面前，我给他一个新的名字，我称他为"注入者"，并向他祈求生命的琼浆。我的儿子将出世并如饥似渴地寻找它。

永恒的痛苦

如果他在我体内不舒服，我便脸色苍白；我为他在深处受到挤压而非常痛苦，只要这个我看不见的人儿一动，我也许就会死去。

但是你们别以为只有我怀他在腹内时，他才与我息息相关，血肉相连。当他自由自在地走路时，尽管他离我很远，猛吹着他的风也会使我的肌肤痛楚，他的呼吸也会从我的喉咙里发出。我的孩子，我的泪水和微笑，总是先从你的面庞出现。

平　静

我已经不在路上走了；我对自己宽宽的腰部和深深的眼窝感到羞涩。请你们把花盆放到我身旁，请长久地演奏西塔拉琴；为了他，我要沉浸在美之中。

我在睡着的人身上诉说永恒的诗行，我在走廊里采集强烈的阳光。我要使自己像水果一样，让蜜汁渗向我的内脏。我要让松风吹拂自己的脸庞。

阳光和风在洗涤我的血液并使颜色更浓。为了使它净化，我不仇恨、不抱怨，只是爱！

在寂静与和平中，我编织着一个躯体，一个奇迹般的躯体，他有血脉，有脸庞，有目光，有纯洁的心。

大地的形象

从前我没有见过大地真正的形象，大地的身姿犹如怀抱自己孩子的妇女，她那宽阔的肩膀抱着她的幼崽（那是动物及果实）。

我渐渐明白一切事物的母性的含义。凝视着我的山脉也是母亲，傍晚时分，雾霭有如孩童，在她的肩膀和膝头嬉戏……

现在我忆起了山谷中的一条沟壑。一条小溪欢唱着沿深深的河床流淌，那荆棘丛生的悬崖更使人看不见它的身影。我就像那条沟壑，觉得这条小溪就在我的心底歌唱，我把肉体奉献给小溪，让它登上悬崖，奔向光明。

致夫君

夫君啊，别抱紧我，你使他像水中的百合一样，从我的内脏深处升了上来。请让我像平静的水面一样。

爱我吧，现在要更多地爱我！我是那么弱小！可我会在人生旅途中使你变成两个人。我是那么可怜！可我会给你另一双眼睛，另一张嘴，你将用它们享受世界之乐；我是那么娇嫩，可是为了爱情，我会像一只细颈花瓶那样打开，使生命的琼浆溢出来。

原谅我！我走路时，给你斟酒时，都很笨拙；然而正是你使我这样臃肿，正是你使我在行动时怪模怪样。

你要比任何时候都更加温存。别再迫不及待地翻腾我的血液，别搅乱我的呼吸。

如今我只是一幅薄纱；我的整个身体是一幅薄纱，下面睡着一个婴儿！

黎　明

我整夜都在受苦。为了献出它的礼物，我的肌体整夜都在震颤。我的两鬓渗出了汗珠；不过那不是死亡，而是生命！

主啊，现在我把你称作"无限的温柔"，请你让他轻轻地坠落。

让他出世吧，让我痛苦的呼声冲向黎明，伴着鸟儿的啼声！

神圣的法则

都说我肌体中的生命减弱了，说我的血管像葡萄压榨机一样向外流淌；在长长的叹息之后，我只觉得胸部的轻松！

我自问："我是何许人，怀中会有个儿子？"

我自答："是他所爱的女儿，当接受亲吻时，他的爱要求永世长存。"

我抱着这个儿子，让大地注视我，祝福我，因为我已在繁衍，像棕榈一样。

（选自《卡夫列拉·米斯特拉尔诗选》，河北教育出版社，2004年版）

【交流之窗】

在中西方的创世神话里，生命都是源自神的创造。由此说来，每个母亲都具神性，每个生命都无比珍贵。十月怀胎，母亲以满满的爱孕育生命，每一天都情怀如诗。她在孕育，亦是在创造。她创造了生命，也创造了自我。阅读本文，你会更加深刻地领会生命的内涵。

我为什么而活着

罗　素　　胡作玄　赵慧琪　译

罗素(1872—1970)，英国哲学家、数学家、逻辑学家，1950年获诺贝尔文学奖。

　　对爱情的渴望，对知识的追求，对人类苦难不可遏制的同情心，这三种纯洁但无比强烈的激情支配着我的一生。这三种激情，就像飓风一样，在深深的苦海上，肆意地把我吹来吹去，吹到濒临绝望的边缘。

　　我寻求爱情，首先因为爱情给我带来狂喜，它如此强烈，以致我经常愿意为了几小时的欢愉而牺牲生命中的其他一切。我寻求爱情，其次是因为爱情解除孤寂——那是一颗震颤的心，在世界的边缘，俯瞰那冰冷死寂、深不可测的深渊。我寻求爱情，最后是因为在爱情的结合中，我看到圣徒和诗人们所想象的天堂景象的神秘缩影。这就是我所寻求的，虽然它对人生似乎过于美好，然而最终我还是得到了它。

　　我以同样的热情寻求知识，我希望了解人的心灵。我希望知道星星为什么闪闪发光，我试图理解毕达哥拉斯的思想威力，即数字支配着万物流转。这方面我获得一些成就，然而并不多。

　　爱情和知识，尽其可能地把我引上天堂，但是同情心总把我带回尘世。痛苦的呼号的回声在我心中回荡，饥饿的儿童，被压迫者折磨的受害者，被儿女视为可厌负担的无助的老人以及充满孤寂贫穷和痛苦的整个世界，都是对人类应有生活的嘲讽。我渴望减轻这些不幸，但是我无能为力，而且我自己也深受其害。

　　这就是我的一生，我觉得它值得活。如果有机会的话，我还乐意再活一次。

[选自《罗素文集(第13卷)》，商务印书馆，2012年版]

【交流之窗】

　　人因何而活？我们的生命支柱在哪儿？20世纪英国最杰出的思想家、数学家、社会活动家罗素在他的这篇短文中作了简明感人的回答。虽说"食色，性也"，但文中的"三种激情"却是作者一生的精神动力。这两者的区别点，恐怕就是庸俗与伟大的分野吧。

● 理性之光

人类在自然界的位置（节选）

赫胥黎　　林　素　译

赫胥黎(1825—1895)，英国生物学家，有"达尔文的斗牛犬"之称。

　　有关人类的许多问题之一，就是确定人类在自然界的位置和人类与宇宙间事物的关系，这个问题是其他一切问题的基础，比其他问题更有趣味。我们人类的种族是从哪里来的？我们人类制服自然和自然制服我们人类的力量范围有多大？我们人类最终要达到的目的又是什么？所有这些问题经常出现在人们面前，并且给每个生长在世界上的人以无穷的兴趣。我们当中的多数人，在寻求这些问题的新答案时遇到艰难和危险就退缩回来，而满足于避开这些问题，或者使追究问题的精神窒息在受人推崇和可尊敬的传统说法的鸭绒被下。但是，在每个时代总有一两个坚持不懈的志士，具有天赋的创造能力，认定只有确实可靠的事实才能作为科学依据，或者厌恶那种纯怀疑主义的论调，不愿走他们前人和同时代人所走的舒适的老路，不顾一切荆棘和障碍，迈开大步走他们自己开拓的道路。

　　关于人类在动物界的位置的知识，是正确理解人类与宇宙的关系所不可缺少的必备知识，关于这一点，最后还是归结到前面所描述的奇异动物和人类发生的关系和亲缘问题。

　　这种研究的重要性是显而易见的。即使是思想最简单的人，当他和那些几分像人样的东西见面时，也不免会多少感到吃惊。之所以发生惊异，并不是因为厌恶那些动物丑陋的相貌，而是因为对于有关人类在自然界的位置以及人类和次于人类的动物的关系这样一些传统上受尊重的理论和根深蒂固的偏见，感到一种突如其来的意味深长的疑虑。

　　现在我打算对这个问题作扼要的介绍，并且把人类和兽类亲缘上的性质、程度等结论方面的主要事实，用最通俗的、即使是没有解剖学专门知识的人也能明白的话来说明,然后提出一个直接的结论。根据那些事实,我断定这个结论是正确的。最后我将讨论那个结论同人类起源的假说的关系。

没有理由怀疑,人类起源的一种情况是从类人猿逐步变化而来,另一种情况是和猿类由同一个祖先分支而来。

目前只有一种关于自然作用的学说具有使人满意的证据,可以得到支持;换句话说,只有一种关于一般动物的物种起源假说是有科学根据的。这就是达尔文先生所提出的假说。

我相信达尔文先生已经满意地证明了他所称的"选择"或"选择变异",在自然界确实存在,而且起着作用。同时,他还用充分的证据证明了这种选择作用足以产生构造上新的"种",甚至一些新的"属"。如果动物界的差别仅仅限于构造方面,那么我就应毫不迟疑地认为,达尔文先生已经证实了存在着一种真实的自然界的原因,足以用来说明包括人类在内的生物种的起源。

我接受达尔文先生的假说,因为已经有证据表明可以用选择繁育的方法来产生生物种。正如一个物理学方面的哲学家因为已有证据表明假说中的以太的存在,可以接受光的波动学说,或者如一个化学家由于有证据表明原子存在而接受原子学说,正是由于同样的理由,我接受了达尔文的学说。因为它有大量的显而易见的可靠性:它是目前消除和清理所观察的事实中混乱情况的唯一办法;它是从发明分类学的自然系统和开始胚胎学的系统研究以来,给博物学家们提供的最强有力的研究工具。

但是,即使先不考虑达尔文先生的观点,整个自然界现象的类似就提供了一个完善而有说服力的证据,可以驳倒那样一种论点,即认为宇宙间的一切现象的产生仅仅是由于一种称为第二原因的介入所造成的。关于人和其他生物之间的密切关系,由生物产生的力量和其他力量之间的密切关系,没有理由使我怀疑,从不成形的到成形的,从无机的到有机的,从盲目的力量到有意识的智慧和意志,所有这一切都是自然界的伟大进程中的相互联系的东西。

科学在确定和阐明真理之后便完成了它的使命。如果此书专供科学工作者阅读,那我就应结束,因为我的同行们所尊重的只是证据,确信他们的最高责任就是服从证据,即使是与他们的意愿相违背。

但是我希望它能传播到广大有知识的人群中去。当我把一直在进行的那种最小心谨慎的研究所得出的结论尽量予以公布时，如果大多数读者对我的结论表示反对，而我却不去理睬，那便是不应有的怯懦了。

我将听到来自各方的声音——"我们是男人和女人，而不是猿类中仅仅高明一些的种类，只是比你的那些粗野的黑猩猩和大猩猩腿要长一些，脚更结实一些，以及脑子大一些。不管它们看来是如何同我们近似，但是知识的力量、善与恶的意识、人类感情中的怜悯之心，都使我们超越于一切兽类的伙伴之上。"

对此我只能回答说，这种叫喊，如果是适当的话，那么就可以说是有道理的，我会完全同情。但是我并不是根据大脚趾如何而去确定人类的尊严，也不是因为猿脑也有小海马，所以去讽刺我们失去了尊严。相反，我尽力去排除这种虚荣心。我一直致力于证明人和动物界之间没人比猿猴本身之间还要宽的绝对的构造上的分界线。我更可以就我的信念来说明，企图从心理上来区别人和兽，也同样是徒劳的。甚至情感、智慧等最高级的能力在低等动物中已开始萌芽。同时没人比我更深信文明人和兽类之间有着巨大的鸿沟。而且我更深信，不论人是否由兽类进化而来，但肯定人不属于兽类。没有一个人会轻视这个世界上唯一有理智的居民的现在的尊严和放弃对他未来的希望。

的确曾听到有些装作是这些问题的权威的人们告诉我，这两种不同的意见是不能协调的，人兽同源的信念中包含着人类的兽化和堕落。但果真是如此吗？难道一个聪明的孩子会被一些明显的论点造成思想混乱，肤浅的辩论家们能把这种结论强加于我们吗？诗人、哲学家或艺术家（他们的天才是他们时代的光荣）由于确实的历史可能性（就不说必然性），便会从高位上退落下来，说他是某些裸体的无人性的野人的后裔，他的知识仅足以使他比狐狸稍微狡猾些，比老虎更险恶一些，这些说法难道是真实的吗？难道说因为他从前曾是一个卵，用一般的方法不能与一只狗的卵相区别，所以他就得跳起来狂吠，并用四只脚趴在地上？难道说博爱主义者或圣人，因为对人类天性的最简单的研究从根本上揭示出人具有四足兽的利己之心和凶残的欲念，因而就不再致力于过一种高尚的生活了吗？难道说因为母鸡表示出母性爱，所以人的母性爱也是微不足道的，或者因为狗有忠诚性，所以人的忠诚性也就毫无价值了？

广大群众的常识就能毫不迟疑地回答这些问题。健全的人类发现自己迫切需要从现实的罪恶和堕落中解脱出来。把思考上的污浊让给讽刺家和"过分的公正者"吧，这些人憎恨一切事物，对于现实世界的高尚品德盲目无知，对人类所占据的崇高地位没有能力去领会。

不但如此，而且善于思考的人，一旦从传统偏见的令人眩目的影响中解脱出来，将会在人类的低等祖先中找到人类伟大能力的最好证据；并且从人类过去的漫长进化过程中，将会找到人类对达到更崇高的未来的信心的合理根据。

人们应该记住，在把文明人与动物界相比时，好似一个阿尔卑斯山上的旅行家，看到那高耸云霄的山岳，不知道那暗黑色岩石和蔷薇色山峰到何处是尽头，天空的云层从何处发生。地质学家告诉他说：这些巍峨的山岳，归根到底只是原始海洋底部的固结的黏土，或是从地下大熔炉中喷出的冷却了的熔渣，与那暗黑色的黏土原是同一物质，但是由于地壳内部的力量而上升到了那壮丽和显得高不可攀的位置。诚然，这位惊异的旅行家，如果在最初拒绝信任地质学家的这番话，那是可以谅解的。

但是地质学家是正确的。适当地思考他的指导，不会减少我们的尊严和我们的好奇心，反而可以在未受教育者的单纯审美直观之外，增添各种崇高的知识力量。

在激情和偏见消失以后，关于生物界里的伟大的阿尔卑斯山和安第斯山脉——人，我们从博物学家的指导中可以得到同样的结果。我们并不因为人在物质上和构造上与兽类相同而降低了人类高贵的身份。因为，只有人具有能创造可理解的和合理的语言的天才，就凭这种语言，人在他生存的时期逐步积累经验和组织经验，而这些经验在其他动物中当个体生命结束时就完全消失了。因此，人类现在好像是站在大山顶上一样，远远地高出于他的卑贱伙伴的水平，从他的粗野本性中改变过来，从真理的无限源泉里处处放射出光芒。

（选自《人类在自然界的位置》，科学出版社，1971年版）

【交流之窗】

人类虽贵为万兽灵长,却极易坠入自大的盲区。仅仅是100多年前,达尔文的《物种起源》还广受争议,人们耻于接受人类源于兽类的科学发现,可见人类自我认识的艰难。当时作者坚决捍卫达尔文的进化论,体现出非凡的求真勇气与科学精神。

细胞生命的礼赞

托马斯·刘易斯　　李绍明　译

托马斯·刘易斯(1913—1993)，美国医学家、生物学家。

有人告诉我们说，现代人的麻烦，是他一直在试图使自己同自然相分离。他高高地坐在一堆聚合物、玻璃和钢铁的屋顶上，悠晃着两腿，遥看这行星上翻滚扭动的生命。照这样的描绘，人成了巨大的致命性力量，而地球则是某种柔弱的东西，像乡间池塘的水面上袅袅冒上的气泡，或者像一群小命娇弱的鸟雀。

但是，任何认为地球的生命是脆弱的想法，都是人的幻觉。实际上，地球的生命乃是宇宙间可以想象到的最坚韧的膜，它不理会概率，也不可能让死亡透过。而我们倒是那膜的柔弱的部分，就像纤毛一样短暂、脆弱。而且，人早就在杜撰一种存在，他认为这种存在使自己高于其他生命。几千年来，人就这么脑汁绞尽，用心独专地想象着。因为是幻觉，所以，这种想象今天如同过去一样没有使他满足。人乃是扎根在自然中的。

近年来的生物科学，一直在使人根植于自然之中这一点成为必须赶紧正视的事实。新的、困难的问题，将是如何对付正在出现的、人们越来越强烈地意识到的观念：人与自然是多么密切地联锁在一起。我们大多数人过去牢牢抱有的旧观念，就是认为我们享有主宰万物的特权这种想法正在从根本上动摇。

事例。可以满有理由地说，我们并不是实际存在的实体，我们不像过去一向设想的那样，是由我们自己的一批批越来越复杂的零件逐级顺序组合而成的。我们被其他生命分享着，租用着，占据着。在我们细胞的内部，驱动着细胞、通过氧化方式提供能量，以供我们出门去迎接每一个朗朗白天的，是线粒体。而严格地说，它们不是属于我们的。原来它们是单独的小生命，是当年移居到我们身上的殖民者原核细胞的后裔。很有可能，是一些原始的细菌，大量地涌进人体真核细胞的远古前身，在其中居留了下来。从那时起，它们保住了自己及其生活方式，以自己的样式复制繁衍，其DNA（脱氧核糖核酸）和RNA（核糖核酸）都与我们的不同。它们是我们的共生体，就像豆科植物的根瘤菌一样。没有它们，我们将没法活动一块肌肉，敲打一下指头，转动一个念头。

线粒体是我们体内安稳的、负责的寓客。我愿意信任它们。但其他一些小动物呢？那些以类似方式定居在我细胞里的生物，协调我、平衡我、使我各部分凑合在一起的生物，又是怎样的呢？我的中心粒、我的基体、很可能还有另外许许多多工作在我细胞之内的默默无闻的小东西，它们各有自己的特殊基因组，都像蚁丘中的蚜虫一样，是外来的，也是不可缺少的。我的细胞们不再是使我长育成人的纯种的实体。它们是些比牙买加海湾还要复杂的生态系统。

我当然乐于认为，它们是为我工作，它们的每一气息都是为我而呼吸的；但是否也有可能，是它们在每天早晨散步于本地的公园，感觉着我的感觉，倾听着我的音乐，思想着我的思想呢？

然而我心下稍觉宽慰，因为我想到那些绿色植物跟我同病相怜。它们身上如果没有叶绿体，就不可能是植物，也不可能是绿色的。是那些叶绿体在经营着光合工厂，生产出氧气供我们大家享用。但事实上，叶绿体也是独立的生命，有着它们自己的基因组，编码着它们自己的遗传信息。

我们细胞核里携带的大量DNA，也许是在细胞的祖先融合和原始生物在共生中联合起来的年月里，不知什么时候来到我们这儿的。我们的基因组是从大自然所有方面来的形形色色指令的结集，为应付形形色色的意外情况编码而成。就我个人而言，经过变异和物种形成，使我成了现在的物种，我对此自是感激不尽。不过，几年前还没有人告诉我这些事的时候，我还觉得我是个独立实体，但现在却不能这样想了。我也认为，任何人也不能这样想了。

事例。地球上生命的同一性比它的多样性还要令人吃惊。这种同一性的原因很可能是这样的：我们归根结底都是从一个单一细胞衍化而来。这个细胞是在地球冷却的时候，由一响雷电赋予了生命。是从这一母细胞的后代，我们才成了今天的样子。我们至今还跟周围的生命有着共同的基因，而草的酶和鲸鱼的酶之间的相似，就是同种相传的相似性。

病毒，原先被看作是一心一意制造疾病和死亡的主儿，现在却渐渐现出活动基因的样子。进化的过程仍旧是遥无尽期、冗长乏味的生物牌局，唯有胜者才能留在桌边继续玩下去，但玩的规则似乎渐趋灵活了。我们生活在由舞蹈跳荡的病毒组成的阵体中，它们像蜜蜂一样，从一个生物窜向另一个生物，从植物跳到昆虫跳到哺乳动物跳到我又跳回去，也跳到海里，拖着几片这样的基因组，又拉上几条那样的基因组，移植着DNA的接穗，像大型宴会上递菜一样传递着遗传特征。它们也许是一种机制，使新的、突变型DNA在我们中间最广泛地流通着。如果真是这样，那么，我们在医学领域必须如此集中注意的奇怪的病毒性疾病，就可被看作是意外事故，是哪里出了点疏漏。

　　事例。近来，我一直想把地球看作某一种生物，但总嫌说不通。我不能那样想。它太大，太复杂，那么多部件缺乏可见的联系。前几天的一个晚上，驱车穿过新英格兰南部树木浓密的山地时，我又在琢磨这事儿。如果它不像一个生物，那么它像什么，它最像什么东西呢？我忽而想出了叫我一时还算满意的答案：它最像一个单个的细胞。

　　（选自《细胞生命的礼赞——一个生物学观察者的手记》，湖南科学技术出版社，1997年版）

【交流之窗】

　　在世界历史上，不同时期和不同地域，人类都曾一度犯过自大的错误。而每一次这种自大的错误都让人类付出了不菲的代价。是科学的发展终于让人们认识到"人乃是扎根在自然中的""我们归根结底都是从一个单一细胞衍化而来"。这无损人类的尊严，而恰恰说明了人类生命的伟大。

论生活

雪　莱　徐文惠　译

雪莱（1792—1822），英国浪漫主义诗人，被认为是历史上最出色的英语诗人之一。

人，就是生活；我们所感受的一切，即为宇宙。生活和宇宙是神奇的。然而，对万物的熟视无睹，犹如一层薄薄的雾，遮蔽了我们，使我们看不到自身的神奇。我们对人生倏忽不定的变幻赞叹不已，然而，它本身难道不正是伟大的奇迹？同人生相比，帝国兴衰、王朝更迭何足挂齿！同人生相比，宗教体系、政治体制的兴亡又何足轻重！同人生相比，我们所定居的星球的演变算得了什么？同人生相比，日月星辰的运转与归宿又算得了什么？人生，这伟大的奇迹，我们叹为观止，只因你如此奇妙无比！我们姑且就让那薄薄的雾（我们对这层雾，既了如指掌，却又感到变幻叵测），遮蔽我们的视线吧，否则，我们的惊异感会吞没、惊慑那引起惊异的客体！

倘若有任何一位艺术家，仅仅在心目中想象出太阳、恒星、行星诸星系（假设它们不曾在世间存在过），又用语言或画笔描绘出今夜的天穹所呈现的景观，然后以天文学的智慧对诸星系进行阐述解释，那么，我们会对他推崇备至的；如果有任何一位艺术家，凭他的想象勾勒出地球的景致：山峦、海洋、河流、草木、花朵，森林中形形色色的叶子，日落日出时的云蒸霞蔚，混浊清明的大气中的色彩层次（假设这一切以前也不曾在世间存在过），那么，毫无疑问我们会对他惊叹不已。如果以"除了上帝与诗人，无人配称创造者"来称赞这位艺术家，这实在不是出于虚浮的吹捧。然而，此刻，人们只是不经意地打量着这一切——日月、星辰、山川、河流、山脉……而以极度的快乐意识到这一切的人则被盛赞为"教养良好""卓尔不群"，芸芸众生对此是漠不关心的。这就是人生，包容一切的人生在人间所受的待遇。

什么是人生？我们的思想与情感有意识的或无意识的都会在脑海中涌现，而我们便运用言辞来表达它们；我们降临到世间，然而，呱呱坠地的时刻早已被我们淡忘,婴孩时代不过是记忆中破碎的残片。我们活下来了,可在生活中,我们失却了对生活的领悟。如果以为透过我们的言辞便能洞穿人生的秘密,这是何等狂妄自大!诚然,言辞倘若运用得当,的确能使我们明白自身的无知,不过仅此而已,而这已足人愿了!因为,我们无法回答:我们究竟是什么,我们来自何处,又欲往何方?降临世间是否即为存在之始,而死亡是否即为存在之终?诞生是什么?死亡又是什么呢?

　　精密抽象的逻辑学,抹去了涂在人生表面的那层油彩,为我们展现出一幅惊心动魄的人生画面。然而,面对如此惊心动魄的画面,人们却已经习以为常,只感到它年复一年,周而复始。有哲学家宣称,只有被感知的事物才存在。我要承认,我自己就是这一学说的赞同者。

　　然而,由于这一论断与我们固有的信念背道而驰,我们固有的信念便千方百计地与它抗衡。在我们心悦诚服之前,我们的脑海里早已有这样一种定论:外在的世界是由"梦幻的物质"构成的。通俗哲学这种荒谬绝伦的意识观与物质观,在伦理道德观念上产生了致命的后果。这一切以及这种哲学在万物本原问题上极端的教条主义,曾使我一度陷入唯物论。这种唯物论对于年轻肤浅的心灵是一个富有诱惑力的体系。它允许信徒谈论,却"豁免"了其思索权。不过,我所不满足的是它的物质观。我以为,人是一种志存高远的存在,他"前见古人,后观来者",他的"思想,徜徉于永恒之中",与倏忽无常、瞬息即逝绝缘。他无法想象万物的湮灭;他只在"未来"与"过去"中存在;无论他真正的、最终的归宿如何,在他心中永远存在着一个精灵,与虚无、死亡为敌。这是一切生命、一切存在的特征。每一个生命与存在既是圆心,同时又是圆周;既是万物所指向的点,又是包含万物的线。这种观照为唯物论及通俗哲学的物质观、意识观所不容,然而,它与智力体系却是相投的。

　　冗长地介绍早已为探索的心灵所熟知的观点显得可笑。一个论题深奥的作者尽可以对他们发表演说,或许在威廉·德拉蒙德①的《学术问题》中,我们可以找到对智力体系最清晰有力的论证。经过他的一番讲评,再用其他言语来转译就显得徒劳无益了,这种转译只能丧失原作的生动与贴切。如果人们一个论点一个论点、一字一句地审度德拉蒙德论著

---

① 威廉·德拉蒙德(1585—1649):苏格兰第一位用英文写作的诗人。

的整个推理过程,最明智的人不难发现他思想的混乱,他的推理并不最终导向论述过的结论。

然而,承认智力体系可以成立之后,接下来又是什么呢?智力体系并没有建立新的真理,对于人的天性的外在表现或天性本身也没有更新的发现。它旨在形成一种哲学。作为这个日益更新的时代之先驱,这种哲学任重而道远。智力体系朝着它的目标前进了一步,它致力于消除谬误及其根源。它留下的空白,往往是政治、伦理问题的改革者所应留下的。它使人的意识获得一种自由,倘若不是由于人们对于言语及符号——人的意识本身创造出来的工具的误用,这种自由就会发挥作用。符号,这里作广义理解,既包括该词通常的意义,还包含我所特指的意义。在特指意义中,几乎一切熟悉的客体都是符号,不是象征这些客体本身,而是代表其他事物。这些事物具有启示一种思想的能力,从这种思想中,可导引出一连串的思想。因而,在这个意义上说,我们整个的人生就是一场关于谬误的教育。

我们不妨回想一下儿时对事物的感受力。那时,对于世界和自身,我们抱有怎样独特而热切的理解啊!今天,许多当初对我们至关重要的社会情境已时过境迁。不过,这不是我执意对比的要点。那时候,我们并不像今日这般习惯性地在我们的所见所感与我们自身之间划一道分界线,似乎它们已经融为一体。就这点而言,有些人永远是孩子,他们沉湎于一种梦幻状态,在这种"出神入化"的状态下,他们感到天性仿佛已返璞归真,融入周围的宇宙中,或者周围的宇宙已经与其自身同化。天人合一,物我两忘——他们意识不到差别。这种状态往往是对人生热切而生动的理解的序曲、间奏或尾声。随着人们年龄的增长,这种力量渐渐衰退,变成机械性的、习惯性的力量。这样,感情与推理渐渐演变成一堆缠结不清的思想以及因反复重现所形成的所谓印象。

智力体系最精密的演绎所展示的人生观是统一的。万物以其被感知的方式存在着,人们以"观念"与"外在客体"之名粗浅地对思维的两种类型加以区分,然而,这两者之间的差别只是名义上的。同理,依照这种演绎方式,各不相同的个体的意识(它与我们现在正在使用以审度自身之本性的东西相类似)也同样可能只是一种幻觉。"我""你""他们"这些词语并不是标志观念集合体实际区别的符号,而不过是人们用来指示一个心灵的不同变体的修饰语与符号。

不过，请不要误以为这种学说导致了这样一个狂妄的推论，即：我，一个现在正在写作、思考的人，就代表那"一个心灵"。我，只不过是它的一部分。"我""你""他们"这些词语不过是为了排列组合而创设的语法手段，根本不带通常附属于它们的那种严格、专一的意义。找到合适的名称来表达"理性哲学"所传递给我们的那种微妙的观念是很难的。我们正濒临为词语抛弃的边缘。如果我们俯视一下自身无知的黑暗深渊，我们会头晕目眩，我们将何等惊异！

不过，事物之间的关系没有因任何"体系"而变更。所谓"事物"一词，我们可理解为思想的任何客体，也可以是任何一个以明澈的分辨力对之进行思考的思想。这些事物之间的关系仍然未变，并成为我们所获得的知识的原材料。

人生的起因究竟是什么？或者说，人生究竟是如何产生的？是什么样的力量在主宰人生？有史以来，人类煞费苦心地试图对这一问题做出解答，其结果为——诉诸宗教。然而，万物的基础不可能是通俗哲学所宣称的意识，这一点是显而易见的。意识（倘若我们逾越了对意识属性切实体验这一范畴，一切论证将显得多么徒劳无益！）不可能创造，它只能感知。尽管意识被说成是人生的原因，然而，"原因"一词不过反映出人类意识的一种状态。它表达的是人们所理解的彼此相关的两个观念相互关联的一种方式。倘若任何人想知运用通俗哲学来解答这一重大问题是何等力不从心，那么他们只需不带偏见地回顾一下自己意识中的各种观念是如何发展的就可以了。意识的来源，也即存在的来源，是和意识本身毫不相同的。

（选自《爱与美的礼赞——雪莱散文集》，生活·读书·新知三联书店上海分店，1989年版）

【交流之窗】

雪莱认为人生是伟大的奇迹，可"人生的起因究竟是什么"？他不满意宗教的解答，他是个执着的追问者和热切的求知者。他发现"在生活中，我们失却了对生活的领悟"。他认为只有保守纯真的天性，并依据"智力体系"所形成的"理性哲学"才能对人生有"热切而生动的理解"。

薛定谔的《生命是什么》[①]

罗辽复　罗来鸥

罗辽复,博士生导师,理论生物物理领域专家,国内理论生物物理学的开拓者之一。

薛定谔的《生命是什么》这本小册子在生物学界极负盛名,被称为"分子生物学中的《汤姆叔叔的小屋》",意思是指这本书可看作分子生物学的开端,好像《汤姆叔叔的小屋》是黑奴文学的开端一样。在那个传统生物学占统治地位的年代,"这本书的出版给生物学增添了异彩"。很多在生物学中做出过重要贡献的科学家如霍尔丹和克里克,都承认受到过这位具有高度独创性的缜密思维的物理学家在本书中提出的许多观念的影响;事实上,沃森和克里克就是在薛定谔的影响下去分析遗传物质DNA的。正如彭罗斯1991年在本书前言中说"这本书一定会跻身于本世纪最有影响的科学著作之列,它代表了一位物理学家力图理解真正的生命之谜的有力尝试。这位物理学家的深刻洞察力在很大程度上已经改变了人们对世界组成的理解"。

那么,《生命是什么》这本著作中谈了一些什么问题呢? 主要谈了三个问题,一是从信息学的角度(尽管那时申农的信息论还没有诞生)提出了遗传密码的概念(尽管伽莫夫提出DNA密码假设是10年后的事),提出了大分子——非周期固体——作为遗传物质(基因)的模型;二是从量子力学的角度认证了基因的持久性和遗传模式长期稳定的可能性;三是提出了生命"以负熵为生",从环境中抽取"序"来维持系统的组织的概念,这是生命的热力学基础。

从20世纪的30年代开始,物理学家就开始闯到生物学的前沿——遗传学中来了。因为那个年代生物学已经发展到染色体和基因的水平,为了用实验方法研究遗传就必须研究突变。1927年缪勒发现X射线是强有力

[①] 本文节选自《生命是什么》一书的译后记,标题为编者所拟。

的基因突变剂,短时间内就能人工产生几百个突变体。德布吕克在玻尔的影响下,转向了生物学。1932年玻尔在"光和革命"的论文中宣称"用严格的物理学术语来解释生命的本质,我们是否还缺少某些用来分析自然现象的基本资料……在这种情况下,人们不得已把生命的存在看作是无须再作解释的生物学研究起点"。为了寻找玻尔所说的基本资料,德布吕克和生物学家通力合作,研究X射线诱发基因突变的规律。在1935年的论文中指出基因所占的体积大体上与10个原子距离作为边长的立方体相同,也就是说一个基因大约只包含1000个原子。这个结论比遗传学的繁育实验和直接细胞学观察得到的基因体积小三四个数量级。薛定谔紧紧抓住了这个事实进行了透彻分析。第一,他认为基因中存在一种微型密码,"一个基因,也许是整个染色体纤丝,是一种非周期性的固体",正是它,包含了足够多的信息,可以充当密码的负载者。第二,他强调一个基因包含原子数量之少,是无法克服涨落效应的;而一种遗传性状可维持若干世代,达几百年之久,这种持久性无法用经典物理学解释。但是上述矛盾可以从刚刚发现的量子力学获得满意解释。因此基因的奥秘中蕴藏了量子力学。薛定谔从空间大小(微型)和时间范围(持久性)两个方面对基因研究后,得到了上面两个极为重要的结论,这构成了生命的分子基础。

20世纪50年代以后分子生物学的发展如火如荼,90年代以后基因信息学的崛起,如旭日东升,究其根源,都和薛定谔这本小书中阐述的观点紧密相关。

基因序列资料的积累已如天文数字,并且还在以指数方式增长。基因信息学向何处去?重温薛定谔的论著,我们受到了进一步的启发。例如:第一,由微型密码构成的序列如何决定生物大分子系统的结构,从而决定这个系统的生命功能?从密码和序列到生命功能之间,有一个重要环节,这就是结构。因此,由DNA序列预测编码蛋白质的基因及蛋白质三维结构是一个核心问题。第二,如何由序列的各种单元间的相互作用给出基因表达的顺序?生命密码的信息如何在时间轴上展开?第三,如果说,薛定谔微型密码概念的正确性和价值在今天已经得到了充分展示,那么,他的关于遗传稳定性和可变性的量子力学解释似乎尚有更多发挥的余地,这是否将会引起分子进化理论的重大变革呢?

本书第二部分《意识和物质》主要讨论了四个问题(除了第五章科学

与宗教中介绍了时间的观念及爱因斯坦、玻耳兹曼有关时间的物理工作外）：

第一，意识的形成与生物体的学习密切相关。当一个情景一旦出现，对它的正确反应便形成意识。如果再不断重复这些情景，它又从意识中逐渐隐退，成为无意识反应。从应用的角度讲，构造学习机器（如基于神经网络的学习机）可从这个观点中获得启示。

第二，意识对于生物进化有反作用。行为的变化与体质的变化相平行，后者的偶然变化（据达尔文）会引起前者的变化；而前者的变化，某些特征的有效使用又影响选择，影响体质、器官，使其朝着有利的方向变异。薛定谔认为光靠达尔文的"偶然积累"，无法解释某些物种具有的那些特殊技能和习惯的形成和遗传固定。为了避免人类这个物种的停滞不前，必须注意行为对于进化的意义，因为"高智商的人类可以按自己的选择来行事"。

第三，阐明"客观性原则"作为一种科学方法的必要性。即使对于感知过程的研究，也必须坚持这一原则，即把认知主体排除在客观世界之外。同时薛定谔也深刻地指出这一方法的局限性，"建成我们世界的材料完全产生于作为意识器官的感知……但意识本身在它构建的世界里又是一个陌生者，在这个世界里没有它的生存空间"，"无论生理学发展到多么先进的水平……在任何地方你都看不到性格特征……虽然它们的存在对你来说如此肯定"。科学研究必须借助仪器，但仪器永远无法代替观察者，观察者的感官最终还是要介入，因此上述矛盾仍然存在。

第四，为什么众人意识中的世界是相同的，合成一个单一的世界？为什么单一意识的形成能以许多细胞许多次大脑为基础？前半主要是一个认识论问题，后半则是一个可能尚未完全解决的科学问题。

读了薛定谔的这本小书，给人两个突出的印象。第一，他总是面对原始的科学问题，紧密联系实验，抓住关键。第二，他的缜密的逻辑。尽管受生物问题的复杂性和本书的性质所限，没有使用数学，但论述处处体现出严格的逻辑关系。因此，这本书像其他对人类思想有巨大影响的著作一样，"提出了一系列一旦被掌握其真实性就显而易见的论点"。

近代科学是从伽利略、牛顿开始的，已经形成了一种规范，这个科学规范有两个特点。第一是实证性，伽利略继承了文艺复兴的先进思想，

"我们的一切知识全都来自我们的感觉能力","经验是一切可能知识的母亲,那些不是从经验里产生,不接受经验检定的学问,那些无论在开头、中间或末尾都不通过任何感官的学问是虚妄无实的,充满谬误的"。唯有充分重视实验,才能摆脱中世纪哲学的桎梏,这是伽利略成为近代科学之父的原因。第二是理性,任何实验都必须与推理相结合,才能去粗取精、弃伪存真,最好的最严密的推理工具是逻辑、是数学,看上去非常隐晦、非常复杂、非常困难的问题,如果懂了逻辑精神,一步一步推理,就变成很简单、很明了、很容易的了。伽利略十分重视数学,他说"自然之书是用数学语言写成的,没有数学,一个人只能在黑暗的迷宫里徘徊"。牛顿《自然哲学的数学原理》一书的写法就是借鉴欧几里得的《几何原本》。试问,如果没有数学的精密的推演,如何能证明天体运动和地面上抛物,是由于同一种力——万有引力呢?所以实证性和理性的结合便形成了四百年来的科学传统和规范,这种结合在物理学中特别是20世纪的物理学中表现得最为完美和富有成果,相对论和量子论是这种结合的典范。薛定谔正是把近代物理学的这种思维方法运用到生命科学的基本问题中来;这本书取得巨大成功的原因也就不言而喻了。

(选自《生命是什么》,湖南科学技术出版社,2003年版)

【交流之窗】

对于"生命是什么?"这个问题,你可能读过些生物学家、哲学家或文学家的思考和感悟,但你知道一个物理学家也探究过这个问题,并做出了巨大贡献吗?本文就是作者为诺贝尔奖获得者、奥地利物理学家薛定谔的极富影响力的《生命是什么》一书中文版写的译后记。通过这篇文章,你可以了解科学前沿对这个问题的研究和发现。

第二编
沉重的肉身

⊙ 秦秋寒印

● 单元导读

　　亲爱的读者，你有没有想过，我们都不得不面对这样的现实：作为生命承载体的肉身，它有许多让人苦恼的事实：脆弱、匮乏、短暂……我们的生命，它实在是不堪生存的重压和时间的淘洗的。

　　死亡之威胁，肉身之脆弱，死难者活着的亲人因为面对亲人肉身死亡突如其来的打击，会分外加重对别离痛苦的感受。人类严峻、沉重的生活状态，会催生我们肉身无助的感觉。"每个人都在自己的生命中，孤独地过冬。我们帮不了谁。"这样的悲凉，这样的同情，这样的怜悯！大概只有真正领略过寒风的人才知道孤独的重量和悲剧的力量。

　　对于我们有限的生命而言，人生的大半都是未知，都需要探索。这就是肉身之无措：我们的精神，拖着沉重的肉身前行，前进的步伐一刻也不能停下，瞭望的目光更是一刻也不能松懈。

　　战争等恶性事件的发生，让我们备感肉身之无力。各种各样的苦难又是如此地与生命相随，让我们的肉身不断经受磨砺。如果人生真的被推到了某种极端境地，我们将不得不"舍生取义"！

　　肉身的盲目，提示了精神清醒高贵的可能，我们如果拥有足够的智慧，就不会被肉身的盲目困住，我们会产生对生命的敬畏，对每一种具体的生命形式所体现出来的活力和伟大表示赞叹。我们热爱生命，并且敬畏生命，那么就会对每一个具体微小的生命都极为重视并开始关注。

　　我们也许会非常绝望，因为我们永远无法让自己成长成某种稳定不变的状态。但是，转念一想，这恰恰是人生最大的快乐的源泉啊！肉身之无定，正是你人生不断升华的机会啊！

　　终究，我们会乐意把个人有限的肉身，融入最广大民众的永久性生命中去，我们反倒会内心安宁，无限接近获得身心自由的境界。

　　人的伟大不在于他是什么，而在于他可能做什么。在生存的困苦中，尽管肉身沉重，但它坚忍不拔，坚不可摧！

● 文学之花

兰亭集序

王羲之

王羲之(303—361),字逸少,东晋时期著名书法家,有"书圣"之称。

永和九年,岁在癸丑,暮春之初,会于会稽山阴①之兰亭,修禊事也②。群贤毕至,少长咸集。此地有崇山峻岭,茂林修竹;又有清流激湍,映带左右。引以为流觞曲水③,列坐其次,虽无丝竹管弦之盛,一觞一咏,亦足以畅叙幽情。是日也,天朗气清,惠风和畅。仰观宇宙之大,俯察品类之盛,所以游目骋怀,足以极视听之娱,信可乐也。

夫人之相与,俯仰一世。或取诸怀抱,晤言一室之内;或因寄所托,放浪形骸之外。虽趣舍万殊,静躁不同,当其欣于所遇,暂得于己,快然自足,曾不知老之将至;及其所之既倦,情随事迁,感慨系之矣。向之所欣,俯仰之间,已为陈迹,犹不能不以之兴怀;况修短随化,终期于尽。古人云:"死生亦大矣。"岂不痛哉!

每览昔人兴感之由,若合一契,未尝不临文嗟悼,不能喻之于怀。固知一死生为虚诞,齐彭④殇为妄作。后之视今,亦犹今之视昔,悲夫!故列叙时人,录其所述。虽世殊事异,所以兴怀,其致一也。后之览者,亦将有感于斯文。

(选自《古文观止》,中华书局,1959年版)

【注释】①会稽:郡治在今浙江绍兴。山阴:县治也在绍兴。②禊(xì):古代每年三月上旬的巳日,人们在水边举行熏香沐浴,消除不祥的一种仪式。曹魏以后,这一天定在每年的三月三日,仪式的内容也简化为水边嬉戏。③流觞曲水:指将酒杯放在水面上,任它随着弯曲的溪水漂流,漂到谁面前,谁就取杯饮酒的一种活动。④彭:指传说中的长寿者彭祖。

【交流之窗】
  人生苦短,当然首先是肉身的短暂,然后才是精神灵魂力量经不起时间的淘洗。兰亭盛会之"乐"越是动人,由美景引发的愁思和感慨就越是伤情!兰亭美景,兴尽悲来,人生苦短,感慨万千,由己悲人,视通古今。要知道的是,王羲之的感叹并不等于悲观,正是因为他对人生充满了爱恋执着才会对岁月的流逝如此悲叹,从而激发你我对生命的深长眷恋。

祭十二郎①文

韩 愈

⊙韩愈　王博绘

韩愈（768—824），字退之，唐代杰出的文学家、思想家、哲学家、政治家。

年月日，季父愈闻汝丧之七日，乃能衔哀致诚，使建中远具时羞之奠②，告汝十二郎之灵：

呜呼！吾少孤，及长，不省所怙③，惟兄嫂是依。中年，兄殁南方，吾与汝俱幼，从嫂归葬河阳。既又与汝就食江南。零丁孤苦，未尝一日相离也。吾上有三兄，皆不幸早世。承先人后者，在孙惟汝，在子惟吾。两世一身，形单影只。嫂尝抚汝指吾而言曰："韩氏两世，惟此而已！"汝时尤小，当不复记忆。吾时虽能记忆，亦未知其言之悲也。吾年十九，始来京城。其后四年，而归视汝。又四年，吾往河阳省坟墓，遇汝从嫂丧来葬。又二年，吾佐董丞相于汴州，汝来省吾。止一岁，请归取其孥④。明年，丞相薨。吾去汴州，汝不果来。是年，吾佐戎⑤徐州，使取汝者始行，吾又罢去，汝又不果来。吾念汝从于东，东亦客也，不可以久。图久远者，莫如西归，将成家而致汝。呜呼！孰谓汝遽去吾而殁乎！吾与汝俱少年，以为虽暂相别，终当久相与处，故舍汝而旅食京师，以求斗斛之禄。诚知其如此，虽万乘之公相，吾不以一日辍汝而就也！

去年，孟东野⑥往。吾书与汝曰："吾年未四十，而视茫茫，而发苍苍，而齿牙动摇。念诸父与诸兄，皆康强而早世。如吾之衰者，其能久存乎？吾不可去，汝不肯来，恐旦暮死，而汝抱无涯之戚也！"孰谓少者殁而长者存，强者夭而病者全乎？呜呼！其信然邪？其梦邪？其传之非其真邪？信也，吾兄之盛德而夭其嗣乎？汝之纯明而不克蒙其泽乎？少者强者而夭殁，长者衰者而存全乎？未可以为信也。梦也，传之非其真也，东野之书，耿兰⑦之报，何为而在吾侧也？呜呼！其信然矣！吾兄之盛德而夭其嗣矣！汝之纯明宜业其家者，不克蒙其泽矣！所谓天者诚难测，而神者诚难明矣！所谓理者不可推，而寿者不可知矣！虽然，吾自今年来，苍苍者或化而为白矣,动摇者或脱而落矣。毛血日益衰,志气日益微,几何⑧不从汝而死也。死而有知,其几何离;其无知,悲不几时,而不悲者无穷期矣!汝之子始十岁,吾之子始五岁,少而强者不可保,如此孩提者,又可冀其成立邪!呜呼哀哉!呜呼哀哉!

汝去年书云:"比得软脚病,往往而剧。"吾曰:"是疾也,江南之人,常常有之。"未始以为忧也。呜呼!其竟以此而殒其生乎?抑别有疾而至斯乎?汝之书,六月十七日也。东野云,汝殁以六月二日;耿兰之报无月日。盖东野之使者,不知问家人以月日;如耿兰之报,不知当言月日。东野与吾书,乃问使者,使者妄称以应之耳。其然乎?其不然乎?

今吾使建中祭汝,吊汝之孤与汝之乳母。彼有食可守以待终丧,则待终丧而取以来;如不能守以终丧,则遂取以来。其余奴婢,并令守汝丧。吾力能改葬,终葬汝于先人之兆⑨,然后惟其所愿。

呜呼!汝病吾不知时,汝殁吾不知日,生不能相养以共居,殁不能抚汝以尽哀;敛不凭其棺,窆⑩不临其穴。吾行负神明,而使汝夭,不孝不慈,而不得与汝相养以生,相守以死。一在天之涯,一在地之角,生而影不与吾形相依,死而魂不与吾梦相接。吾实为之,其又何尤?彼苍者天,曷其有极!自今以往,吾其无意于人世矣!当求数顷之田于伊颍之上,以待余年,教吾子与汝子,幸其成;长吾女与汝女,待其嫁,如此而已。呜呼!言有穷而情不可终,汝其知也邪?其不知也邪?呜呼哀哉!尚飨⑪。

(选自《古文观止译注》,上海古籍出版社,2006年版)

【注释】①十二郎:韩愈次兄韩介之子,过继给其长兄韩会,因在族中排行十二,故称十二郎。②建中:作者仆人名。羞:通"馐",美味食品。奠:祭品。③怙(hù):依靠。《诗经·小雅·蓼莪》里有"无父何怙",后来就常用来形容对父亲的依靠。④孥(nú):妻子儿女的总称。⑤佐戎:辅佐军事。⑥孟东野:孟郊,字东野,唐代著名诗人。⑦耿兰:十二郎仆人名。⑧几何:多少(时间)。⑨兆:墓地。⑩窆(biǎn):落葬。⑪尚飨(xiǎng):祭文套语,祈祷亡灵享用祭品。

【交流之窗】

　　韩愈与他的侄子,名为叔侄,实具手足兄弟之情,所以,刚刚进入中年的韩愈,实在无法接受侄子的死别,这种痛苦,亦即佛家所言"爱别离苦",其中的根源,实在是因为肉身的脆弱。"爱别离"的感受,会使人感觉失去了世间所拥有的一切。这种情形告诉我们,生命的存在,并非只是生命拥有者一个人的事,同时也关涉许多的亲朋。所以,我们了知肉身之脆弱之后,更应升起珍惜生命的意识。

墓畔哀歌

石评梅

石评梅（1902—1928），中国近现代女作家、革命活动家，"民国四大才女"之一。

一

我由冬的残梦里惊醒，春正吻着我的睡靥低吟！晨曦照上了窗纱，望见往日令我醺醉的朝霞，我想让丹彩的云流，再认认我当年的颜色。披上那件绣着蛱蝶的衣裳，姗姗地走到尘网封锁的妆台旁。呵！明镜里照见我憔悴的枯颜，像一朵颤动在风雨中苍白凋零的梨花。我爱，我原想追回那美丽的皎容，祭献在你碧草如茵的墓旁，谁知道青春的残蕾已和你一同殉葬。

二

假如我的眼泪真凝成一粒一粒珍珠，到如今我已替你缀织成绕你玉颈的围巾。假如我的相思真化作一颗一颗的红豆，到如今我已替你堆集永久勿忘的爱心。哀愁深埋在我心头。我愿燃烧我的肉身化成灰烬，我愿放浪我的热情怒涛汹涌，天呵！这蛇似的蜿蜒，蚕似的缠绵，就这样悄悄地偷去了我生命的青焰。我爱，我吻遍了你墓头青草在日落黄昏；我祷告，就是空幻的梦吧，也让我再见见你的英魂。

三

明知道人生的尽头便是死的故乡，我将来也是一座孤冢，衰草斜阳。有一天呵！我离开繁华的人寰，悄悄入葬，这悲艳的爱情一样是烟消云散，昙花一现，梦醒后飞落在心头的都是些残泪点点。

然而我不能把记忆毁灭，把埋我心墟上的残骸抛却，只求我能永久徘徊在这垒垒荒冢之间，为了看守你的墓茔，祭献那茉莉花环。我爱，你知否我无言的忧衷，怀想着往日轻盈之梦。梦中我低低唤着你小名，醒来只是深夜长空有孤雁哀鸣！

四

黯淡的天幕下，没有明月也无星光，这宇宙像数千年的古墓；皑皑白骨上，飞动闪映着惨绿的磷花。我匍匐哀泣于此残锈的铁栏之旁，愿烘我愤怒的心火，烧毁这黑暗丑恶的地狱之网。

命运的魔鬼有意捉弄我弱小的灵魂，罚我在冰雪寒天中，寻觅那凋零了的碎梦。求上帝饶恕我，不要再惨害我这仅有的生命，剩得此残躯在，容我杀死那狞恶的敌人！

我爱，纵然宇宙变成烬余的战场，野烟都腥：在你给我的甜梦里，我心长系驻于虹桥之中，赞美永生！

五

我整天踟蹰于垒垒荒冢，看遍了春花秋月不同的风景，抛弃了一切名利虚荣，来到此无人烟的旷野，哀吟缓行。我登了高岭，向云天苍茫的西方招魂，在绚烂的彩霞里，望见了我沉落的希望之陨星。

远处是烟雾冲天的古城，火星似金箭向四方飞游！隐约地听见刀枪搏击之声，那狂热的欢呼令人震惊！在碧草萋萋的墓头，我举起了胜利的金觥，饮吧我爱，我奠祭你静寂无言的孤冢！

星月满天时，我把你遗我的宝剑纤手轻擎，宣誓向长空：

愿此生永埋了英雄儿女的热情。

六

假如人生只是虚幻的梦影，那我这些可爱的映影，便是你赠与我的全生命。我常觉你在我身后的树林里，骑着马轻轻地走过去。常觉你停息在我的窗前，徘徊着等我的影消灯熄。常觉你随着我唤你的声音悄悄走近了我，又含泪退到了墙角。常觉你站在我低垂的雪帐外，哀哀地对月光而叹息！

在人海尘途中，偶然逢见个像你的人，我停步凝视后，这颗心呵！便如秋风横扫落叶般冷森凄零！我默思我已经得到的爱之心，如今只是荒草夕阳下，一座静寂无语的孤冢。

我的心是深夜梦里，寒光闪烁的残月，我的情是青碧冷静，永不再流的湖水。残月照着你的墓碑，湖水环绕着你的坟，我爱，这是我的梦，也是你的梦，安息吧，敬爱的灵魂！

七

我自从混迹到尘世间，便忘却了我自己；在你的灵魂我才知我是谁。

记得也是这样夜里。我们在河堤的柳丝中走过来，走过去。我们无语，心海的波浪也只有月儿能领会。你倚在树上望明月沉思，我枕在你胸前听你的呼吸。抬头看见黑翼飞来掩遮住月儿的清光，你抖颤着问我：假如这苍黑的翼是我们的命运时，应该怎样？

我认识了欢乐，也随来了悲哀，接受了你的热情，同时也随来了冷酷的秋风。往日，我怕恶魔的眼睛凶，白牙如利刃；我总是藏伏在你的腋下趑趄不敢进，你一手执宝剑，一手扶着我践踏着荆棘的途径，投奔那如花的前程！

如今，这道上还留着你斑斑血痕，恶魔的眼睛和牙齿还是那样凶狠。但是我爱，你不要怕我孤零，我愿用这一纤细的弱玉腕，建设那如意的梦境。

八

春来了，催开桃蕾又飘到柳梢，这般温柔慵懒的天气真使人恼！她似乎躲在我眼底有意缭绕，一阵阵风翼，吹起了我灵海深处的波涛。

这世界已换上了装束，如少女般那样娇娆，她披拖着浅绿的轻纱，蹁跹在她那（姹）紫嫣红中舞蹈。伫立于白杨下，我心如捣，强睁开模糊的泪眼，细认你墓头，萋萋芳草。

满腔辛酸与谁道？愿此恨吐向青空将天地包。它纠结围绕着我的心，像一堆枯黄的蔓草，我爱，我待你用宝剑来挥扫，我待你用火花来焚烧。

九

垒垒荒冢上，火光熊熊，纸灰缭绕，清明到了。这是碧草绿水的春郊。墓畔有白发老翁，有红颜年少，向这一抔黄土致不尽的怀忆和哀悼，云天苍茫处我将魂招；白杨萧条，暮鸦声声，怕孤魂归路迢迢。

逝去了，欢乐的好梦，不能随墓草而复生，明朝此日，谁知天涯何处寄此身？叹漂泊我已如落花浮萍，且高歌，且痛饮，拼一醉浇熄此心头余情。

我爱，这一杯苦酒细细斟，邀残月与孤星和泪共饮，不管黄昏，不论夜深，醉卧在你墓碑傍，任霜露侵凌吧！我再不醒。

十六年清明陶然亭畔

（选自《墓畔哀歌》，江苏文艺出版社，2009年版）

【交流之窗】

深入现实，从渴望到失望，从有爱到遗恨，肉身一直在挣扎，死者既已死亡，生者依然承受痛苦与虚幻，遭遇压制与破坏。她的散文就是她肉身挣扎心迹的真实记录，她的善感与抑郁的气质并不妨碍她对女性命运和人生的思考。这是循悲哀逻辑进行思辨与觉悟，也是一种极热烈又悲哀至极的呐喊。而内中最最深沉的，确然是深深的爱，是对曾经的美好生命的无尽怀恋与感喟！

寒风吹彻

刘亮程

刘亮程，1962年出生在新疆，被誉为"20世纪中国最后一位散文家"。

雪落在那些年雪落过的地方，我已经不注意它们了。比落雪更重要的事情开始降临到生活中。三十岁的我，似乎对这个冬天的来临漠不关心，却又好像一直在倾听落雪的声音，期待着又一场雪悄无声息地覆盖村庄和田野。

我静坐在屋子里，火炉上烤着几片馍馍，一小碟咸菜放在炉旁的木凳上，屋里光线暗淡。许久以后我还记起我在这样的一个雪天，围抱火炉，吃咸菜啃馍馍想着一些人和事情，想得深远而入神。柴火在炉中啪啪地燃烧着，炉火通红，我的手和脸都烤得发烫了，脊背却依旧凉飕飕的。寒风正从我看不见的一道门缝吹进来。冬天又一次来到村里，来到我的家。我把怕冻的东西一一搬进屋子，糊好窗户，挂上去年冬天的棉门帘，寒风还是进来了。它比我更熟悉墙上的每一道细微裂缝。

就在前一天，我似乎已经预感到大雪来临。我劈好足够烧半个月的柴火，整齐地码在窗台下。把院子扫得干干净净，无意中像在迎接一位久违的贵宾——把生活中的一些事情扫到一边，腾出干净的一片地方来让雪落下。下午我还走出村子，到田野里转了一圈。我没顾上割回来的一地葵花秆，将在大雪中站一个冬天。每年下雪之前，都会发现有一两件顾不上干完的事而被搁一个冬天。冬天，有多少人放下一年的事情，像我一样用自己那只冰手，从头到尾地抚摸自己的一生。

屋子里更暗了，我看不见雪。但我知道雪在落，漫天地落。落在房顶和柴垛上，落在扫干净的院子里，落在远远近近的路上。我要等雪落定了再出去。我再不像以往，每逢第一场雪，都会怀着莫名的兴奋，站在屋檐下观看好一阵，或光着头钻进大雪中，好像有意要让雪知道世上有我这样一个人，却不知道寒冷早已盯住了自己活蹦乱跳的年轻生命。

经过许多个冬天之后,我才渐渐明白自己再躲不过雪,无论我蜷缩在屋子里,还是远在冬天的另一个地方,纷纷扬扬的雪,都会落在我正经历的一段岁月里。当一个人的岁月像荒野一样敞开时,他便再无法照管好自己。

就像现在,我紧围着火炉,努力想烤热自己。我的一根骨头,却露在屋外的寒风中,隐隐作痛。那是我多年前冻坏的一根骨头,我再不能像捡一根牛骨头一样,把它捡回到火炉旁烤热。它永远地冻坏在那段天亮前的雪路上了。

那个冬天我十四岁,赶着牛车去沙漠里拉柴火。那时一村人都是靠长在沙漠里的一种叫梭梭的灌木取暖过冬。因为不断砍挖,有柴火的地方越来越远。往往要用一天半夜时间才能拉回一车柴火。每次去拉柴火,都是母亲半夜起来做好饭,装好水和馍馍,然后叫醒我。有时父亲也会起来帮我套好车。我对寒冷的认识是从那些夜晚开始的。

牛车一走出村子,寒冷便从四面八方拥围而来,把你从家里带出的那点温暖搜刮得一干二净,让你浑身上下只剩下寒冷。

那个夜晚并不比其他夜晚更冷。

只是我一个人赶着牛车进沙漠。以往牛车一出村,就会听到远远近近的雪路上其他牛车的走动声,赶车人隐约的吆喝声。只要紧赶一阵路,便会追上一辆或好几辆去拉柴的牛车,一长串,缓行在铅灰色的冬夜里。那种夜晚天再冷也不觉得。因为寒风在吹好几个人,同村的、邻村的、认识和不认识的好几架牛车在这条夜路上抵挡着寒冷。

而这次,一野的寒风吹着我一个人。似乎寒冷把其他一切都收拾掉了。现在全部地对付我。

我披着羊皮大衣,一动不动趴在牛车里,不敢大声吆喝牛,免得让更多的寒冷发现我。从那个夜晚我懂得了隐藏温暖——在凛冽的寒风中,身体中那点温暖正一步步退守到一个隐秘的连我自己都难以找到的深远处——我把这点隐深的温暖节俭地用于此后多年的爱情和生活。我的亲人们说我是个很冷的人,不是的,我把仅有的温暖全给了你们。

许多年后有一股寒风,从我自以为火热温暖的从未被寒冷浸入的内心深处阵阵袭来时,我才发现穿再厚的棉衣也没用了。生命本身有一个冬天,它已经来临。

天亮后，牛车终于到达有柴火的地方。我的一条腿却被冻僵了，失去了感觉。我试探着用另一条腿跳下车，拄着一根柴火棒活动了一阵，又点了一堆火烤了一会儿，勉强可以行走了。腿上的一块骨头却生疼起来，是我从未体验过的一种疼，像一根根针刺在骨头上又狠命往骨髓里钻——这种疼感一直延续到以后所有的冬天以及夏季里阴冷的日子。

太阳落地时，我装着半车柴火回到家里，父亲一见就问我：怎么拉了这点柴，不够两天烧的。我没吭声。也没向家里说腿冻坏的事。

我想很快会暖和过来。

那个冬天要是稍短些，家里的火炉要是稍旺些，我要是稍把这条腿当回事些，或许我能暖和过来。可是现在不行了。隔着多少个季节，今夜的我，围抱火炉，再也暖不热那个遥远冬天的我；那个在上学路上不慎掉进冰窟窿，浑身是冰往回跑的我；那个跺着冻僵的双脚，捂着耳朵在一扇门外焦急等待的我……我再不能把他们唤回到这个温暖的火炉旁。我准备了许多柴火，是准备给这个冬天的。我才三十岁，肯定能走过冬天。

但在我周围，肯定有个别人不能像我一样度过冬天。他们被留住了。冬天总是一年一年地弄冷一个人，先是一条腿、一块骨头、一副表情、一种心境……而后整个人生。

我曾在一个寒冷的早晨，把一个浑身结满冰霜的路人让进屋子，给他倒了一杯热茶。那是个上了年纪的人，身上带着许多个冬天的寒冷，当他坐在我的火炉旁时，炉火须臾间变得苍白。我没有问他的名字，在火炉的另一边，我感觉到迎面逼来的一个老人的透骨寒气。

他一句话不说。我想他的话肯定全冻硬了，得过一阵才能化开。

大约坐了半个时辰，他站起来，朝我点了一下头，开门走了。我以为他暖和过来了。

第二天下午，听人说村西边冻死了一个人。我跑过去，看见这个上了年纪的人躺在路边，半边脸埋在雪中。

我第一次看到一个人被冻死。

我不敢相信他已经死了。他的生命中肯定还深藏着一点温暖，只是我们看不见。一个人最后的微弱挣扎我们看不见，呼唤和呻吟我们听不见。

我们认为他死了。彻底地冻僵了。

他的身上怎么能留住一点点温暖呢？靠什么去留住？他的烂了几个

洞、棉花露在外面的旧棉衣？底磨得快通、一边帮已经脱落的那双鞋？还有他的比多少个冬天加起来还要寒冷的心境……

落在一个人一生中的雪，我们不能全部看见。每个人都在自己的生命中，孤独地过冬。我们帮不了谁。我的一小炉火，对这个贫寒一生的人来说，显然微不足道。他的寒冷太巨大。

我有一个姑妈，住在河那边的村庄里，许多年前的那些个冬天，我们兄弟几个常手牵手走过封冻的玛河去看望她。每次临别前，姑妈总要说一句：天热了让你妈过来喧喧。

姑妈年老多病，她总担心自己过不了冬天。天一冷她便足不出户，偎在一间矮土屋里，抱着火炉，等待春天来临。

一个人老的时候，是那么渴望春天来临。尽管春天来了她没有一片要抽芽的叶子，没有半瓣要开放的花朵。春天只是来到大地上，来到别人的生命中。但她还是渴望春天，她害怕寒冷。

我一直没有忘记姑妈的这句话，也不止一次地把它转告给母亲。母亲只是望望我，又忙着做她的活。母亲不是一个人在过冬，她有五六个没长大的孩子，她要拉扯着他们度过冬天，不让一个孩子受冷。她和姑妈一样期盼着春天。

……天热了，母亲会带着我们，蹚过河，到对岸的村子里看望姑妈。姑妈也会走出蜗居一冬的土屋，在院子里晒着暖暖的太阳和我们说说笑笑……多少年过去了，我们一直没有等到这个春天。好像姑妈那句话中的"天"一直没有热。

姑妈死在几年后的一个冬天。我回家过年，记得是大年初四，我陪着母亲沿一条即将解冻的马路往回走。母亲在那段路上告诉我姑妈去世的事。她说："你姑妈死掉了。"

母亲说得那么平淡，像在说一件跟死亡无关的事情。

"怎么死的？"我似乎问得更平淡。

母亲没有直接回答我。她只是说："你大哥和你弟弟过去帮助料理了后事。"

此后的好一阵，我们再没说这事，只顾静静地走路。快到家门口时，母亲说了句：天热了。

我抬头看了看母亲，她的身上正冒着热气，或许是走路的缘故，不过天气真的转热了。对母亲来说，这个冬天已经过去了。

"天热了过来喧喧。"我又想起姑妈的这句话，这个春天再不属于姑妈了。她熬过了许多个冬天还是被这个冬天留住了。我想起爷爷奶奶也是分别死在几年前的冬天。母亲还活着。我们在世上的亲人会越来越少。我告诉自己，不管天冷天热，我们都常过来和母亲坐坐。

母亲拉扯大她的七个儿女。她老了。我们长高长大的七个儿女，或许能为母亲挡住一丝的寒冷。每当儿女们回到家里，母亲都会特别高兴，家里也顿时平添热闹的气氛。

但母亲斑白的双鬓分明让我感到她一个人的冬天已经来临，那些雪开始不退、冰霜开始不融化——无论春天来了，还是儿女们的孝心和温暖备至。

随着三十年的人生距离，我感受着母亲独自在冬天的透心寒冷。我无能为力。

雪越下越大。天彻底黑透了。

我围抱着火炉，烤热漫长一生的一个时刻。我知道这一时刻之外，我其余的岁月，我的亲人们的岁月，远在屋外的大雪中，被寒风吹彻。

（选自《一个人的村庄（典藏本）》，春风文艺出版社，2013年版）

【交流之窗】

作品写出了人类严峻、沉重的生活状态。感情基调沉重阴冷，深刻揭示了作者对人生中冬季的痛苦与无助。"冬天总是一年一年地弄冷一个人，先是一条腿、一块骨头、一副表情、一种心境……而后整个人生。""落在一个人一生中的雪，我们不能全部看见。每个人都在自己的生命中，孤独地过冬。我们帮不了谁。"这样的悲凉，这样的同情，这样的怜悯！大概只有真正领略过寒风的人才知道孤独的重量和悲剧的力量。

人生寓言

周国平

⊙ 周国平　莫丹绘

周国平，1945年生于上海，中国当代著名学者、作家、哲学研究者。

一、告别遗体的队伍

那支一眼望不到头的队伍缓慢地、肃穆地向前移动着。我站在队伍里，胸前别着一朵小白花，小白花正中嵌着我的照片，别人和我一样，也都佩戴着嵌有自己的照片的小白花。

钟表奏着单调的哀乐。

这是永恒的仪式，我们排着队走向自己的遗体，同它作最后的告别。我听见有人哭泣着祈祷："慢些，再慢些。"可等待的滋味是最难受的，哪怕是等待死亡，连最怕死的人也失去耐心了。女人们开始结毛衣，拉家常。男人们互相递烟，吹牛，评论队伍里的漂亮女人。那个小伙子伸手触一下排在他前面的姑娘的肩膀，姑娘回头露齿一笑。一位画家打开了画夹。一位音乐家架起了提琴。现在这支队伍沉浸在一片生气勃勃的喧闹声里了。可怜的人呵，你们在走向死亡！我笑笑：我没有忘记。这又怎么样呢？生命害怕单调甚于害怕死亡，仅此就足以保证它不可战胜了。它为了逃避单调必须丰富自己，不在乎结局是否徒劳。

二、幸福的西绪弗斯

西绪弗斯被罚推巨石上山，每次快到山顶，巨石就滚回山脚，他不得不重新开始这徒劳的苦役。听说他悲观沮丧到了极点。

可是，有一天，我遇见正在下山的西绪弗斯，却发现他吹着口哨，迈着轻盈的步伐，一脸无忧无虑的神情。我生平最怕见到大不幸的人，譬如说身患绝症的人,或刚死了亲人的人,因为对他们的不幸,我既不能有所表示,怕犯忌,又不能无所表示,怕显得我没心没肺。所以,看见西绪弗斯迎面走来,尽管不是传说的那副凄苦模样,深知他的不幸身世的我仍感到局促不安。没想到西绪弗斯先开口了,他举起手,对我喊道:"喂,你瞧,我逮了一只多漂亮的蝴蝶!"

我望着他渐渐远逝的背影,不禁思忖:总有些事情是宙斯的神威鞭长莫及的,那是一些太细小的事情,在那里便有了西绪弗斯(和我们整个人类)的幸福。

三、诗人的花园

诗人想到人生的虚无,就痛不欲生。他决定自杀。他来到一片空旷的野地里,给自己挖了一个坟坑。他看这坟地太光秃,便在周围种上树木和花草。种啊种,他渐渐迷上了园艺,醉心于培育各种珍贵树木和奇花异草,他的成就也终于遐迩闻名,吸引来一批又一批的游人。

有一天,诗人听见一个小女孩问她的妈妈:"妈妈,这是什么呀?"

妈妈回答:"我不知道,你问这位叔叔吧。"

小女孩的小手指着诗人从前挖的那个坟坑。诗人脸红了。他想了想,说:"小姑娘,这是叔叔特意为你挖的树坑,你喜欢什么,叔叔就种什么。"

小女孩和她的妈妈都高兴地笑了。

我知道诗人在说谎,不过,这一回,我原谅了他。

四、抉择

一个农民从洪水中救起了他的妻子,他的孩子却被淹死了。

事后,人们议论纷纷。有的说他做得对,因为孩子可以再生一个,妻子却不能死而复活。有的说他做错了,因为妻子可以另娶一个,孩子却不能死而复活。

我听了人们的议论,也感到疑惑难决:如果只能救活一人,究竟应该救妻子呢,还是救孩子?于是我去拜访那个农民,问他当时是怎么想的。

他答道:"我什么也没想。洪水袭来,妻子在我身边,我抓住她就往附近的山坡游。当我返回时,孩子已经被洪水冲走了。"

归途上,我琢磨着农民的话,对自己说:所谓人生的重大抉择岂非多半如此?

五、罪犯

一个老实汉子进城,正遇上警察抓小偷,被误抓了起来。审讯时,法官厉声喝道:"你犯了什么罪?从实招来!"

汉子答:"小的不曾犯罪。"

法官冷笑道:"你不曾犯罪,为何偏偏抓你,不抓别人?"

汉子无言以对,于是被定罪,判了一年监禁。

刑满释放后,汉子回到村里,依然老实种地。但他从此遭到了众人的唾弃,连小偷见了也要朝他的背影啐一口唾沫,骂道:"呸,罪犯!"

六、生命的得失

一个婴儿刚出生就夭折了。一个老人寿终正寝了。一个中年人暴亡了。他们的灵魂在去天国的途中相遇,彼此诉说起了自己的不幸。

婴儿对老人说:"上帝太不公平,你活了这么久,而我却等于没活过。我失去了整整一辈子。"

老人回答:"你几乎不算得到了生命,所以也就谈不上失去。谁受生命的赐予最多,死时失去的也最多。长寿非福也。"

中年人叫了起来:"有谁比我惨!你们一个无所谓活不活,一个已经活够数,我却死在正当年。把生命曾经赐予的和将要赐予的都失去了。"

他们正谈论着,不觉到达天国门前,一个声音在头顶响起:"众生啊,那已经逝去的和未曾到来的都不属于你们,你们有什么可失去的呢?"

三个灵魂齐声喊道:"主啊,难道我们中间没有一个最不幸的人吗?"

上帝答道:"最不幸的人不止一个,你们全是,因为你们全都自以为所失最多。谁受这个念头折磨,谁的确就是最不幸的人。"

七、流浪者和他的影子

命运如同一个人的影子,有谁能够摆脱自己的影子呢?

可是,有一天,一个流浪者对于自己的命运实在不堪忍受,便来到一座神庙,请求神允许他和别人交换命运。神说:"如果你能找到一个对自己命运完全满意的人,你就和他交换吧。"按照神的指示,流浪者出发去寻找了。他遍访城市和乡村,竟然找不到一个对自己命运完全满意的人。凡他遇到的人,只要一说起命运,个个摇头叹息,口出怨言。甚至那些王公贵族,达官富豪,名流权威,他们的命运似乎令人羡慕,但他们自己并不满意。事实上,世人所见的确只是他们的命运之河的表面景色,底下许多阴暗曲折唯有他们自己知道。流浪者终于没有找到一个可以和他交换命运的人。直到今天,他仍然拖着他自己的影子到处流浪。

八、孪生兄弟

生和死是一对孪生兄弟。死对他的哥哥眷恋不舍,生走到哪里,他就跟到哪里。可是,生却讨厌他的这个弟弟,避之唯恐不及。尤其使他扫兴的是,往往在举杯纵饮的时候,死突然出现了,把他满斟的酒杯碰落在地,摔得粉碎。

"你这个冤家,当初母亲既然生我,又何必生你,既然生你,又何必生我!"生绝望地喊道。

"好哥哥,别这么说。没有我,你岂不寂寞?"死心平气和地说。

"永远不!"

"可是你想想,如果没有我和你竞争,你的享乐有何滋味?如果没有我同台演出,你的戏剧岂能精彩?如果没有我给你灵感,你心中怎会涌出美的诗歌,眼前怎会展现美的图画?"

"我宁可寂寞,也不愿见到你!"

"好哥哥,这可办不到。母亲怕你寂寞,才嘱我陪伴你。我这个孝子怎能不从母命?"于是生来到大自然母亲面前,请求她把可恶的弟弟带走,别让他再纠缠自己。然而,大自然是一位大智大慧的母亲,决不迁就儿子的任性。生只好服从母亲的安排,但并不领会如此安排的好意,所以对死始终怀着一种无可奈何的怨恨心情。

九、小公务员的死

某机关有一个小公务员，一向过着安分守己的日子。有一天，他忽然得到通知，一位从未听说过的远房亲戚在国外死去，临终指定他为遗产继承人。那是一爿价值万金的珠宝商店。小公务员欣喜若狂，开始忙碌地为出国做种种准备。待到一切就绪，即将动身，他又得到通知，一场大火焚毁了那爿商店，珠宝也丧失殆尽。小公务员空欢喜一场，重返机关上班。但他似乎变了一个人，整日愁眉不展，逢人便诉说自己的不幸。

"那可是一笔很大的财产啊，我一辈子的薪水还不及它的零头呢。"他说。同事们原先都嫉妒得要命，现在一齐怀着无比轻松的心情陪着他叹气。唯有一个同事非但不表同情，反而嘲笑他自寻烦恼。

"你不是和从前一样，什么也没有失去吗？"那个同事问道。

"这么一大笔财产，竟说什么也没有失去！"小公务员心疼得叫起来。

"在一个你从未到过的地方，有一爿你从未见过的商店遭了火灾，这与你有什么关系呢？"

"可那是我的商店呀！"

那个同事哈哈大笑，于是被别的同事一致判为幸灾乐祸的人。据说不久以后，小公务员死于忧郁症。

十、落难的王子

有一个王子，生性多愁善感，最听不得悲惨的故事。每当左右向他禀告天灾人祸的消息，他就流着泪叹息道："天哪，太可怕了！这事落到我头上，我可受不了！"

可是，厄运终于落到了他的头上。在一场突如其来的战争中，他的父王被杀，母后受辱自尽，他自己也被敌人掳去当了奴隶，受尽非人的折磨。当他终于逃出虎口时，他已经身罹残疾，从此以后流落异国他乡，靠行乞度日。

我是在他行乞时遇到他的，见他相貌不凡，便向他打听身世。听他说罢，我早已泪流满面，发出了他曾经发过的同样的叹息：

"天哪，太可怕了：这事落到我头上，我可受不了！"

谁知他正色道——

"先生，请别说这话。凡是人间的灾难，无论落到谁头上，谁都得受着，而且都受得了——只要他不死。至于死，就更是一件容易的事了。"

落难的王子撑着拐杖远去了。有一天，厄运也落到了我的头上，而我的耳边也响起了那熟悉的叹息：

"天哪，太可怕了……"

（选自《守望的距离》，浙江文艺出版社，2013年版）

【交流之窗】

对于我们而言，人生的大半都是未知，都需要探索；可是如果在迈出探索的步伐之前，连自己的目的地都难以搞清楚，或是在行进途中渐渐迷失了方向，那又有什么资格口称自己是在探索人生呢？我们的精神，拖着沉重的肉身前行，前进的步伐一刻也不能停下，瞭望的目光更是一刻也不能松懈。周国平用他的散文语言写就的寓言，启发我们如何面对肉身的无措，从而把握好人生。

奥斯维辛没有什么新闻①

罗森塔尔　　黎　信　等译

罗森塔尔（1922—2006），《纽约时报》的前执行主编和最负盛名的专栏作家。

【波兰布热金卡电】从某种意义上说，在布热金卡，最可怕的事情是这里居然阳光明媚温暖，一行行白杨树婆娑起舞，在大门附近的草地上，儿童们在追逐游戏。

布热金卡的太阳居然在照耀，这里居然有光亮，有绿树，有儿童的笑声——这简直是不可思议的，就像在噩梦中发生的事情一样。布热金卡应当是个永远没有阳光、百花永远凋谢的地方，因为这里曾经是人间地狱。

每天都有人从世界各地来到布热金卡——这里也许是世间最可怕的旅游中心。来人的目的各不相同——有人为了亲眼看看事情是不是像说的那样可怕，有人为了不使自己忘记过去，也有人想朝拜死者受害的地方，向自己的亲人致哀。

布热金卡在波兰南方城市奥斯维辛城外几英里的地方——世人对奥斯维辛这个地名更熟悉。奥斯维辛大约有12000名居民，距华沙120英里，地处被称为摩拉维安门的山口的东头，周围是一片沼泽地。布热金卡和奥斯维辛一道组成了被纳粹称为奥斯维辛集中营的杀人工厂的一部分。

十四年前，最后一批囚徒被剥光衣服，在军犬和武装士兵的押送下走进毒气室。从那时起，奥斯维辛的故事就在世界上流传开了。一些幸存者撰写的回忆录中谈到的情况，是任何心智健全的人所无法想象的。奥斯维辛集中营司令官罗道夫·弗兰斯·费尔南德·霍斯在被处决前也写了回忆录，详细介绍了这里进行的集体屠杀和用人体作的各种试验。波兰

---

① 原文标题为《布热金卡：阳光明媚，鸟语花香》，现标题为编者所拟。

人说,共有400万人死在那里。

今天,在奥斯维辛,并没有可供报道的新闻。记者只有一种非写不可的使命感,这种使命感来源于一种不安的心情:在访问这里之后,如果不说些什么或写些什么就离开,那就对不起在这里牺牲了生命的人们。

现在,布热金卡和奥斯维辛都是很安静的地方,人们再也听不到受难者的喊叫了。参观者静悄悄地走着,开头走得快,想快些离开;然而,当他们在想象中把人同监房、毒气室、地下室和鞭刑柱联系起来的时候,他们的步履不由得慢了下来。导游也无需多说,他们只消用手指一指就够了,就不需要说更多的话了。

每一个参观者都感到有一个地方对他说来特别恐怖,使他终生难忘。对有的人来说,这个地方是经过复原的奥斯维辛毒气室。人们对他们说,这是"小的",还有一个更大的。对另外一些人来说,这样一个事实使他们终生难忘:在德国人撤退时炸毁的布热金卡毒气室和焚尸炉废墟上,雏菊花在怒放。

还有一些参观者注视着毒气室和焚尸炉,开头,他们表情茫然,因为他们不晓得这是干什么使的。然而,一看到玻璃窗内成堆的头发和婴儿的鞋子,一看到用以关押被判处绞刑的死囚的监房时,他们就不由自主地停下脚步,浑身发抖。

一个参观者惊惧万分,张大了嘴巴,他想叫,但是叫不出来——原来,在女监房,他看到了一些盒子。这些三层的长条盒子,6英尺宽,3英尺高,在这样大一块地方,每夜要塞进去五到十人睡觉。解说员快步从这里走开,因为这里没有什么值得看的。

参观者来到一座灰砖建造的建筑物前,这是在妇女身上搞不育试验的地方。解说员试着推了一下门——门是锁着的。参观者庆幸他没有打开门进去,否则他会羞红了脸的。

现在参观者来到一条长廊里。从长廊两边的墙上,成排的人在注视着参观者。这是数以千计的照片,是囚徒们的照片。他们都死了——这些面对着照相机镜头的男人和妇女,刑前知道他们的大限已经来临。

他们表情木然。但是,在一排照片的中间,有一张特别引人注目,发人深思。这是一个二十二岁的姑娘,长得丰满,美丽,皮肤细白,金发碧眼。她在温和地微笑着,似乎是为着一个美好而又隐秘的梦想而微笑。当时，她在想什么呢？现在她在这堵奥斯维辛集中营牺牲者纪念墙上，又在想什么呢？

参观者被带到执行绞刑的地下室去看一眼，这时，他们感到自己也在被窒息。另一位参观者进来了，她跪了下来，在自己身上画十字。在奥斯维辛，没有可以做祷告的地方。

参观者们用恳求的目光彼此看了一眼，然后对解说员说："够了。"

在奥斯维辛，没有新鲜东西可供报道。这里阳光明媚，绿树成荫，在集中营大门附近，孩子们在游戏。

（选自《西方新闻作品选读》，中国广播电视出版社，1984年版）

【交流之窗】

人的肉身之无力，在于其根本经不起战争等恶魔的碾压。作者写参观奥斯维辛集中营德国法西斯杀人工厂，通过纳粹德军犯下的滔天罪行，警醒人们，不要因为现在的阳光明媚，就忘记了曾经的残酷战争。作者以独特环境中的见闻和感受，发现了不平静的风暴，感受到了罪恶与善良的对立。它时刻提醒善良的人们，反对恶行，就是对生命的真爱。

安妮日记（节选）

安妮·弗兰克　　彭淮栋　译

安妮·弗兰克（1929—1945），德国犹太少女，被纳粹迫害而死。

1942年6月20日，星期六

我这样的一个人写起日记来，也真是个奇怪的经验。说奇怪，不但是因为我以前什么都没写过，而且因为我觉得以后我自己和谁都不会对一个13岁女生的胡思乱想感兴趣。算了，没关系，我就是想写。再说，我有一大堆心事，不吐不快。

…………

为了提升这位我等待已久的朋友在我心目中的形象，我不想和大多数人一样只是随手记下一些事实，我要这日记当我的朋友，我还要为这位朋友取个名字，叫吉蒂。

1943年1月13日，星期三

外面变得很可怕。白天夜里任何时候，都有可怜无助的人被拖出家门。他们只准带一个背包和一点现金，就是少少这些东西，在路上也会被抢光。他们妻离子散，男、女和儿童各分东西。小孩子放学回家，父母已经不见踪影。女人买东西回家，家已经被查封，家人都消失了。基督徒和荷兰人也生活在恐惧之中，因为他们的儿子被送往德国。人人都心惊胆战。每天晚上几百架飞机从荷兰上空飞往德国城市，把炸弹丢在德国土地上。在俄国和非洲，每个小时都有成百成千的人送命。没有人能置身于冲突之外，整个世界都在战争，虽然同盟国比较顺利了，但结局还不知道怎样。

1943年10月29日，星期五

我经常神经质，尤其星期天；星期天是我心中真正悲惨的时候。气氛令人窒息、呆滞、沉重。外面听不见一声鸟叫，整个屋子笼罩在一片死寂、压迫的寂静里，这寂静附在我身上，仿佛要把我往下拖，拖到阴间的最下层。这时候，父亲、母亲和玛各对我完全无关紧要。我从一个房间徘徊到另一个房间，在楼梯里上上下下，像一只本来会唱歌的鸟被剪去翅膀，不断用身子撞那沉暗的笼子的铁条。"放我出去，到有新鲜空气和笑声的地方去！"我心中有个声音哭喊着。我已懒得应答人家，只愿歪在沙发上。睡眠能使这寂静和可怕的恐惧快一点飞逝，而既然霎时间不可能，只有靠这样来帮助它赶快过去。

1943年11月8日，星期一

你看得出来吧，眼前我正在抑郁之中。我说不出这抑郁怎么来的，可是我想是我的懦弱引起的。我处处被这个毛病折磨。今天晚上，贝普①在这里，门铃响了，又久又大声，我马上脸色发白，胃里翻滚起来，心脏疯狂地跳——只因为我害怕。

再不然，就是密室起火，或者他们三更半夜来抓我们了，我爬到床底，吓得要死。这一切幻觉都好像真的一样。想一想，这一切都可能很快成真呢！

在我心目中，我们八个人好像是一块蓝天，四面八方被逐渐逼近的乌云包围着。我们站着的这块圆圆的地方还是安全的，但乌云正在围过来，我们和那一直逼过来的危险之间的圆圈越收越紧。我们周围都是黑暗和危险，我们急着寻找逃出去的路，结果彼此你挤我撞。我们张望下面的混战，看看这上面的平静和美。可是同时，我们被大片乌云阻绝了，不能上，也不能下。大片乌云像一堵穿不透的墙一样挡在我们面前，想压碎我们，只是还压不过来。我只能哭喊着哀求："哦，圈子，圈子，打开来让我们出去吧！"

1943年11月27日，星期六

最亲爱的吉蒂：

昨晚我正要入睡的时候，汉妮莉②忽然出现在我眼前。

我看见她衣服破烂，面容消瘦憔悴。她注视着我，大大的眼睛里带着那样的哀伤和责备，我看出里面的意思："哦，安妮，你为什么抛弃了我？救救我，救我离开这地狱！"

---

① 即贝普·弗斯库吉尔，公司打字员，密室的援助者。
② 即汉妮莉·戈斯拉，安妮在犹太学校的同学。当时她全家都被投入集中营，后来只有她和一个小妹妹得以幸存。战后，安妮的父亲找到这姐妹俩，从此像父亲一样照看她们。

我却救不了她。我只能站在一旁眼看着别人受苦受难死去。我只能祈求上帝将她带回我身边。她用她那苍白的脸和哀求的眼睛盯着我,那么无助。但愿我能帮她!亲爱的上帝,我得到我祈求的一切,她却落入命运的可怕掌握里。她和我一样虔诚,也许更虔诚,而且也有心向善,那么为什么我被选来活下去,而她也许要走向死亡?我们之间的差别在哪儿?我们为什么这么天差地别?

慈悲的上帝,请安慰她,让她至少不孤独。但愿你能告诉她说我满怀同情和爱在想着她,那样也许能帮助她撑下去。

1944年2月12日,星期六

最亲爱的吉蒂:

阳光普照,天空深蓝,和风轻拂,我渴望着,真的渴望着一切:交谈、自由、朋友、独处。我渴望……哭一场!我觉得我仿佛要爆炸。我知道哭会有帮助,可是我不能哭。我浮躁不安。我从一个房间踱到另一个房间,从窗框的细缝呼吸,感觉到我的心在跳着,好像在说"终于,满足我的渴望吧……"

我想,春天已经在我内心里,我感觉到春天在苏醒,我在我整个身体和灵魂里感觉到它。

1944年3月25日,星期六

我没有很多钱,其他世俗财产也不多,我不美丽,智慧不高,也不聪明,可是我快乐,而且立志永远快乐!我生来快乐,我爱人,我天性信任人,而且希望人人都快乐。

1944年3月29日,星期三

最亲爱的吉蒂:

总理波克斯坦从伦敦向荷兰广播①,说战争以后,要收集与这场战争有关的日记和书信。当然,大家就说我的日记这下有用了。想想看,我要是出版一本以我们的密室为题材的小说,那多有趣。单看书名,谁都会以为是部侦探小说。

不过,说真的,战争结束十年之后,外人读到我们这些犹太人藏起来怎么过日子、吃些什么、谈些什么,只会觉得好笑。我告诉了你我们很多

---

① 密室中有一台收音机,他们有时悄悄收听。

的生活情形，但你对我们所知还是很少。

1944年4月5日，星期三

我终于明白我必须做功课，才不会无知；必须好好活下去，当记者，因为这是我的志向！我知道我能写。我有几篇故事写得很好，我描写密室生活很幽默，我的日记大多鲜活生动，不过……我是不是真有文才，还有待观察。

《伊娃的梦》是我最好的童话，怪的是我根本说不出我这篇童话的灵感怎么来的。《凯蒂的生活》也不错，但整体说来没什么特殊之处。我是我最好也最严厉的批评家。我知道什么好，什么不好。人不下笔，真不知道写作多美妙；我从前老是哀叹自己不会画画，可是现在我非常高兴自己至少能写。如果我没有写书或报纸文章的才气，总也能够为自己而写。但我想要的成就不只这个。我无法想象自己过着母亲、凡·丹太太和许许多多女人的那种人生，成天瞎忙，然后就被世人遗忘。在丈夫和孩子以外，我还需要有可以奉献自己的东西！我不要像大多数人那样，过了一辈子，结果白活。我要有用，或者带给所有人喜悦，即使是我不认识的人。我希望在我死后，仍能继续活着。因此，我非常感激上帝给了我这个天赋，我利用这天赋长进，并且表达我内心的一切！

写作的时候，我摆脱所有俗虑。我的哀伤消失无踪，我的精神鲜活复振！不过，有个大问题，有一天我能不能写出个伟大的作品来，我会不会成为记者或作家？

我希望会，哦，我真希望这样，因为写作使我能记下一切，我的所有思想、理想和狂想。我好久没有为《凯蒂的生活》用功了。在心中，我把下一步情节想得精精确确，可是写起来好像没有那么顺利。这个作品也许永远没法完成，最后不是走进纸篓，就是丢进火炉里。想起来好可怕，不过，我对自己说："你才十四岁，阅历体验又这么少，对哲学能写出什么来？"

因此，重振精神，往前走，向上看吧。会有结果的，因为我下定了决心要写下去！

1944年4月11日，星期二

我们的处境从来不曾像那晚那么危险。想想看，警察到了书架前面，灯亮着，却没有人发现我们藏在里面！"现在我们完了！"那一刹那我曾轻声说了这么一句,结果我们有惊无险。

经过这一场,我们又痛切地记取,我们是身带镣链的犹太人,被镣在一个处所,没有任何权利,却有千般义务。我们必须将我们的感觉摆在一边;我们必须勇敢并且坚强,吃苦受难,不能埋怨,尽力而为,信任上帝。有一天,这可怕的战争将会结束。那时候,我们会又是人,而不只是犹太人!

谁把这苦难加在我们身上的?谁使我们和其他人类不一样的?谁使我们这样受苦受难的?是上帝把我们做成这样,但上帝也会再将我们提拔起来。在世界眼中,我们注定受苦,但是,在这一切苦难之后如果还有犹太人留下来,这些犹太人将会被当作范例高高举起。谁知道,也许我们的宗教会教导世界以及世上所有的人向善,那就是我们受苦受难的理由,唯一的理由。我们永远无法只是荷兰人,也永远无法只是英国人,或任何一国的人,我们会永远地做犹太人。我们将必须继续做犹太人,但那时将是心甘情愿做犹太人。

勇敢吧!我们要记取我们的责任,无怨无悔地尽我们的责任。会有出路的。上帝从来不曾抛弃我们这个民族。多少世纪以来,犹太人必须受苦,但多少世纪以来他们继续活着,千百年的苦难只有使他们变得更坚强。弱者会倒下去,强者会活下去,他们是打不败的!

如果上帝让我活下去,我会有比母亲更大的成就,我会让世人听见我的心声,我会走入世界,为人类尽一分力量!

现在我知道,人最需要的是勇气和幸福!

1944年5月3日,星期三

你一定可以想象,我们经常满怀绝望地问:"战争有什么意义?人为什么不能和平相处?这一切破坏,到底是为了什么?"

会问这问题,是可以理解的,但目前为止没有人拿得出完满的答案。为什么英国人的飞机越造越大,越造越精,同时又一直弄出一大堆要重建的新房子?为什么每天花几百万打仗,却拿不出一分钱给医学研究、艺术家或穷人?为什么有些人挨饿,世界其他地方却有堆积如山的食物在腐烂?哦,人为什么这么疯?

我不相信战争只是政客和资本家搞出来的。芸芸众生的罪过和他们一样大;不然,许多人民和民族早就起来反叛了!人心里有一股毁灭的冲动、发怒、杀人的冲动。除非所有人类没有例外都经过一场蜕变，否则还是会有战争，苦心建设、培养和种植起来的一切都会被砍倒、摧毁，然后又从头来过！

我经常心情沮丧，可是从来不绝望。我将我们躲藏在这里的生活看成一场有趣的探险，充满危险和浪漫情事，并且将每段艰辛匮乏的事情当成使我日记更丰富的材料。我已下定决心要过和其他女孩子不一样的人生，不想以后变成一个平凡的家庭主妇。我在这里的经验，是一个有趣人生的好开头。碰到最危险的时刻，我都必须往它们幽默的一面看，并且笑一笑，理由——唯一的理由——就在这里。

我年轻，有许多尚未发现的特质；我年轻又坚强，正生活在一场大探险里；我正在这探险过程之中，不能因为没有什么好玩的事而只顾整天唉声叹气！我有很多福分：幸福、愉快的性情，以及力量。每天我都感觉到自己在成熟，我感觉到解放正在接近，我感觉到大自然的美和周遭人的善良。每天我都想，这是一场多么迷人有趣的探险！有此种种，我为什么要绝望？

1944年6月13日，星期二

是不是因为太久没有出门，我才对大自然这样着迷？我还记得从前，美极了的蓝天，啁啾的鸟鸣，月光和正在绽放的花朵都不会令我神往。来到这里，就不一样了。例如五旬节那阵子，天气好热，我一直到十一点半都奋力张大眼睛，等着好好看看月亮，好好一个人看一次。可惜我的牺牲白费，因为太亮了，我不能冒险打开窗户。另外一次，好几个月以前，有个晚上窗子开着，我恰好在楼上。我一直到不得不关窗才下楼。那个黑暗、大雨的夜，那风，那些疾飞的云，把我迷住了；那次是我一年半里第一次和黑夜面对面。那晚以后，我对黑夜的渴望超过了我对夜贼、老鼠和抢劫的害怕。我独自下楼，从厨房和私人办公室的窗子往外望。许多人认为大自然美丽，许多人不时到星空之下入眠，许多医院和监狱里的人巴望能自由自在享受大自然的一天。大自然的喜悦，不分贫富都能享受，可是很少人像我们一样跟那些喜悦隔绝到这种地步。

这不只是我的想象而已——凝望天空、云朵、月亮和星星，我确实觉得安宁，有希望。这是比缬草根镇静剂和溴化钾安眠药更好的药。大自然使我觉得谦卑，使我能够带着勇气面对任何打击！

真不幸，除了难得的几回，我只能隔着灰尘积得厚厚的窗户上这些尘尘黯黯的窗帘观看大自然。这样看出去，乐趣尽失。世间要是有什么其他任何东西都不能替代的，那就是大自然！

1944年7月6日，星期四

我们都活着，可是我们不知道自己为什么会活着、为什么要活着；我们都寻找幸福；我们都过着不同却又相同的生活。我们三人①都在良好的家庭里成长，我们有机会受教育，以期有点出息。基于很多理由，我们有希望获得很大的幸福，但是……我们必须靠自己的能力去争取。专走容易的路，是争取不到的。争取幸福，意思就是要行得正，努力工作，而不是投机和偷懒。偷懒看起来可能很吸引人，但只有工作能给人"真正"的满足。

我无法了解不喜欢工作的人，但彼得的问题也不在这里。他只是没有目标，另外就是他认为自己太笨和不如人，难有什么成就。可怜的孩子，他从来不曾体会使别人快乐的滋味，这一点我恐怕没办法教他。他不信教，嘲笑耶稣基督，动不动咒天骂神。我在宗教上也不是那么正统的，可是每次看到他那么孤独、不屑、狼狈，都感到痛心。

有宗教心的人应该高兴，因为并不是人人这么有福，有能力相信一个更高的秩序。对永世受罚的恐惧并不是必要条件；炼狱、天国和地狱的观念，许多人难以接受，但是宗教本身，任何宗教，都使人走正道。不是畏惧上帝，而是坚持自己的荣誉感，以及服从自己的良知。如果人人能在每天结束之时检讨一下自己的行为，衡量一下对错，那么，人人都能变得高贵和善良。他们自然而然就会在每个新的一天开始的时候尝试比昨天更好，如此下来，不久就会大有改观。这个方法，人人可以一试；不费分文，却必有用处。不知此法妙用的人，只有多经验，多体会，才知道"心安理得，人就刚健"！

1944年7月15日，星期六

父亲有句名言："小孩子必须教养自己。"我在很多方面都勤于检点自己，现在渐渐明白这句话真有道理。父母只能给子女忠告，或者为他们指点方向。追根究底来说，人的性格是自己塑造的。另外，我怀着非比寻常的

---

① 指在密室生活的三个年轻人。安妮和姐姐玛各，还有凡·丹先生的儿子彼得，他比安妮大两三岁。

勇气面对人生。我觉得自己很坚强，很能肩负重担，很年轻，很自由！初次领悟这一点的时候，我很高兴，因为这表示我能比较自如地抵抗以后人生里的打击。

"在内心深处，年轻人比老年人寂寞。"我在一本书中读到这句话，一直铭记在心。依我所见，这是实情。

因此，如果你想知道大人在这里的日子会不会比小孩子难过，答案是不会，当然不会。年纪比较大的人对事情已经有见解，对自己和自己的行事有些把握。在一个理想都被摧毁，人性最坏的一面主宰世界，人人都怀疑真理、正义和上帝的时代，我们年轻人要想维持自己的见解，更是难上加难。

谁要是声称大人在密室的日子比我们难过，都是不明白这些问题对我们的冲击比对大人的大。我们年纪太轻，无法处理这些问题，但问题一直向我们逼来，最后，我们被逼得弄出一个解决办法来。但绝大多数时候，我们的办法一面对事实，就土崩瓦解。在当前这样的时代，的确很难：理想、梦想和宝贵的希望也在我们心中浮现，但只有被残酷的现实压碎。我没有把我的理想全都抛弃，也是奇事，那些理想看起来那么荒谬，那么不切实际。可是我仍然紧抱着它们，因为世界虽然这样，我还是相信人在内心里其实是善良的。

我要在一座用混乱、苦难和死亡做成的基石上建设我的人生，是完全不可能的。我看见世界正变成一片荒野，我听见雷声正在接近，有一天雷霆也会将我们打死。我感觉到千百万人在受苦受难。可是，我仰视天空，冥冥中觉得世界还能好转，这场残酷也会告终，和平与安详会重新回来。在此同时，我必须执著我的理想。也许有那么一天，我能实现我这些理想！

1944年8月1日，星期二

最亲爱的吉蒂：

前封信的结尾"一团矛盾"，现在我拿来当个开头，"一团矛盾"是什么，能不能请你给我说个精确？"矛盾"是什么意思？这个字和其他很多字一样，可以从两方面来解释：外在的矛盾和内在的矛盾。前者意思是不接受别人的意见，永远是我最清楚，我说了算；一言以蔽之，安妮出了名的各种令人不快的行径。后者呢，人家不大知道，是我自己的秘密。

正如我跟你说过很多次，我这个人是分裂为二的。一面是我的鲜蹦快活，我的轻率，我乐在人生的喜悦，最重要的是，我欣赏事物轻松面的能力。所谓能欣赏事物的轻松面，意思是说我不觉得撒娇卖弄，一个吻，一个拥抱，一个不大正经的笑话有什么不对。这一面的我，通常埋伏着，等着偷袭我的另一面，纯净、深刻、优雅得多的一面。没有人晓得安妮有这个比较好的另一面，大多数人之所以受不了我，就是因为不晓得我有这一面。我可以当逗趣的小丑，当一下午，但大家被我闹一下午以后，就会一个月看了我都讨厌。实际上，我像浪漫电影之中深刻的思想家——纯粹是只供散心的消遣，一段滑稽的插曲，马上就应该忘记的东西：一个不是挺糟，但也不是特别好的玩意。我很不想跟你说这一点，但我既然知道这是实情，为什么不承认算了？我比较轻松，比较肤浅的一面永远会偷袭我比较深度的一面，而且永远会得逞。你无法想象我多少次试着推开这个安妮，这只占半个的安妮，把她打下去，藏起来，可是总不成功，而且我知道为什么。

我怕知道我通常这一面的人发现我有另外一面，更好、更优美的一面。我怕他们会嘲笑我，以为我在搞怪而不把我当回事。我习惯了不被当回事，但习惯了这一点而能忍受这一点的，只是那个"轻快"一面的安妮；有深度的安妮太弱了。我强将这个好安妮推上台露脸，即使只要她露脸十五分钟，一到她该说话的时候，她就像只蚌似的赶快合起来，让安妮一号耍嘴皮。等我察觉，她已经不见踪影了。

因此，有人在的时候，从来就看不见安妮。她从来不肯露面，总是在只有我的时候才上台挑大梁。我很清楚我希望自己是什么样子，我自己内在其实是什么样子。可惜，我只有在自己一个人的时候才是那个样子。所以，我自己认为我内心快乐，别人却从外表认为我快乐，原因也许就在这里——不对，我确定这就是唯一的原因。我是以内在那个纯粹的安妮为指针的，但在外表，我只是一只喜欢嬉闹，被拴着的时候不断拉扯着绳索的小山羊。

就像我告诉你的，我说出来的话不是我的真实感受，所以传出什么喜欢倒追男孩子、卖弄风骚、耍聪明，以及专读浪漫小说这些名声。乐天派的安妮在那里大笑，丢个轻率的回答，耸肩，假装她什么也不在乎。沉静的安妮刚好相反。如果完全诚实的话，我会承认我是在乎的，我正在努力改变自己，可是我总是碰到一个更强大的敌人。

　　我内心里有个声音呜咽着说："你看，这就是你的下场。你周围全是对你不以为然的意见，错愕的目光、嘲弄的脸色和不喜欢你的人，你会有这种下场，都是因为你不听你好的一面的忠告。"不骗你，我是想听，可是没用，因为我静下来，认真起来，大家就以为我又在演戏，于是我不得不开个玩笑，挽回局面。我还没说我的家人呢：他们就认定我准是病了，逼我猛吃阿司匹林和镇静剂，摸摸我脖子和额头，看看我是不是发烧了，问我大小便如何，骂我又在闹情绪。弄得我终于再也受不了，因为大家一围着我不放，我就会懊恼，然后难过，最后整个人反过来，坏安妮跑到外表来，好安妮躲到心里去，然后再想法子变成我想要的样子……只希望这世界上没有别人，好让我拿出我的真我来。

（选自《安妮日记》，海南出版社，1996年版）

【交流之窗】

　　在战争面前，生命是多么无辜与无助！这是一个小女孩在战乱年代隐秘而真实的心声，她善良而美丽的心灵让人动容，她不幸而痛苦的命运让人愤恨。她的遭遇，足以让人绝望；但她孱弱的人性光芒，又像微暗的灯，给我们以希望。

人

高尔基　李玉祥　译

高尔基(1868—1936)，苏联著名作家、诗人、评论家、政论家、学者。

一

……每当我心力交瘁的时刻，那如烟的往事便在我记忆中浮现，使我不禁心灰意冷，而我的思想则有如秋天冷漠无情的太阳，照耀着混乱不堪的尘寰，在杂乱无章的尘世上空不祥地盘旋，无力继续上升，更无力向前飞翔。每当我处于这心力交瘁的艰难时刻，我总要把人的雄伟形象呼唤到我的面前。

人啊！我胸中仿佛升起一轮太阳，人就在这耀眼的阳光中从容不迫地迈步向前！不断向上！悲剧般完美的人啊！

我看见他高傲的前额、豪放而深邃的眼睛，眸子里闪耀着大无畏的思想的光辉，雄伟的力的光辉，这力量能在人们疲惫颓唐的时刻创造神灵，又能在人们精神振奋的时代把神灵推翻。

他置身在荒凉的宇宙之中，独自站立在那以不可企及的速度向无垠空间的深处疾驰而去的一块土地上，苦苦地琢磨着一个令人痛苦的问题："我为什么存在？"——他英勇地迈步向前！不断向上！——要把沿途遇到的人间和天上的一切奥秘通通揭开。

他一面前进，一面用心血浇灌他那艰难、孤独而又豪迈的征途，用胸中灼热的鲜血创造出永不凋谢的诗歌的花朵，他巧妙地把发自不安的心灵中的苦闷呼声谱成乐曲，他根据自身的经验创造科学，每走一步都要把人生装点得更加美好，就像太阳那样慷慨地用它的光芒把大地普照。他不停地运动，不断向上！迈步向前！他是大地上一颗指路的明星……

他凭借的只是思想的力量，这思想时而迅如闪电，时而静若寒剑——

自由而高傲的人远远地走在众人的前面，高踞于生活之上，独自置身在生活之谜当中，独自陷入不可胜数的谬误之间……这一切都像磐石一般压在他高傲的心头，伤害他的心灵，折磨他的大脑，使他感到羞愧难当，呼唤他去把一切迷误消灭光。

他在前进！种种本能在他的胸中喧嚣；自尊心令人讨厌地发着牢骚，像厚颜无耻的叫花子在乞讨，七情六欲像藤葛一般把心儿紧紧缠绕，吸吮他的热血，大声要求向它们的力量让步……喜怒哀乐都想控制他；一切都渴望成为他灵魂的主宰。

形形色色的生活琐事犹如路上的污泥，又像丑恶的癫蛤蟆，挡着他的去路。

就像一颗颗的行星围绕着太阳，人的创造精神的各种产物也把他层层围绕：他的爱情永远不知餍足，友谊步履蹒跚，远远跟在他的身后，希望疲倦地走在他的前面；而那满脸怒容的憎恨，他手上那副忍耐的镣铐正在叮当作响，可信仰正用乌黑的眸子凝视他焦虑不安的面庞，等待他投入自己宁静的怀抱……

他了解自己这一群可悲的侍从——他的创造精神的各种产物都是畸形的，不完善的，蹩脚的。

它们穿着旧真理的破衣烂衫，被种种偏见的毒药所戕害，怀着敌意跟在思想后面，总也赶不上思想的飞跃，就像乌鸦追不上雄鹰的翱翔。它们同思想争论着谁该领先，却很难同思想融成一股富有创造力的熊熊火焰。

这儿还有人的一个永恒的侣伴，那无声无息而又神秘莫测的死亡，它时刻准备亲吻他那颗炙热地渴望生活的心。

他了解自己这一群永生的侍从，最后，他还了解一个产物——疯狂……

长了翅膀的疯狂像一股强大的旋风，它用充满敌意的目光注视着人，竭力鼓动思想，硬要拖她去参加它野蛮的舞蹈……

只有思想是人的女友，他唯独同她永不分手，只有思想的光焰才能照亮他路上遇到的障碍，揭示人生的谜，揭开大自然的重重奥秘，解除他心中漆黑一团的混乱。

思想是人的自由的女友，她到处用锐利的目光观察一切，并毫不容情

地阐明一切:

"爱情在玩弄狡猾庸俗的诡计,一心想占有自己的情人,总在设法贬低别人并委屈自己,而在她背后却藏着一张充满肉欲的肮脏面孔。"

"希望是怯弱无力的,而躲在她后面的是她的亲姊妹——谎言;谎言穿着盛装,打扮得花枝招展,时刻准备用花言巧语去安慰并欺骗所有的人。"

思想在友谊那颗脆弱的心里看到它的谨小慎微,它的冷酷而空虚的好奇心,还看到嫉妒心的腐朽的斑点,以及从那里滋生出来的诽谤的萌芽。

思想看到凶恶的憎恨的力量,她明白,如果摘下憎恨所戴的手铐,它将毁灭世上的一切,甚至连正义的幼芽也不放过。

思想发现呆板的信仰拼命地攫取无限的权力,以便奴役一切感情,它藏着一双无恶不作的利爪,它沉重的双翼软弱无力,它空虚的眼睛视而不见。

思想还要同死亡搏斗:思想把动物造就成人,创造了神灵,创造了哲学体系以及揭示世界之谜的钥匙——科学,自由而不朽的思想憎恶并敌视死亡——这毫无用处却往往那么愚昧而残暴的力量。

死亡对于思想就像一个捡破烂的女人,她徘徊在房前屋后、墙角路旁,把破旧、腐烂、无用的废物收进她那龌龊的口袋,有时也厚颜无耻地偷窃健康而结实的东西。

死亡散发着腐烂的臭气,裹着令人恐惧的盖尸布,冷漠无情、没有个性、难以捉摸,永远像一个严峻而凶恶的谜站立在人的面前,思想不无妒意地研究着她。那善于创造、像太阳一样明亮的思想,充满了狂人般的胆量,她骄傲地意识到自己将永垂不朽……

斗志昂扬的人就这样迈开大步,穿过人生之谜构成的骇人的黑雾,迈步向前!不断向上!永远向前!不断向上!

二

他疲倦了,步履艰难,不断呻吟;惊恐的心在寻求信仰,并大声乞求爱情给他以温柔的爱抚。

而软弱所孵育的三只鸟儿——沮丧、绝望和忧愁,这三只凶恶而丑陋的鸟儿,围着他的心灵不祥地盘旋,总在那儿忧郁地对他歌唱。歌中唱道,他是一只渺小的甲虫,他的认识有限,思想软弱无力,神圣不可侵犯的骄傲也滑稽可笑,而且不论他干什么,他终究要死亡!

听到这支虚伪而恶毒的歌曲,他那颗破碎的心不停地颤抖;疑虑像针似的刺痛了他的头脑,屈辱的泪珠在眼眶里闪耀……

倘若他内心的骄傲不被激怒,人就会被死亡的威吓逼进信仰的监牢,爱情将含着胜利的微笑,引诱他投入自己的怀抱,向他高声许诺幸福,为的是掩饰自己无法获得自由的悲哀和那贪婪专横的肉欲……

怯懦的希望与谎言结成盟友,对他歌颂宁静之乐,说什么息事宁人就能安享太平。它们用甜言蜜语为昏昏欲睡的灵魂催眠,把他推入甜蜜的懒惰的泥潭,让他落入懒惰的女儿——苦闷的魔爪。

由于种种浅薄的感情的影响,他急忙把下流无耻的谎言的甜蜜毒药塞满自己的大脑和心田。谎言公然教训他,说什么人除了像牲畜一样搭一个安乐窝,再没有别的出路。但是思想是骄傲的,人对于她是珍贵的——于是她同谎言展开了一场恶战,而战场就在人的心上。

思想像冤家对头那样追逐着人,像蛀虫那样不知疲倦地蚕食他的头脑;像干旱那样把他的心田变为一片荒漠,又像刽子手那样将他拷打。思想用对于真理的渴念,用对于严峻而睿智的生活真理的渴念,作为振奋精神的清凉剂,不讲情面地把他的心儿抓紧。那真理的成长虽然缓慢,但透过一片昏暗的迷雾却清晰可见,像一朵思想培育出来的火红的小花。

但是,倘若人已经被谎言毒害得不可救药,并忧郁地相信,世上最高的幸福莫过于脑满肠肥,最高的享受莫过于饱食终日、无所用心、坐享人间安乐,那么思想将悲哀地垂下翅膀,成为欣喜若狂的感情的俘虏,昏昏欲睡,让人听凭他的心去拨弄。

腐朽的庸俗,下贱的苦闷的女儿,犹如传播瘟疫的云雾,从四面八方朝人袭来,用刺鼻的灰色尘埃把他的头脑、心和眼睛蒙住。

倘若没有骄傲和思想,人将不成其为人,他自身的弱点会使他蜕化为禽兽……

但是,一旦怒火中烧,把思想唤醒,人就会独自穿过有如荆棘丛生的累累错误,只身冲进灼人的多如星火的疑虑,踏着旧真理的瓦砾,继续前进!

庄严、高傲、自由的人,勇敢地正视真理,对自己的怀疑说道:

"你说我软弱无力,认识有限,这是一派胡言!我的认识在发展!我知道、看见并感觉到认识在我身上发展!我根据痛苦的轻重程度去探测我的认识的增长,如果认识没有增长,我就不会比以前更感到痛苦……

"但是,我每前进一步,我的需求就更多,感受更多,我的见识也越加深广,我的愿望的迅速增长,意味着我的认识在茁壮成长!现在我的认识好比点点星火,那又算得了什么?点点星火可以燎原!将来,我就是照彻黑暗宇宙的熊熊烈焰!而我的使命就是要照亮整个世界,熔化世上无数的神秘之谜,达到我和世界之间的和谐,创造我自己内心的和谐。我要把人间照亮,而人间的生活乌七八糟、痛苦万状,布满了不幸、屈辱、痛苦和怨恨,犹如布满了疥疮,我要把人间一切可恶的垃圾统统扫进往日的墓穴!

"各种迷误与过错,犹如一条条绳索,把惊慌失措的人们拴在一起,把他们变成了鲜血淋漓、令人厌恶、互相吞食的一群野兽,我的使命就是要解开这些绳索!

"思想创造了我,为的是掀翻、摧毁、踏碎一切陈腐、狭隘、肮脏和丑恶的东西,在思想锻造出来的自由、美和对人的尊重的坚固基础上创造新的一切!

"我是苟且偷安无所作为的死敌,我要让每一个人都成为大写的人!

"一部分人默默无闻地从事力不胜任的奴隶劳动,完全是为了让另一部分人尽情享用面包和各种精神财富,这种生活毫无意义,可耻而又可恶!

"让一切偏见、成见和习惯都见鬼去吧,它们像黏滞的蜘蛛网,缠绕着人们的头脑和生活。它们妨碍生活,强制人们的意志,我一定要把它们铲除!

"我的武器是思想,而且坚信思想自由、思想不朽以及思想的创造能力永远不断增长——这就是我的力量取之不尽的源泉!

"对我来说,思想是黑暗生活中唯一不会欺骗我的永恒灯塔,是世上无数可耻谬误中的一点灯火;我看见它越燃越旺,逐步把无数秘密彻底照亮,我跟随着思想,在她永不衰竭的光芒照耀下前进,不断向上!迈步向前!

"不论在人间还是在天上,没有思想攻克不了的堡垒,也没有思想震撼不了的圣物!思想创造一切,这就使她拥有神圣不可剥夺的权力,去摧毁可能妨碍她自由生长的一切。

"我平静地认识到偏见是种种旧真理的外壳,思想一度创造了旧的真理,正是思想的火焰又把它们烧成了灰烬,如今盘旋在生活之上的重重谬误,都是旧真理的灰烬中的产物。

"我还认识到,胜利者并非摘取胜利果实的人,而仅仅是固守在战场上的人……

"我认为生活的意义在于创造,而创造是独立自在而且无穷无尽的!

"我要前进,要燃烧得更加明亮,更彻底地驱散生活中的黑暗。而牺牲就是对我的褒奖。

"我不需要别的褒奖。我认为,权力是可耻而乏味的,财富是沉重而愚昧的,荣誉是一种偏见,它来自人们不善于珍重自己,来自人们卑躬屈膝的奴隶习性。

"怀疑!你们不过是思想迸出的火花而已。为了考验自己,思想才用剩余的力量生育你们,并用自己的力量把你们抚养!

"总有一天,我的感情世界将同我永生的思想在我胸中汇合成一团巨大的创造性的火焰。我将用这火焰把灵魂里一切黑暗、残暴与凶恶的东西烧光。我将同我的思想已经创造出来和现在正在创造的神灵一模一样。

"一切在于人,一切为了人!"

于是他威严而自由地高昂着骄傲的头颅,重新迈开从容而坚定的步伐,踏着已化为灰烬的陈腐偏见,独自在种种谬误构成的灰白色的迷雾里前进。他身后是沉重的乌云般的旧日的灰尘,而前面则是漠然等待着他的无数的谜。

它们像太空的繁星不计其数,人的道路也永无止境!

斗志昂扬的人就这样迈步向前!不断向上!永远向前!不断向上!

(选自《高尔基文集》,京华出版社,2009年版)

【交流之窗】

人生中，各种各样的苦难与生命相随，我们在苦难过后，有时确实能体会肉身之经受磨砺，未必全是不幸——苦难往往是经过化装的幸福！还有人说："黑暗并不可怕，或许，它隐藏着生命之水的源头。"是的，苦难是令人心酸的，但经过苦难磨砺后的人们，他们的品格往往也会变得更加完美，意志也会更加坚强。

● 理性之光

鱼，我所欲也

孟　子

⊙ 孟子　王博绘

孟子，战国时期伟大的思想家、教育家，儒家学派继孔子之后的又一位代表人物，与孔子并称"孔孟"。

　　鱼，我所欲也，熊掌亦我所欲也；二者不可得兼，舍鱼而取熊掌者也。生亦我所欲也，义亦我所欲也；二者不可得兼，舍生而取义者也。生亦我所欲，所欲有甚于生者，故不为苟得也；死亦我所恶，所恶有甚于死者，故患有所不辟也。如使人之所欲莫甚于生，则凡可以得生者，何不用也？使人之所恶莫甚于死者，则凡可以辟患者，何不为也？由是则生而有不用也，由是则可以辟患而有不为也，是故所欲有甚于生者，所恶有甚于死者。非独贤者有是心也，人皆有之，贤者能勿丧耳。一箪①食，一豆羹，得之则生，弗得则死，呼尔而与之，行道之人弗受；蹴尔而与之，乞人不屑也。万钟②则不辩礼义而受之。万钟于我何加焉！为宫室之美、妻妾之奉、所识穷乏者得③我与？乡④为身死而不受，今为宫室之美为之；乡为身死而不受，今为妻妾之奉为之；乡为身死而不受，今为所识穷乏者得我而为之，是亦不可以已乎？此之谓失其本心。

（选自《孟子译注》，中华书局，1960年版）

【注释】①箪（dān）：古代盛饭的圆形竹器。②钟：古代量器。六石四斗为一钟。③得：通"德"，感激。④乡：通"向"，之前，先前。

【交流之窗】

　　孟子教人，是教人在极端的两难困境中，有所坚守，有所取舍。在伟大的正义面前,宁可坚守正义而舍弃生命!但是,一定要明白,"舍生"不是"轻生","舍生"是对伟大正义的遵奉,是视死如归的决然,是更高意义上的珍惜生命。历史一再证明,"舍生取义"作为一种拒不妥协的态度,一种人生勇毅力量的张扬,有时会让对手胆寒或者让敌人折服!至少,它指示了一种人生抉择的可能。当然,在平凡琐细的日常生活中的两难选择,与"舍生取义"无关。读者不可误解孟子。在人生绝大多数时刻,珍爱生命是第一位的。

第二编 沉重的肉身

智慧的痛苦

张志伟

张志伟，哲学博士，中国人民大学哲学院宗教学系教授、博士生导师。

在《圣经》"创世记"中有一则尽人皆知的伊甸园神话，说的是上帝在创造世界之后感到有些孤单，便用泥土照着自己的样子创造了亚当，后来又用亚当的一条肋骨创造了夏娃。上帝在东方辟了一个园子叫作伊甸园给亚当和夏娃居住，那里简直就是天堂。在伊甸园里有许多树，其中有两棵树最特别，一棵是生命之树，一棵是智慧之树。据说吃了生命之树的果子可以长生不老，吃了智慧之树的果子便有了智慧。上帝告诫亚当和夏娃，伊甸园中唯有智慧之树的果子不能吃，吃了就会死。但是后来亚当和夏娃禁不住蛇的诱惑，终于偷吃了智慧之树的果子，于是悲剧发生了：他们因此被赶出了伊甸园，而且子孙万代都不得不为这个"原罪"付出代价。由此可见，智慧与原罪密切相关，甚至可以说智慧就是人的原罪。

假如这一切都是真的，亚当和夏娃只是因为一个果子就被逐出了天堂，那么他们实在不值得，而且运气太差。因为上帝只是说智慧之树的果子不能吃，却没有禁止他们吃生命之树的果子。如果亚当和夏娃先吃生命之树的果子，然后再吃智慧之树的果子，那么他们就与上帝没有什么区别，上帝也拿他们没有办法。所以，人类犯有原罪带有某种偶然性。

其实不然。

伊甸园神话具有非常深刻的象征意义，它并不是说人是因为追求智慧才成为有死的，而是说人是因为追求智慧才知道自己是有死的。智慧的痛苦就源于此。

当人类从自然母亲的子宫中分娩出来，割断了连接他与自然的脐带而独立存在之后，他就再也不能依靠自然的本能行动，必须依靠理性的眼睛在数不清的可能性中为自己做出选择，从而便置身于危险之中。一方面人是自然的成员，像其他有限的自然存在物一样受不可抗拒的自然法则的限制,生生死死,不能自已;但另一方面人又是一种有理性的存在,他不仅试图以此来把握自然的规律,同时亦生发出了超越自身有限性的理想,然而作为自然存在物他又不可能违背自然规律现实地实现这一理想,但是无论如何也无法改变他追求和向往这一理想的信念。终有一死的人向往永生,向往永生的人终有一死,这就是人生在世最根本的内在矛盾。正是从这一最根本的内在矛盾之中,生发出了哲学问题,它意味着人被抛入这样的境域,他自始至终面临着有限与无限、相对与绝对、暂时与永恒、现实与理想、此岸与彼岸之间的激烈冲突,在它们之间横着一道不可逾越的鸿沟。

显然,只要当无限、绝对、永恒、理想和彼岸从遥远的地平线上升起,人就注定了追求和热爱智慧的命运,所以我们说智慧是一种痛苦,而且是一切痛苦中最痛苦的痛苦。它的刻骨铭心之处不仅在于人注定了要追求智慧却也注定了不可能通达智慧的境界,而且更在于追求智慧便使人知道了自己的有限性,知道了自己的有死性。其实,千百年来人类上天入地、建功立业,归根结底不过是为了超越自身有限性这一理想,然而迄今为止仍然没有找到一条通达智慧境界的出路。不过尽管如此,人类亦不可能由于这理想不能实现就放弃追求,因为这一追求乃源于人之为人的本性。结果,这一切就被寄托在了追求和热爱智慧的过程之中。

不仅如此,伊甸园神话还意味着人的自由。

在基督教神学内部向来存在着关于人的自由意志的悖论:上帝无所不包、无所不在、无所不能,所以人没有自由;但是如果我们没有自由,就不可能因为选择了对上帝的信仰而使自己的灵魂得到拯救,然而如果人是自由的那就会伤害上帝的绝对权威……伊甸园神话最令人难以理解的是,如果上帝是全知全能的,亚当怎么可能犯罪呢?难道说上帝眼睁睁地看着亚当犯罪而不加干涉吗?难道上帝不能预知亚当会犯罪吗?难道上帝明知亚当犯罪也不去制止他,任由他成为千古的罪人而且还株连他的所有后人吗?

从宗教的角度看,可以有一种合理的解释:人是上帝所创造的最高级的产物,它的"高级"就体现在自由上,因为创造一个完全被上帝所支配的造物不可能真正显示上帝的荣耀。所以,不是人凭他自己就可以违背上帝的意志,而是上帝赋予了人违背他的意志的自由。

如果我们不从宗教的角度来思考这个问题，伊甸园神话给予我们的启示是，无论我们能否解释这一事实，无论他的自由受到了多大的限制，甚至不管他能不能实现他的自由，人都应该被看作是一种自由的存在。也许海德格尔说得对，人（他称之为"此在"）被抛入可能性的境域之中。"可能性"意味着自由，而"被抛"则意味着限制和不自由。所以这句话的意思是：人不由自主地成了自由的存在，或者说，人是被迫自由的。这看起来是自相矛盾的，但实际上的确揭示了人的存在的内在矛盾。

就此而论，我们或许可以给哲学问题永恒无解、万古常新的本性以一种比较合理的解释：由于人是某种尚未定型、永远开放的自由存在，因而他的至高无上的终极理想本身也一定是一种尚未定型、永远开放的对象。既然如此，哲学问题当然不可能有最终的解决，如果有的话，那时人也就终结了，或者说结束了自己的"进化"。

由此可见，爱智慧根源于人的本性，这是人必须经历的痛苦，正是在这种痛苦之中，人成其为人。人"成其为人"的意思并不是说，有一个永恒不变的"本质""等待"着人去实现。而是说"人是人的未来"，他的"本质"是未定的和开放的，由他自己来塑造自己本身。

（选自《西方哲学智慧》，中国人民大学出版社，2009年版）

【交流之窗】

一开始，我们也许会非常绝望，因为我们永远无法让自己成长成某种理想的稳定不变的状态。但是，转念一想，这恰恰是人生最大的快乐的源泉啊！"由于人是某种尚未定型、永远开放的自由存在，因而他的至高无上的终极理想本身也一定是一种尚未定型、永远开放的对象。"肉身之无定，正是你人生的不断升华的机会啊！

人生的真义

陈独秀

陈独秀(1879—1942),伟大的爱国者、革命家与改革家、民主主义者、启蒙思想家。

人生在世,究竟为的什么?究竟应该怎样?这两句话实在难回答得很,我们若是不能回答这两句话,糊糊涂涂过了一生,岂不是太无意识吗?自古以来,说明这个道理的人也算不少,大概约有数种:第一是宗教家,像那佛教家说:世界本来是个幻象,人生本来无生;"真如"本性为"无明"所迷,才现出一切生灭幻象;一旦"无明"灭,一切生灭幻象都没有了,还有什么世界,还有什么人生呢?又像那耶稣教说:人类本是上帝用土造成的,死后仍旧变为泥土;那生在世上信从上帝的,灵魂升天;不信上帝的,便魂归地狱,永无超生的希望。第二是哲学家,像那孔、孟一流人物,专以正心、修身、齐家、治国、平天下,做一大道德家、大政治家,为人生最大的目的。又像那老、庄的意见,以为万事万物都应当顺应自然;人生知足,便可常乐,万万不可强求。又像那墨翟主张牺牲自己,利益他人为人生义务。又像那杨朱主张尊重自己的意志,不必对他人讲什么道德。又像那德国人尼采也是主张尊重个人的意志,发挥个人的天才,成为一个大艺术家、大事业家,叫作寻常人以上的"超人",才算是人生目的;什么仁义道德,都是骗人的说话。第三是科学家。科学家说人类也是自然界一种物质,没有什么灵魂;生存的时候,一切苦乐善恶,都为物质界自然法则所支配;死后物质分散,另变一种作用,没有连续的记忆和知觉。

这些人所说的道理,各个不同。人生在世,究竟为的什么,应该怎样呢?我想佛教家所说的话,未免太迂阔。个人的生灭,虽然是幻象,世界人生之全体,能说不是真实存在吗?人生"真如"本性中,何以忽然有"无明"呢?既然有了"无明",众生的"无明",何以忽然都能灭尽呢?"无明"既然不灭,一切生灭现象,何以能免呢?一切生灭现象既不能免,吾人人生在世，便要想想究竟为的什么，应该怎样才是。耶稣教所说，更是凭空捏造，不能证实的了。上帝能造人类，上帝是何物所造呢？上帝有无，既不能证实；那耶稣教的人生观，便完全不足相信了。孔、孟所说的正心、修身、齐家、治国、平天下，只算是人生一种行为和事业，不能包括人生全体的真义。吾人若是专门牺牲自己，利益他人，乃是为他人而生，不是为自己而生，决非个人生存的根本理由，墨子的思想，也未免太偏了。杨朱和尼采的主张，虽然说破了人生的真相，但照此极端做去，这组织复杂的文明社会，又如何行得过去呢？人生一世，安命知足，事事听其自然，不去强求，自然是快活得很。但是这种快活的幸福，高等动物反不如下等动物，文明社会反不如野蛮社会；我们中国人受了老、庄的教训，所以退化到这等地步。科学家说人死没有灵魂，生时一切苦乐善恶，都为物质界自然法则所支配，这几句话倒难以驳他。但是我们个人虽是必死的，全民族是不容易死的，全人类更是不容易死的了。全民族全人类所创的文明事业，留在世界上，写在历史上，传到后代，这不是我们死后连续的记忆和知觉吗？

照这样看起来，我们现在时代的人所见人生真义，可以明白了。今略举如下：

（一）人生在世，个人是生灭无常的，社会是真实存在的。

（二）社会的文明幸福，是个人造成的，也是个人应该享受的。

（三）社会是个人集成的，除去个人，便没有社会；所以个人的意志和快乐，是应该尊重的。

（四）社会是个人的总寿命，社会解散，个人死后便没有连续的记忆和知觉；所以社会的组织和秩序，是应该尊重的。

（五）执行意志，满足欲望（自食色以至道德的名誉，都是欲望），是个人生存的根本理由，始终不变的（此处可以说"天不变，道亦不变"）。

（六）一切宗教、法律、道德、政治，不过是维持社会不得已的方法，非个人所以乐生的原意，可以随着时势变更的。

（七）人生幸福，是人生自身出力造成的，非是上帝所赐，也不是听其自然所能成就的。若是上帝所赐，何以厚于今人而薄于古人？若是听其自然所能成就，何以世界各民族的幸福不能够一样呢？

（八）个人之在社会，好像细胞之在人身，生灭无常，新陈代谢，本是理所当然,丝毫不足恐怖。

（九）要享幸福,莫怕痛苦。现在个人的痛苦,有时可以造成未来个人的幸福。譬如有主义的战争所流的血,往往洗去人类或民族的污点。极大的瘟疫,往往促成科学的发达。

总而言之,人生在世,究竟为的什么?究竟应该怎样?我敢说道:"个人生存的时候,当努力造成幸福,享受幸福;并且留在社会上,后来的个人也能够享受。递相授受,以至无穷。"

（选自《哲理美文》,山东人民出版社,2014年版）

【交流之窗】

陈独秀的人生哲学认为,个人生灭无常,本是理所当然,但由人组成的社会却是真实存在的。人没有超越的来源,并处于一定社会形态、生产关系之中,他与这一场景所能建立的积极关系,就是通过实际行动,来推动所处社会形态的进程。这个进程的最终结果,将是人类的最高理想,这是一种人道主义的理想。

人：一种无常的存在

阿罗宾诺　石海峻　译

阿罗宾诺，印度作家。

人是一种非终极的无常的存在。高处的圣光照耀着我们的身心；那里才是我们神往的终极所在，那里昭示着我们从有限的、苦难的尘世走向自在的解脱之道。

我是说人的心灵被禁锢于肉体之中，而在可能存在的意志力之中，心灵并不是至高无上的；因为心灵并不占据着绝对的真理，而只是绝对真理的天真的探索者。绝对真理被人的心灵之外的某种超智性的或说是神秘的意志力占据着。这个超智性与神圣的知者和创世者那无穷的智慧和坚韧的意志力不可分割，它自在自为，是充满活力的意志之源。超智性便是超人，人类下一个非凡的进化便是走向超人的存在。

从人走向超人是我们生命进化中下一个能够达到的成就，其必然性合于我们内在精神的意向与自然生命进化的逻辑。

从物质世界和动物界进化到人，这种可能性既已实现的事实是降临中的圣光之第一次闪现，是神性诞生于物质之中的第一个遥远的兆示。从人类世界中诞生出超人将是这种神圣兆示之希望的圆满实现。从我们被肉体束缚着的灵魂中正在出现与力量、幸福和知识连为一体的神秘的日之光晕，超智性将会是那闪耀着的光彩之形成。

超智性的存在并不是将自身的天性发展到顶峰的人，也不是比人类的伟绩、知识、权力、智性、意志、性情、天才、活力、神圣、爱恋、纯洁或完善更高一级的限度。超智性是超越于人的灵性与人的有限性之外的某种存在；它是比人类天性中可能出现的最高意识更伟大的意识。

人是一种智性的存在，其智力的显现因和物质性的大脑连为一体而受制，而含混，而贬抑。即使是处于最佳的状态，智性也只是通过大脑这个附属物而对至高的力和自由之可能性做出较为清晰的闪现；如果与神圣的力量隔绝，它便不可能超越某些狭隘而可怕的限制而对我们的生活做出改变。这是一种受制的力，常常表现为利益的仆人或侍者，用以满足我们的生命或肉身的种种娱乐性欲望。而神圣的超人则是神秘的精灵，其超智性虽在上方却也能洞察下界的一切，它将把握我们的智性与肉身，它将使我们的心灵、生命与身体发生本质性的变化。

心灵体现着存在于人身上的最高的力，但这是一种求知中的、迷茫的、本身在不停地挣扎着的力。即使心灵极其明亮之时，它也不过是一线微光的折射罢了。闪耀着圣光的、自由的超心智将是超人的主脑，其自在的知识之轮的无限运转，其自发的力量源泉，其永恒的喜悦将使俗界的众神之生命达到和谐的境地。

人不过是虚无而已，但人充满了欲望，他是着迷于高度的侏儒，卑微地要达到那高不可攀的富丽与堂皇。他的心灵在宇宙神灵的万般光彩中是一束黑色的光线。他的生命是奋斗、兴奋和苦难，他受激情摆弄、被悲伤折磨，盲人或哑巴似的渴求着宇宙神灵的一瞬间。他的身体是物质世界中劳作着的、易逝的尘埃。这不可能是那神秘的大自然之造化的终点。超越于人的某种生灵存在着，那将是人类的未来；否认其可能性、否认其存在的偏见像大墙一样挡在面前，我们只能通过大墙上的裂口对此依稀可见。一个不朽的灵魂存在于人身上的某个地方，显示出一些存在的火花；某种永恒的精灵从上面遮庇着人，同时保持着人的天性中灵魂的延续性。然而这个更伟大的精灵由于他自塑人格的硬壳的限制而不可降临，这样，内在的明亮的灵魂被包扎压抑于厚厚的外表之中。总的来说，有一些灵魂鲜于动，大多数灵魂更是看不见的。人身上的灵魂和精灵，看来与其说是人们永恒或看得见的真实的一部分，不如说它们存在于人的天性的背后或上方；与其说它们诞生于肉体，不如说它们外于生的过程；与其说它们是现实的存在物，不如说它们代表了人类意识的可能性。

人的伟大不在于他是什么，而在于他可能做什么。他的荣耀在于他是一个封闭的地方和神秘的劳工车间，在这里，神圣的"人家"正在培育着超人。同时人也被赋予一种比其自身更伟大的属性：非低级的创造，正是这种属性使得人本身部分地成为制造这种变更的匠人；要使降临于人的肉体之中的荣耀代替人本身，需要人对其间的参与、需要人在意识中有认可和献身的意志，人在世间的渴望正体现了大地对超智慧的创造者的呼唤。

如果人人都在呼唤并且得到了至高无上的回答,那么无量而辉煌的变更时代便在目前了。

(选自《人一生一定要读的经典美文》,中国华侨出版社,2012年版)

【交流之窗】

人是一种无常的存在,其无常就体现在每一个人的终极发展具有不确定性。作者认为人的伟大不在于他是什么,而在于他可能做什么。所以,不管你是谁,只要你在做,你都会成为一个不一样的自己。无常并非只是走向黑暗与失败,无常也表示事情会转向光明与成功。肉身之无常,只是时时提醒我们,人生一切皆有可能,我们固然要居安思危,我们更要积极进取,有所作为。

论生存的痛苦与虚无（节选）

叔本华　韦启昌　译

⊙叔本华　黄苏绘

叔本华(1788—1860)，德国著名哲学家，唯意志论的创始人和主要代表之一。

1

如果痛苦不是我们生活最接近和直接的目的，那我们的生存就是在这世上最违反目的的东西了。这是因为如果认为在这世上无处不在的、源自匮乏和困难——这些密不可分——的那些永无穷尽的痛苦没有任何目的，纯粹只是意外，那这一假设就是荒谬的。我们对痛苦的敏感几乎是无限的，但对享乐的感觉则相当有限，虽然每一个别的不幸似乎是例外情形，但在总体上，不幸却是规律中的惯常情形。

2

溪水只要没有碰上阻碍物就不会卷起旋涡，同样，人性和动物性决定了我们不会真正察觉和注意到与我们的欲相一致的一切事情。如果我们真的对事情有所注意的话，那这些事情肯定就是没有马上顺应我们的意欲，这些事情已经遇到了某种阻碍。相比之下，一切阻碍、抵触或者拂逆我们意欲的事情，也就是所有让我们不快和痛苦的事情，马上和直接就被我们异常清楚地感觉到了。正如我们不会感受到整个健康的身体，而只会觉得窄鞋子夹住脚指头的一小处地方，同样，我们不会考虑到所有进展顺利的事情，而只会留意鸡毛蒜皮的烦恼。我多次反复强调过的真理——舒适和幸福具有否定的本质，而痛苦则具有肯定的特征——正是建立在上述事实的基础上。

所以，大多数形而上学体系所宣扬的痛苦、不幸是否定之物的观点，其荒谬在我看来实在是无以复加；其实，痛苦、不幸恰恰就是肯定的东西，是引起我们感觉之物。而所谓好的东西，亦即所有的幸福和满意，却是否定的，也就是说，只是愿望的取消和痛苦的终止。

与这一道理互相吻合的还有这一事实：我们一般都会发现快乐远远低于，而苦痛则远远超出我们对这些快乐或者苦痛的期待。

谁要想大概地检验一下这一说法，亦即在这一世上快乐超出苦痛，或者快乐和苦痛起码能够持平，那他只需把一只动物在吞噬另一只动物的时候，这两只动物各自的感受互相对照一下就足够了。

3

在遭遇每一不幸或承受每一痛苦时，最有效的安慰就是看一看比我们更加不幸的其他人——这人人都可以做到。但如果所有人都承受着不幸和痛苦，我们还会有其他方法吗？我们就像在草地上玩耍的绵羊，而屠夫则盯着这些绵羊，心里已经想好逐一向它们开刀的次序。这是因为在好日子的时候，我们并不知道命运此刻已为我们准备了何种不幸和祸害：疾病、贫困、迫害、残废、失明、疯狂抑或死亡。

历史向我们展示国家和民族的生活，但除了向我们讲述战争和暴乱以外，别无其他，因为天下太平的日子只是作为短暂的停顿和幕间的休息偶尔、零散地出现。同样，个人的生活也是一场持续不休的争斗——这可不是比喻与匮乏和无聊的抗争，而是实实在在地与他人拼争。无论在哪里，人们都会找到拼争的对手，争斗始终是没完没了，到死为止仍然武器在握。

4

时间每时每刻催逼着我们，从不让我们从容喘息；它在我们每一个人的后面步步紧跟，就像挥舞着鞭子的狱卒——我们的生存因而平添了不少痛苦和烦恼。只有那些落入了无聊的魔掌的人才逃过了这一劫。

5

但是，正如没有了大气的压力，我们的身体就会爆炸，同样，人生没有了匮乏、艰难、挫折和厌倦，人们的大胆、傲慢就会上升；就算它不会达到爆炸的程度，也会驱使人们做出无法无天的蠢事，甚至咆哮、发狂。无论何时，每个人都确实需要配备一定份额的操劳，或者担心，或者困苦，正如一艘船需要一定的压舱物才能走出一条笔直和稳定的航线一样。

匮乏、操劳、忧心固然是几乎所有人终其一生的命运，但如果人们所有的欲望还没有来得及出现就已经获得满足，那人们又将如何排遣自己的生活时间？假设人类移居到了童话中的极乐国——在那里一切都自动生长出来，鸽子也是烤熟了在空中飞来飞去，每个人很快就能找到自己的热恋中人，并且不费吹灰之力就得到她和拥有她——如果是这样，那么，一部分人就会无聊得生不如死，或者，他们会自行上吊了结；而另一部分人则寻衅打架、各自掐死或谋杀对方，从而制造出比大自然现在加在他们身上的还要多的痛苦。因此，对于这样的人类，再没有别的更合适的活动舞台和更合适的生存了。

6

由于舒适和快感具有否定的特征，而痛苦则具有肯定的本质——这我在上文已经向读者作了回顾——所以，衡量一个人的一生是否幸福并不是以这个人曾经有过的欢乐和享受为尺度，而只能视乎这个人的一生缺少悲哀和痛苦的程度，因为这些才是肯定的东西。

（选自《叔本华思想随笔》，上海人民出版社，2008年版）

【交流之窗】

肉身在解决了温饱之后，难免回思过往、构想未来，从而生出无尽的烦恼。若果不思，则又百无聊赖。明了这些，反倒让我们内心坦然，看清肉身的焦虑、痛苦和烦恼。如果人的全部愿望刚刚出现就得到满足，那么人们又如何填补他们的生活呢？他们生于世间又将有何作为呢？所以叔本华似乎告诉我们，与其刻意逃避肉身的焦虑、痛苦和烦恼，不如与它们握手言和，这是更高境界的生命智慧。

基于中西不同文化背景下的生命观探微

——以挪亚方舟和大禹治水故事为例

阮金纯

阮金纯，当代学者，云南财经大学教授。

　　大洪水是人类童年时期要面对的来自自然的无数考验与磨难之一，有关大洪水的记忆在世界各民族的神话中都有反映。据马克·埃萨克2002年在网上发布的《世界各地洪水故事》记载，世界上已有181个国家和民族发现有洪水故事，仅"中国56个民族中，就有近400篇各种不同类型的民族洪水神话"，足见洪水故事的地域分布之广泛，数量之惊人。整个人类发展的历史就是一部不断与灾难斗争，在灾难中成长的历史，面对灾难其实就是面对生命问题。洪水作为远古人类都曾面对的灾难之一，灾难的背后折射出不同民族在不同文化心理下对待生命的态度。本文拟就广为人知的基督教挪亚方舟的故事和我国大禹治水故事探寻中西两大文化背景下人们的生命观。

　　挪亚方舟的故事记载于基督教经典《圣经》"创世记"，讲述由于"人在地上罪恶很大，终日所思想的尽都是恶""凡有血气的人，在地上都败坏了行为"，上帝后悔把人造出来，想把世界上罪恶的人和各种飞禽走兽毁灭掉。只有义人挪亚总是按照上帝的意愿行事，因而被上帝悦纳。上帝谕示挪亚造方舟，载家人和禽畜躲避洪水，最终重新繁衍人类。大禹治水的故事最初为民间口头流传，后经文人整理，散见于多种古籍中。《山海经》中记载："洪水滔天。鲧窃帝之息壤以堙洪水，不待帝命，帝令祝融杀鲧于羽郊。鲧复生禹，帝乃命禹卒布土以定九州。"另在《太平广记》《吴越春秋》《吕氏春秋》《汉书》等典籍中都载有大禹治水的传说。这些文字综合起来讲述了一个生动感人的治水神话，塑造了一个栩栩如生的神话英雄大禹的形象。两则神话"存在于经过后人精心编制整理的典籍中，因而显示出较高的抽象概括程度,与本民族已基本形成的哲学或宗教思想一脉相通"。两则神话分别代表了两种不同的文化传统,体现了两种各具特色的生命观。

一、原罪与实用理性——对生命本质的不同认识

挪亚方舟在《圣经》中只是上帝创世这整个故事中的一个环节,如果把它与上帝造人的情节,亦即亚当与夏娃的故事联系起来,就向我们完整地展示了人堕落的过程:神照自己的样子用地上的泥土造了亚当,并取其肋骨造了夏娃。神把二人安置在伊甸园,负责修理看守。二人偷吃了善恶树上的果子,像神一样懂得了羞耻善恶,神因此将他们逐出伊甸园,令其从此辛苦谋生。亚当和夏娃繁衍人类。然而"世界在神面前败坏,地上满了强暴",最终神降洪水淹没地上一切生灵。从中,我们可以清楚地看到神降洪水的根本原因是人的罪孽深重。亚当和夏娃犯了偷窃罪,他们的儿子该隐因为嫉妒而杀了自己的兄弟亚伯。可见从人类始祖开始就是有罪的,洪水是对人的罪行的惩罚。这就是基督教哲学最根本的命题——原罪。所谓原罪具有以下几个特征:原罪是普遍的罪性、原罪是人类的天性、原罪是遗传而来、原罪来自亚当。这种原罪意识经由基督教的传播而成为西方文化心理的一大特征,也因此有学者将西方文化称为"罪感文化"。

把人性的本质界定为"有罪",其结果是对生命不断进行审视和反省,并力图摆脱自身的罪孽。基督教的忏悔、祈祷、洗礼就被视为可以减轻罪的方式。原罪意识一方面促使人"为赎罪而奋斗:征服自然,改造自己,以获得神眷,再回到上帝怀抱"。挪亚就是受到神的特别眷顾,不仅从洪水中逃生,而且在洪水后"昌盛繁茂"。另一方面我以为原罪意识对于人的生命来说已经超越了其宗教功能,激发了人的自省与自律。如前所述,原罪与生俱来,任何人都不可避免,当它成为人的潜意识的时候,更容易促使人把追求善和爱当成一种本能的自觉。

大禹治水的神话中,没有交代"洪水滔天"的原因,叙述的重点在大禹治水的经过,"洪水"在其中完全居于配角,用来衬托大禹这位治水英雄的形象。我认为这种对材料的取舍正是一种文化心理的体现,关于洪

水原因的缺省恰恰反映出了中华民族对生命本身的肯定。在上帝那里，洪水是用来惩罚人类罪恶的手段，具有道德评价的意义。而在中华先民眼中，洪水是一种对人类的生存造成巨大威胁的自然灾害，与洪水的抗争实际就是人与自然灾害的抗争，唯其如此，方能显现出生命的力量。因而，在大禹治水中我们看到的是鲧禹两代人前赴后继，鲧牺牲生命，化孕大禹，大禹抛妻别子，三过家门而不入。大禹治水十余年，试验无数方法，终于平息洪水，给九州百姓带来了安宁。这是一种重实践、重现世人生的实用理性态度。中国人很少空想"天国"，幻想来世，而是注重生命的"此在"，生命在人的生存过程中是积极的、主动的、乐观的。孔子说"知其不可为而为"，庄子说"物物而不物于物"，禅宗讲"担水砍柴无不妙道"，民间谚语"留得青山在，不怕没柴烧"，无不彰显着对生命和生活的执着追求和肯定。

有人评价中国人由于缺乏原罪意识，因而缺乏对生命的反省和行为的自律。我以为这种看法太过片面。如前所述，基督教昭示人存在着一个伊甸园一样的天堂，那本是人的居所，只是因人犯了罪才被逐出天国。人此生的任务就是努力行善赎罪，获得上帝的原宥，才能重返伊甸园。赎罪必然要明白自己有何罪，因而就要具有反省精神，反省的终极意义是去除人性中的恶而达到善。中华民族的性格素来重实践、轻思辨，重行动、轻反思，这也是儒家文化几千年来一直居于主导地位的原因。与其说中国人缺乏反省精神，毋宁说中华民族奉行的是一种行动的哲学，在行动中彰显生命的价值，在实践中获取人生的幸福。两种文化的心理指向不同，一种向内，教导人们通过深刻地反省达到约束自身外在行为的目的。一种向外，主张通过道德实践实现生命的完善。不管向内还是向外，有一点是相同的，那就是在生命价值取向上都以善为终极目标，殊途同归，最终的结果都是去恶扬善。

二、神本和人本——对人在宇宙中地位的认识

人在宇宙万物中居于何种地位，这是人的生命意识觉醒时首先思考的问题。在挪亚方舟和大禹治水中，体现出了两种不同的认识和态度。

挪亚方舟故事的主角是神耶和华。神是先于时间和空间的绝对存在，

他创造了天地,区分了光明和黑暗,造出了包括人在内的万事万物,他还是秩序和法律的制定者。神的意志高于一切。他不满人类的恶性,要亲手毁掉自己的创造物。他命令挪亚造方舟,并规定了方舟的造法。他又规定了挪亚带进方舟的生物的种类和数量。洪水过后,又与人立约,赐福挪亚和他的儿子"生养众多,在地上昌盛繁茂"。神在这里具有绝对的权威,人的生存是受神所赐,因而人在神面前必须唯命是从,恭顺谦卑。这是一种神本主义的思想,"上帝按照自己的形象造人,并按照自己的意志创造天地万物,他关怀他的所造,爱抚他的所造,他会对人类的历史和世界的发展进行干预。由于上帝是人格的神,他有他的情感,他会因为人的罪恶而震怒,他也会因人的苦难而怜悯人,他爱人和拯救人"。神自始至终都是主宰一切的力量。神本主义使人服膺于神的权威,将自己的命运交付在神的手中,对人来说,神是救世主,所以面对洪水,挪亚采取的是一切听从神的指挥,被动地、消极地躲避在方舟上,直至洪水退却。

神本主义在人的精神世界树立了一个救世主,强调人要服从上帝的旨意。但人又是有自由意志的人,否则亚当就不会违逆神的教导,偷吃禁果。洪水不仅是上帝对人的原罪的惩罚,也是神的意志与人的意志的矛盾冲突的反映。当然,最终是上帝意志重新创造了一个井然有序的世界,但人对自由的向往并未泯灭,"要求人的尊严,反对神的权威;要求尘世生活,反对禁欲主义;要求个性解放,反对宗教桎梏"。这是人权与神权的斗争,是对人的生命价值的肯定与追求,这种追求最终在文艺复兴时期使西方文化精神从神本主义走向了人文主义。

大禹治水中没有像挪亚方舟里那位发动大水,享有至高地位和无上权威的神,有的只是大禹这个有血有肉的平凡人。他面对洪水,不是逃避,而是积极进取、艰苦奋斗,率领百姓与洪水作斗争,最终战胜了洪水,化害为利。这是一种"以人为本"的精神。中国的文化传统历来反对以神为本,而将现世的人事、人的生命放在第一位。《尚书·泰誓上》说:"惟天地,万物父母;惟人,万物之灵。"老子说:"道大,天大,地大,人亦大。"在天地人之间,以人为中心,在人与神之间,以人为中心。这是对人的价值的深刻认识,是对人的生命的尊重。人本精神在灾难面前充分显示出了它的意义与价值:面对灾难,不信天,不信命,相信人自身的能力,这是一种无畏与自信,生命的主体性与能动性因之在与自然灾害的抗争中得以充分展现。鲧禹两代人治水,耗时二十二年,试验了无数方法,鲧甚至因此牺牲了生命。大禹总结经验,创造性地运用了疏导的方法,制伏了洪水。中华民族在灾难中顽强不屈、生生不息,在实践中积淀生存智慧的精神就这样一代代流传下来。

中华民族的人本精神同时又是一种以道德为本位的人本精神,即把人放在道德伦理的框架中去衡量。从各种典籍中对大禹的歌颂可以窥见一斑。"禹娶涂山氏女,不以私害公,自辛至甲四日,复往治水。""禹有功,抑下洪,辟除民害逐共工。""禹疏九河,当是时也,禹八年于外,三过其门而不入。"许多典籍都描写了大禹终年奔波在山川大地,晒得"颜色黧黑","步不相过",年龄不过三十,却面貌憔悴苍老,腰弯了,腿曲了,臣民们见了都不禁伤心落泪。这种舍己为人、公而忘私的人格品质,历来是中华民族共同的价值取向,人的生命只有在为他人谋幸福的过程中才能实现其价值和意义。

三、激越与稳健——两种不同的生存哲学

挪亚方舟和大禹治水从不同的叙事角度阐明了两种不同的生存哲学,体现了东西方两种不同的思维方式,展示了不同文化背景下的人们为了获得生存而采取的对待自然的不同态度。为了惩罚人类,上帝发动大洪水,淹没了世上一切有血气的生命,这是多么惨烈的一幕。这里的大洪水不仅具有惩罚的道德意义,更有否定一切,重建秩序的功能。西方文化传统重视对立和斗争的意义,赫拉克利特说:"战争是普遍的,正义就是斗争,一切都是通过斗争和必然性产生的。"灭世的洪水、遍地的荆棘、恶劣的生存环境无一不对人的生存产生巨大威胁,人只有与自然相抗争才能求得生存。包括挪亚方舟在内的圣经创世神话隐含了这样的思想:人是站在自然之外的,人与自然的关系是对立的。培根说:"知识就是力量",科学、技术于人来说是与自然相抗争的手段,依赖先进的科技,人可以获得主宰自然的力量。

中国文化传统强调对立中的和谐统一,在对待自然的态度上,"天人相谐""天人合一"一直是中国人处理人与自然关系的主导思想。《周易大传》说:"有天地,然后有万物;有万物,然后有男女;有男女,然后有夫

妇。"天地生成万物，人是自然界的一部分，所以人的行为要合乎自然规律，人对自然进行改造与控制的前提是顺应自然。因此，大禹通过疏导最终控制洪水，还百姓安宁。在人与自然的对立冲突中，中国人一方面尊重客观规律，另一方面又充分发挥人的主观能动性，于是，天、地、人构成了一种和谐稳定的关系。正如《易传·系辞》上所说："与天地相似，故不违；知周乎万物而道济天下，故不过；旁行而不流，乐天知命，故不忧；安土敦乎仁，故能爱；范围天地之化而不过，曲成万物而不遗，通乎昼夜之道而知。"

基于上述两种不同的文化背景，在面对灾难的时候，中西方民族展现出了不同的生存哲学：一种是在否定和斗争中建立新的平衡，一种是在旧有秩序中进行改进与完善。所以，西方有堂吉诃德式的理想与激情，积极主动，信心百倍；中国有天人合一和中庸思想，稳健笃定，淡泊宁静。生命在自然、社会、人类历史的发展进程中应该采取一种什么样的态度？两则神话给出了两个答案：前者是以激越和突变使生命变成一首昂扬向上的浪漫之歌；后者是以淡定和稳健获取生命的安宁与幸福。

两则神话，基于两种不同的文化心理，展示了两种不同的生命观。但同时，我们要看到文化的交汇融合是世界文化发展的必然趋势，你中有我，我中有你，是文化交流的必然结果。

[选自《云南农业大学学报（社会科学版）》，2009年第3期]

【交流之窗】

生命中有无数苦难，但苦难于人类而言，却有许多积极意义。它由外而内淬炼了人性：外，它强健了人类的肌体，增长了人类的才干；内，它教训了人类的自大，促进了人类的自省，提升了人类的精神境界。

第三编
温暖与欢愉

⊙ 陈连强 绘

● 单元导读

　　种子从土壤中冒出新芽,小鸡从蛋壳中探出脑袋,胎儿从母亲腹中呱呱坠地,这些都宣告了新生命的诞生。生命,多么圣洁珍贵的字眼,是那般神奇而又充满意义。孕育生命,何其伟大的过程,令人感怀而致以无限敬意。青春的你,是否也切身感受到了生命的美好?

　　生命是神奇的。于茫茫宇宙,沧海一粟中孕育,在上下求索,苦乐并存中成长。自然赋予人的生命长度有限,然而,丰富的生活经历却使人获得了几倍于自然寿命的人生。流觞曲水,我们在生命的长河中成了自己的摆渡人。

　　生命是厚实的。生命给了我们各式的机会和场景,让我们去求知,去工作,去爱恨,去思考,去体悟,去仰望天上的星星,如《幽窗小记》所说"宠辱不惊,看庭前花开花落;去留无意,望天外云卷云舒"。

　　生命是需要领悟的。对生命浅尝辄止的人,只能做人世匆匆的过客。热爱生活的人,其生命的内涵往往丰富深邃。印第安人有这样的说法:如果人走得太快了,灵魂就会跟不上。时代纷繁复杂,现代忙碌的人们,终要面对自己的内心,我们确实需要找一个时间停下忙碌,让心灵得以休憩,去体会生命的意义,在纷扰之中找到生命的丰盈与美好。

　　热爱生命吧,积极乐观地对待生命中的每一天,珍惜我们拥有的明眸健体,勇敢地吐露真诚;热爱生命吧,孜孜不倦地探索生活的新奇事物,发现平凡中的美,并感到由衷的惊喜;热爱生命吧,对生命永远保持新鲜的感受,在高山流水、潮涨汐落、繁星浩月中吟咏啸歌,在《蒙娜丽莎》《思想者》前聆听贝多芬的交响乐,在旧黄古籍与光纤电流之间探索过去的文化与未来的科学,在普通人身上发现善良、诚实、友爱与正直……

　　诺贝尔说:"生命,那是自然付给人类去雕琢的宝石。"是的,生命注定要在雕琢过程中经历阵痛,才能成为光彩夺目的宝石。生命幸福不等于生命的时时刻刻都幸福,生命也会有悲伤、挫折、痛苦,甚至灾难和绝望,但这些都是生命的调味品,正因它们的存在,生命才更显丰富多彩。愿你能正确认识生命的维度,寻找更多的精神追求,在体验生命的温暖与欢愉中,创造与享受属于自己的幸福。

• 文学之花

春夜宴从弟桃花园序

李 白

李白(701—762),字太白,号青莲居士,唐代伟大的浪漫主义诗人。

夫天地者,万物之逆旅①也;光阴者,百代之过客也。而浮生若梦,为欢几何?古人秉烛夜游,良有以也。况阳春召我以烟景,大块②假我以文章。会桃花之芳园,序天伦之乐事。群季俊秀,皆为惠连③;吾人咏歌,独惭康乐。幽赏未已,高谈转清。开琼筵以坐花,飞羽觞而醉月。不有佳咏,何伸雅怀。如诗不成,罚依金谷酒数。

(选自《李太白全集》,中华书局,1977年版)

【注释】①逆旅:客舍,旅店。②大块:天地。③惠连:见《宋书》"谢惠连幼而聪敏,年十岁,能属文"。

【译文】天地是万物的客舍,时间是古往今来的过客。死生的差异,就好像梦与醒的不同,风云变幻,不可究诘,得到的欢乐,又能有多少呢!古人夜间执着蜡烛游玩实在是有道理啊,况且春天用艳丽景色召唤我,大自然把各种美好的形象赐予我,相聚在桃花飘香的花园中,畅叙兄弟间快乐的往事。弟弟们英俊优秀,个个都有谢惠连那样的才情,而我作诗吟咏,却惭愧不如谢灵运。清雅的赏玩兴致正浓,高谈阔论又转向清言雅语。摆开筵席来坐赏名花,快速地传递着酒杯醉倒在月光中,没有好诗,怎能抒发高雅的情怀?倘若有人作诗不成,就要按照当年石崇在金谷园宴客赋诗的先例,谁咏不出诗来,罚酒三杯。

【交流之窗】

　　浮生若梦,为欢几何?大诗人李白感慨人生短暂,珍惜当下。兄弟们聚餐欢饮,畅叙天伦,谈笑风生,不亦乐乎!

天才梦

张爱玲

⊙张爱玲 莫丹绘

张爱玲(1920—1995),中国女作家,代表作有《倾城之恋》《金锁记》等。

  我是一个古怪的女孩,从小被目为天才,除了发展我的天才外别无生存的目标。然而,当童年的狂想逐渐褪色的时候,我发现我除了天才的梦之外一无所有——所有的只是天才的乖僻缺点。世人原谅瓦格涅的疏狂,可是他们不会原谅我。

  加上一点美国式的宣传,也许我会被誉为神童。我三岁时能背诵唐诗。我还记得摇摇摆摆地立在一个清朝遗老的藤椅前朗吟"商女不知亡国恨,隔江犹唱后庭花",眼看着他的泪珠滚下来。七岁时我写了第一部小说,一个家庭悲剧。遇到笔划复杂的字,我常常跑去问厨子怎样写。第二部小说是关于一个失恋自杀的女郎。我母亲批评说:如果她要自杀,她决不会从上海乘火车到西湖去自溺。可是我因为西湖诗意的背景,终于固执地保存了这一点。

  我仅有的课外读物是《西游记》与少量的童话,但我的思想并不为它们所束缚。八岁那年,我尝试过一篇类似《乌托邦》的小说,题名《快乐村》。快乐村人是一好战的高原民族,因克服苗人有功,蒙中国皇帝特许,免征赋税,并予自治权。所以快乐村是一个与外界隔绝的大家庭,自耕自织,保存着部落时代的活泼文化。

  我特地将半打练习簿缝在一起,预期一本洋洋大作,然而不久我就对这伟大的题材失去了兴趣。现在我仍旧保存着我所绘的插画多帧,介绍这种理想社会的服务、建筑、室内装修,包括图书馆、"演武厅"、巧克力店、屋顶花园。公共餐室是荷花池里一座凉亭。我不记得那里有没有电影院与社会主义——虽然缺少这两样文明产物,他们似乎也过得很好。

  九岁时,我踌躇着不知道应当选择音乐或美术作我终身的事业。看了一张描写穷困的画家的影片后,我哭了一场,决定做一个钢琴家,在富丽堂皇的音乐厅里演奏。

对于色彩，音符，字眼，我极为敏感。当我弹奏钢琴时，我想象那八个音符有不同的个性，穿戴了鲜艳的衣帽携手舞蹈。我学写文章，爱用色彩浓厚，音韵铿锵的字眼，如"珠灰""黄昏""婉妙""splendour""melancholy"，因此常犯了堆砌的毛病。直到现在，我仍然爱看《聊斋志异》与俗气的巴黎时装报告，便是为了这种有吸引力的字眼。

在学校里我得到自由发展。我的自信心日益坚强，直到我十六岁时，我母亲从法国回来，将她睽隔多年的女儿研究了一下。

"我懊悔从前小心看护你的伤寒症，"她告诉我，"我宁愿看你死，不愿看你活着使你自己处处受痛苦。"

我发现我不会削苹果。经过艰苦的努力我才学会补袜子。我怕上理发店，怕见客，怕给裁缝试衣裳。许多人尝试教我织绒线，可是没有一个成功。在一间房里住了两年，问我电铃在那儿我还茫然。我天天乘黄包车上医院去打针，接连三个月，仍然不认识那条路。总而言之，在现实的社会里，我等于一个废物。

我母亲给我两年的时间学习适应环境。她教我煮饭；用肥皂粉洗衣；练习行路的姿势；看人的眼色；点灯后记得拉上窗帘；照镜子研究面部神态；如果没有幽默天才，千万别说笑话。

在待人接物的常识方面，我显露惊人的愚笨。我的两年计划是一个失败的试验。除了使我的思想失去均衡外，我母亲的沉痛警告没有给我任何的影响。

生活的艺术，有一部分我不是不能领略。我懂得怎么看"七月巧云"，听苏格兰兵吹bagpipe，享受微风中的藤椅，吃盐水花生，欣赏雨夜的霓虹灯，从双层公共汽车上伸出手摘树颠的绿叶。在没有人与人交接的场合，我充满了生命的欢悦。可是我一天不能克服这种咬啮性的小烦恼，生命是一袭华美的袍，爬满了蚤子。

一九三九年

（选自《流言》，北京十月文艺出版社，2009年版）

【交流之窗】

　　天才有天才的非凡,也有独有的愚笨,读《天才梦》,了解天才张爱玲的两面人生。才华横溢,但却拙于待人接物。不过,虽然她有许多如虱子般"咬啮性的小烦恼",但可以让她自由追求梦想的生活,毕竟是像"一袭华美的袍"那样可爱的啊。

秋天的况味

林语堂

林语堂(1895—1976),中国现代著名作家、学者、翻译家、语言学家。

秋天的黄昏,一人独坐沙发上抽烟,看烟头白灰中间露出红光,微微透露出暖气,心头的情绪便跟着那蓝烟缭绕而上,一样的轻松,一样的自由。不转眼,缭烟变成缕缕细丝,慢慢不见了,而那霎时,心上的情绪也跟着消沉于大千世界,所以也不讲那时的情绪,只讲那时的情绪的况味。待要再划一根洋火再点起那已点过三四次的雪茄,却因白灰已积得太多而点不着,乃轻轻的一弹,烟灰静悄悄的落在铜炉上,其静寂如同我此时用毛笔写在纸上一样,一点的声息也没有。于是再点起来,一口一口的吞云吐雾,香气扑鼻,宛如偎红倚翠温香在抱情调。于是想到烟,想到这烟一股温煦的热气,想到室中缭绕暗淡的烟霞,想到秋天的意味。这时才忆起,向来诗文上秋的含义,并不是这样的,使人联想的是肃杀、是凄凉、是秋扇、是红叶、是荒林、是萋草。然而秋确有另一意味,没有春天的阳气勃勃,也没有夏天炎烈迫人,也不像冬天之全入于枯槁凋零。我所爱的是秋林古气磅礴气象。有人以老气横秋骂人,可见是不懂得秋林古色之滋味。在四时中,我于秋是有偏爱的,所以不妨说说。秋是代表成熟,对于春天之明媚娇艳,夏日之茂密浓深,都是过来人,不足为奇了,所以其色淡,叶多黄,有古色苍茏之概,不单以葱翠争荣了。这是我所谓秋天的意味。大概我所爱的不是晚秋,是初秋,那时暄气初消,月正圆,蟹正肥,桂花馥洁,也未陷入憀慄萧瑟气态,这是最值得赏乐的。那时的温和,如我烟上的红灰,只是一股薰熟的温香罢了。或如文人已排脱下笔惊人的格调,而渐趋纯熟练达,宏毅坚实,其文读来有深长意味。这就是庄子所谓"正得秋而万宝成"结实的意义。在人生上最享乐的就是这一类的事。比如酒以醇以老为佳。烟也有和烈之辨。雪茄之佳者,远胜于香烟,因其意味较和。倘是烧得得法,慢慢的吸完一支,看那红光炙发,有无穷的意味。鸦片吾不知,然看见人在烟灯上烧,听那微微毕剥的声音,也觉得有一种诗意。大概凡是古老、纯熟、薰黄、熟练的事物,都使我得到同样的愉快。如一只薰黑的陶锅在烘炉上用慢火炖猪肉时所发出的锅中徐吟的声调,使我感到同观人烧大烟一样的兴趣。或如一本用过二十年而尚未破烂的字典,或是一张用了半世的书桌,或如看见街上一块涂薰了老气横秋的招牌,或是看见书法大家苍劲雄深的笔迹,都令人有相同的快乐。人生世上如岁月之有四时,必须要经过这纯熟时期,如女人发育健全遭遇安顺的,亦必有一时徐娘半老的风韵,为二八佳人所不及者。使我最佩服的是邓肯的佳句:"世人只会吟咏春天与恋爱,真无道理。须知秋天的景色,更华丽,更恢奇,而秋天的快乐有万倍的雄壮、惊奇、都丽。我真可怜那些妇女识见褊狭,使她们错过爱之秋天的宏大的赠赐。"若邓肯者,可谓识趣之人。

(选自《林语堂作品精选》,长江文艺出版社,2012年版)

【交流之窗】

　　大自然有四季,春夏秋冬,各尽其美。林语堂先生更爱秋天,尤其是初秋,蟹肥桂馥,充满了收获与成熟的气息,秋林古色,气势磅礴,如此壮美,谁又能不喜爱呢?林语堂表面写秋,实则在写人生观,他希冀自己的人生能如初秋般殷实醇厚。

不需注释的生命

祝 勇

祝勇,1968年出生于辽宁省沈阳市,作家、学者,艺术学博士。

  曾经觉得,注释是那般重要。记得有一次,一位年轻的朋友在编辑一位美国著名汉学家有关中国文化的专著时,将书后十几万字的注释全部删去,令我那么地心疼。我对他说,作者在那些注释里面凝结的心血,并不比他行文中的少啊。没有了注释,这本书将不再完美。
  红尘素居,碌碌诸事中,有的时候,我们是那么地需要一些注解,不论是注释自己,还是注视周围的人、注释整个世界。孩提时我们总是缠着妈妈问十万个为什么,就是在寻求着世界的注解。而当妈妈坐在我们的睡榻旁,安详地为我们一一作了解答,我们才能心满意足地,带着一丝微笑睡去。
  诗人以"离人心上秋"来注释"愁",以"黄鸡紫蟹堪携酒,红树青山好放船"来注释"乐",以"秋风吹不尽,总是玉关情"来注释"思",以"一叫千回首,天高不为闻"来注释"痛",而我们在一个春天芳香的夜晚开始伏案写下的日记,亦是对自己生命的注释啊。
  我们已经习惯于给自己的生命一个解释。我们汲取知识,是因为我们需要聪慧的大脑;我们锻炼身体,是因为世界等着我们去创造;我们种花莳草,是因为它们的枝脉可以染绿我们的心灵;我们夜夜做梦,是因为我们瑰丽的幻想在夜晚也要接力奔跑……
  而每当做错一件事情,我们又总是百般地想给对方一个解释,通过对自己行为的注解,来赢得一点点的谅解,以及内心的安宁。
  可是啊,我亲爱的朋友,有的时候,我们是不需要注释的,不论是我们的思想,还是我们的行为。沉默中,心有灵犀的人自能心领神会,而心律不同者即便你费尽口舌他仍会恍然不知。
  相传世尊一日在灵山会上,拈一枝金婆罗花示众。时众皆默然,不得其要领，只有迦叶尊者破颜而笑，于是佛祖便将其"正法眼藏，涅槃妙心，实相无相，微妙法门"传给了迦叶。禅宗《无门关》第六则记载的这段"拈花一笑"的著名公案，是那么地令人心动。而目不识丁的六祖慧能一听无尽藏比丘尼诵念《大涅槃经》便知其中妙义的故事，亦是那样传神。

禅宗讲求"不立文字""以心传心"，而在我们的现实生活中，不需彼此注视而"心有灵犀一点通"，该是一个多么动人的境界啊！

俞伯牙摔琴谢知音，没必要诠释自己；管仲割席与友断交，亦无须多言一句。最钦佩古时话本里那些特立独行、从不多言的英雄。大漠孤烟，夜黑风高，他们或杀身取义，或拔刀助友，绝不多说一句，从来不为自己的所作所为加上一段长长的注解。待血迹擦干，宝剑入鞘，是朋友，自会相视一笑。好汉武松本可不上景阳冈的，可他偏向虎山行；刺配二千里外的孟州，一路上本有机会逃跑，可他宁肯将松下的木枷重新戴上，把封皮贴上，一步步自投孟州而来……不解者，百思不解；知其心者，自会竖起拇指，由衷地叫一声："好！"

还有爱情，自古以来就令人"辗转反侧，寤寐思服"的爱情，更是不需要注解，也没有注解的。就像一首歌中唱的："爱，不需任何理由，就像你，注定跟我走。"我读书时曾结识一位从意大利米兰来中国留学的小姐，她在意大利学习了四年中国历史，又到中国研究古典文学，能写精美的绝句，曾令我惊叹不已。多年以后，我看电视，才知道她嫁给了大学的一位锅炉工。记者问她为什么嫁给一位中国的锅炉工，我就觉得这是一个愚蠢的问题。没有为什么，"不要问，不要说，一切尽在不言中"。屏幕上她为专心读书的丈夫扇扇子的情景，令我万分感慨。想起征婚广告中那么多比工程设计还要精确的择偶要求，我真的怀疑这样是否可以寻到真正的爱情。

言传是必要的，可意会却是更高的境界。当我们温柔相对，让我们什么都别说，因为一切的解释，一切的评说，都有可能使我们之间的那汪意境褪色……

（选自《中华散文精粹：当代卷》，作家出版社，2006年版）

【交流之窗】

　　生命不需要注释，生命需要用心细细地品味、体会、思考，没有为什么。心有灵犀才是生命灵魂与灵魂契合的最高境界。所以说很多时候，我们都应保持沉默，静静地体会。大智若愚、大巧若拙，乃人生最高境界。

飘舞一次　美丽一次

何敏宏

何敏宏，当代作家。

在所有飞翔的昆虫里，我一直对蝴蝶有某种好感，原因也许是蝴蝶与生俱来的美丽。

确切地说，蝴蝶的美丽并不是与生俱来的。在成为一只美丽蝴蝶之前，它必须经过怎样艰难和痛苦的蜕变，并不是我所能够想象的。自然，教科书上有着更为细致的说明，但是，一些更为真实的痛苦历程却被我漫不经心地忽略了。人总是习惯于注意那些美丽的结果，却常常忽略了形成这样一种结果的过程。

比如一只蝴蝶，在我的印象里，当它映入我眼睛的那个时刻，它已经是风姿绰约了。

在我看来，蝴蝶的每一次飞翔的确都是一次舞蹈。在自然界中，从来没有一种生物可以飞得如同蝴蝶一样忽隐忽现飘然不定却又姿态万千。

看到蝴蝶，我常常会想起"翩翩起舞"这个词。我想，这个词的来历必定和蝴蝶有着某种神秘的联系。我曾经在一个红霞掩映下的黄昏，于河岸注视着一只蝴蝶自由地在花草之间，以舞者的姿态穿越着，飘舞着。我想象着，在古时候的某个傍晚，也应该有一个人，他置身于花丛中，目睹着蝴蝶如同仙子一样飘舞着，他从心底惊讶地叹息着，然后才流传出了那样一句诗意的言词。

在很长的时间里，我愿意将蝴蝶想象成动物界里的花朵，因为它总是极尽美丽地开放着，以一种独特的绚丽装点着整个自然界。如同一株花一样，蝴蝶的美丽似乎也很短暂。每到冬季来临，看着美丽的蝴蝶迎着北风作最后的舞蹈，真有一种令人扼腕的忧伤，如同英雄末路或美人迟暮一样，总有些无可奈何的意味。

我曾经在空旷的原野上追逐一只碗大的蝴蝶，它的双翼如同菊花一样金黄夺目，中间点缀着点点黑斑，像是很多明媚动人而又含情脉脉的眼睛一样。我拼命追逐着，但是终于没有追上。我无限怅惘地目送着它消失在原野里。但是第二年，同样在这个原野里，我却看到了一只一模一样的蝴蝶掠过我的眼前，那刻，我的心仿佛被一股巨大的惊喜所填满，我狂奔在原野上，依然拼命追逐着，尽管最后它依然是轻巧地逃离了我的目光，但在很长时间里我依然沉浸在一种难以言说的愉悦之中。

　　过后，我自然知道，如同花开花谢一样，蝴蝶的美丽总是长不过冬天。年年岁岁花相似，岁岁年年人不同。其实花不同，蝶自然也不同了。我们看到的花不是往年的花，我们看到的蝶也不再是去年的蝶。但我总不由自主地缅想着，也许，会有那么一只蝴蝶，它可以熬过严冬，可以在来年继续美丽一次，飘舞一次。

　　我固执地认为，凡是喜欢蝴蝶的人，内心深处对美丽的渴望总是特别强烈。蝴蝶不仅在我的世界里飞翔，同时它也飞翔在每一个爱美的人心里。

　　蝴蝶大概就是一个天生的舞者，我常常会这样想。也许，舞蹈便是蝴蝶的生命，美丽便是蝴蝶的一生，即使短暂也无法掩盖它洋溢的绚丽。

　　不是这样吗？事实上，我们每一个人都可以是一个舞者，面对生活，也许我们也应该像一只蝴蝶一样，飘舞一次，美丽一次。

（选自《青春放歌》，天津人民出版社，2007年版）

【交流之窗】

　　作者笔下的蝴蝶是一个审美意象，代表着世间一切美丽的事物。时间在"美"的面前是渺小的，尽管世间的美有的转瞬而逝，有的绚烂一时。蝴蝶用炫丽的舞燃尽倾世繁华，不枉此生。愿每一个人都能幻化成蝴蝶，哪怕只能美丽一次，足矣。

外国随笔三篇

热爱生命（节选）

蒙 田 潘丽珍 等译

蒙田（1533—1592），法国作家、思想家。

我对某些词语赋予特殊的含义。拿"度日"来说吧，天色不佳，令人不快的时候，我将"度日"看作是"消磨光阴"；而风和日丽的时候，我却不愿意去"度"，这时我是在慢慢赏玩、领略美好的时光。

坏日子，要飞快去"度"；好日子，要停下来细细品尝。"度日""消磨时光"的常用语令人想起那些"哲人"的习气。他们以为生命的利用不外乎在于将它打发、消磨，并且尽量回避它，无视它的存在，仿佛这是一件苦事、一件贱物似的。至于我，我却认为生命不是这个样的，我觉得它值得称颂，富有乐趣，即便我自己到了垂暮之年也还是如此。我们的生命来自自然的恩赐，它是优越无比的，如果我们觉得不堪生之重压或是白白虚度此生，那也只能怪我们自己。

糊涂人的一生枯燥无味，躁动不安，却将全部希望寄托于来世。

不过我却随时准备告别人生，毫不惋惜。这倒不是因为生之艰辛或苦恼所致，而是由于生之本质在于死。因此只有乐于生的人才能真正不感到死之苦恼。享受生活要讲究方法。我比别人多享受到一倍的生活，因为生活乐趣的大小是随我们对生活的关心程度而定的。尤其在此刻，我眼看生命的时光无多，我就愈想增加生命的力量。我想靠迅速抓紧时间去留住稍纵即逝的日子；我想凭时间的有效利用去弥补匆匆流逝的光阴。剩下的生命愈是短暂，我愈要使之过得丰盈饱满。

（选自《热爱生命》，广东世界图书出版公司，2010年版）

幸 福

卢 梭

卢梭(1712—1778),法国思想家、哲学家、教育家、文学家。

　　幸福是游移不定的,上苍并没有让它永驻人间。世界上的一切都瞬息万变,不可能寻索到一种永恒。环顾四周,万变皆生。我们自己也处在变化之中,今日所爱所慕至明朝也许荡然无存。因此,要想在今生今世追索到至极的幸福无异于空想。明智之举是当我们惬意时便纵情享乐,不可因一念之差而失去满足的情趣;同时,也别想将片刻之乐永系在身,这种念头只能是无望痴心。所谓幸福者殊有所见,也许这种人压根就不存在;而心满意足之人则随处可见。在所有给我深刻印象的事物中,最令我中意的便是这种满足之情。此种情感源于自我感觉的强烈驱使,是我之所见所闻的必然结果。幸福并没有悬挂招牌,欲同它相识相随,唯一的途径便是走入幸福者的内心。而心满意足的情绪却可以得之于人的眼神、举止、言谈,让旁人受其感染,不由自主地随之投入。当你在节日里看到人们尽情欢乐,喜笑颜开,神情容颜中流露出穿透生活阴霾的喜悦之情时,难道不会感到这是生活中最甜美的享受吗?

(选自《独自存在的自我》,远方出版社,2006年版)

青春赋

萨缪埃尔·沃尔曼　　朱继华　译

萨缪埃尔·沃尔曼（1840—1920），德裔犹太人，后移民美国，是著名教育家和社会活动家。

青春不是人生某一时期的标志，它是指人应有的心理状态。要永葆青春，既要有坚强的意志、丰富的想象和激荡的热情，还必须有战胜胆怯的勇气和决不向困难妥协而敢于去冒险的希求。人不是因岁月的流逝而老朽，当理想之火泯灭的时候，人生的"暮年"就开始了。岁月的流逝会在皮肤上刻下皱纹，而热情的消失则在心灵上留下痕迹。担心、疑惑、不自信、恐慌、绝望——这些东西正是夭折精神之树的元凶。

无论是到了古稀之年的老人，还是尚未成熟的少年，在人们的心目中，他们应该有对奇迹的憧憬，对人生乐趣的寻觅，对竞赛的追求，以及对灿若群星的事物和思想的感知；还要有不屈不挠的斗志和像孩子期待即将出现的事物般的好奇心……人与他的信念成比例地年轻，与疑惑成比例地衰老，与信心和希望成比例地年轻，与恐惧和绝望成比例地衰老。

谁能够从自然界、人类社会或神灵那里领悟到美丽、喜悦、勇气、高尚、力量……谁就富有青春的活力。

当失去所有的梦幻，心灵的花蕊被悲观之雪和沮丧之冰覆盖的时候，他就真正地"衰老"了。这样的人，只有去乞求神灵的怜悯。

（选自《笨拙的力量》，新星出版社，2014年版）

【交流之窗】

生命、幸福、青春都是人生中至为重要的。生命旅程只有一次，什么样的态度决定了什么样的人生。快乐、痛苦、欢愉、磨难与我们的青春随行，选择何种度日方式成为人生一道永恒命题。聆听名家隽语，让生命丰盈，让幸福陪伴，让青春常驻。

人生旅途

泰戈尔　　白开元　译

泰戈尔（1861—1941），印度著名诗人、文学家、社会活动家、哲学家和印度民族主义者。

我在路边坐下来写作，一时想不起该写些什么。

树荫遮盖的路，路畔是我的小屋，窗户敞开着，第一束阳光跟随无忧树摇颤的绿影，走进来立在我面前，端详我片刻，扑进我怀里撒娇。随后溜到我的文稿上面，临别的时候，隐隐留下金色的吻痕。

黎明在我作品的四周崭露。原野的鲜花，云霓的色彩，凉爽的晨风，残存的睡意，在我的书页里浑然交融。朝阳的爱抚在我手迹周遭青藤般地伸延。

我前面的行人川流不息。晨光为他们祝福，真诚地说：祝你们一路顺风。鸟儿在唱吉利的歌曲。道路两旁，希望似的花朵竞相怒放。启程时人人都说：请放心，没有什么可怕的。

浩茫的宇宙为旅行顺利而高歌。光芒四射的太阳乘车驶过无垠的晴空。整个世界仿佛欢呼着天帝的胜利出现了。黎明笑吟吟的，臂膀伸向苍穹，指着无穷的未来，为世界指路。黎明是世界的希冀、慰藉、白昼的礼赞，每日开启东方金碧的门户，为人间携来天国的福音，送来汲取的甘露；与此同时，仙境奇花的芳菲唤醒凡世的花香。黎明是人世旅程的祝福，真心诚意的祝福。

人世行客的身影落在我的作品里。他们不带走什么。他们忘却哀乐，抛下每一瞬间的生活的负荷。他们的欢笑悲啼在我的文稿里萌发幼芽。他们忘记他们唱的歌谣，留下他们的爱情。

是的，他们别无所有，只有爱。他们爱脚下的路，爱脚踩过的地面，企望留下足印。他们离别洒下的泪水沃泽了立足之处。他们走过的路的两旁，盛开了新奇的鲜花。他们热爱同路的陌生人。爱是他们前进的动力，消除他们跋涉的疲累。人间美景和母亲的慈爱一样，伴随着他们，召唤他们走出心境的黯淡，从后面簇拥着他们前行。

　　爱情若被锁缚，世人的旅程即刻中止。爱情若葬入坟墓，旅人就是倒在坟上的墓碑。就像船的特点是被驾驭着航行，爱情不允许被幽禁，只允许被推着向前。爱情的纽带的力量，足以粉碎一切羁绊。崇高爱情的影响下，渺小爱情的绳索断裂；世界得以运动，否则会被本身的重量压瘫。

　　当旅人行进时，我倚窗望见他们开怀大笑，听见他们伤心哭泣。让人落泪的爱情，也能抹去人眼里的泪水，催发笑颜的光华。欢笑、泪水、阳光、雨露，使我四周"美"的茂林百花吐艳。

　　爱情不让人常年垂泪，因一个人的离别而使你潸然泪下的爱情，把五个人引到你身边。爱情说：细心察看吧，他们绝不比那离去的人逊色。可是你泪眼蒙蒙，看不见谁，因而也不能爱。你甚至万念俱灰，无心做事。你向后转身木然地坐着，无意继续人生的旅程。然而爱情最终获胜，牵引你上路，你不可能永远把脸俯贴在死亡上面。

　　拂晓，满心喜悦动身的旅人，前往远方，要走很长很长的路。沿途没有他们的爱，他们走不完漫长的路。因为他们爱路，迈出每一步都感到快慰，不停地向前；也因为他们爱路，他们舍不得走，腿抬不起来，走一步便产生错觉：已经获得的大概今后再也得不到了。然而朝前走又忘掉这些，走一步消除一分忧愁。开初他们啜泣是由于惶恐，除此别无缘由。

　　你看，母亲怀里抱着婴儿走在人世的路上。是谁把母子联结在一起？是谁通过孩子引导着母亲？是谁把婴儿放在母亲的怀里，道路便像卧房一样温馨？是爱变母亲脚下的蒺藜为花朵！可是母亲为什么误解？为什么觉得孩子意味着她"无限"的终结呢？

　　漫长的路上，凡世的孩子们聚在一起娱乐。一个孩子拉着母亲的手，进入孩子的王国——那里储藏着取之不竭的安慰。因着一张张细嫩的脸蛋，那里像天国乐园一般。他们快活地争抢天上的月亮，处处荡漾着欢声笑语的波澜。但是，你听，路的另一侧，可爱无助的孩子在啼哭！疾病侵入他们的皮肤，损坏花瓣似的柔软肢体。他们纤嫩的喉咙发不出声音；他们想哭，哭声消逝在喉咙里。野蛮的成年人用各种办法虐待他们。

　　我们生来都是旅人。假如万能的天帝强迫我们在无尽头的路上跋涉，假如严酷的厄运攥着我们的头发向前拖，作为弱者，我们有什么法子？启程的时刻，我们听不到威胁的雷鸣，只听见黎明的诺言。不顾途中的危险、艰苦,我们怀着爱心前进。虽然有时忍受不了,但有爱从四面八方伸过手来。让我们学会响应不倦的爱情的召唤,不陷入迷惘,不让惨烈的压迫用锁链将我们束缚!

我坐在络绎不绝的旅人的哀泣和欢声的旁边,注望着,深思着,深爱着。我对他们说:"祝你们一路平安,我把我的爱作为川资赠给你们。因为行路不为别的,是出于爱的需要。愿大家彼此奉献真爱,旅人们在旅途互相帮助。"

(选自《名家精致美文集》,北京燕山出版社,1995年版)

【交流之窗】

佛说:"一花一世界,一佛一如来。"泰戈尔用"无物"的心态看待世界和人生旅程。从宁静充满阳光的小屋看到浩茫宇宙,再到行走在生命历程的人类,一切皆温暖。因为爱是踽踽独行者温暖的呵护和动力。因为有了爱,即便严酷的厄运攥着我们的头发向前拖,我们也不会成为弱者,因为人们在旅途中相互帮助。

引言[①]

雅罗斯拉夫·赛弗尔特　　杨学新　译

雅罗斯拉夫·赛弗尔特(1901—1986)，捷克著名诗人，1984年获诺贝尔文学奖。

从孩童时候起我就常为光阴的流逝感到悲哀。一年中总有几个心心念念期盼着的欢乐节日。而等到节日快要来临时，我又往往因为它的即将逝去而闷闷不乐。

直至今日，当我陶醉在充满爱之魅力的春季时也还总是带着几分忧虑。夏天甚至使我感到恐惧，因为美好的天气就要离我而去。

我感到幸福的时刻是早春，是积雪下初融的雪水在脚下淌向四方、雪花莲尖尖的嫩叶破雪而出的时刻，这是期待和渴望的时刻。二月末，吹拂着我们布热弗诺夫区山坡的湿润的风更使我高兴得深深呼吸。传说这风是从克希沃克拉特城堡的一扇大窗户吹出来的，当年，就是在那扇窗户的后面，年轻国王查理四世同迷人的勃朗卡公主紧紧地拥抱在一起。在这个时刻我已经期待着受惊的黑山鸟发出的第一声胆怯的唧啾。它正在寻找托曼之井，以便能开始歌唱。

你看，淡紫色的杏花开得多么短暂！转瞬之间它们已变成退了色的婚礼纸屑随风飘荡。接着樱桃花争相开放，但花瓣儿随即像是折断了的小翅膀，纷纷坠落到草丛之中。

再过短短几天，我们就又要等上整整一年才能重新看到满树繁花。时光真是无情。它飞驰而过，你什么也抓不着，留不住。一切都是匆匆流逝，奔驰的岁月从不理会人们的感伤。为了喜悦而采撷回家的野蔷薇又能对我们微笑几天？

人在热恋中才会觉得爱和亲吻是至死也不会变的。这种感觉多么令人陶醉，但又常是多么的短暂！人在恋爱之初往往不会意识到，爱情在他

[①] 本文为作者回忆录《世界美如斯》第二部分《厄俄斯，朝霞女神》的引言。

手心中停留的时间有时比一捧水流过手指缝的时间还要短。

有一年春天,我在一个炎热的下午穿过布拉格城堡的广场。从教堂洞开的大门里吹来一股充满残花香味的清凉。这是一次大的宗教节日后留下的香味。我走进大教堂,一直走到古建筑部分的圣瓦茨拉夫小礼拜堂。那里,门半开着。

生活早就告诉我不要去跪着祈求心愿的实现。但古老礼拜堂的神圣庄严气氛攫住了我。当时,里面空无一人。我走进去,站到它那彩石砌成的墙前。彩石散发出的凉气诱我把脸凑上去。我把脸紧紧贴在墙上,就像贴在心爱的人脸上。这种凉凉的接触竟然也是充满爱意的。

生活中毕竟有一些我们所爱的事物是能够用我们的双手和心灵把它们保存下来。因而爱也是有可能始终不渝的。

不仅是礼拜堂的彩石墙或是大教堂的石柱,就连布拉格城堡建在伏尔塔瓦河畔高坡上的旧墙也是如此。

这些墙不仅牢牢地建在墙基之上,它们也扎根在我们的思想和心灵的深处。就我们的寿命而言,它们是永恒的。所以我们热爱它们。它们的美不会像春天树上繁花的芳香那样转瞬即逝。

(选自《世界美如斯》,中国青年出版社,2006年版)

【交流之窗】

生命中有太多的美让我们满心欢喜,对一个心中充满爱的人来说,大自然中处处都是美景,她让人怜惜而感动。虽然这种美短暂难留,但"生活中毕竟有一些我们所爱的事物是能够用我们的双手和心灵把它们保存下来"——比如能让我们寄托身体和心灵的各式建筑——这就足以让我们感到幸福,对生活充满感恩。

无知的乐趣

罗伯特·林德

罗伯特·林德(1879—1949),英国批评家、散文家。

同一个普通城里人在乡下散步——也许,特别是在四月份或五月份——而不对他的无知的领域像海洋那样宽阔感到惊讶是不可能的。一个人在乡下散步而不对自己的无知的领域像海洋那样宽阔感到惊讶是不可能的。成千上万的男女活着然后死去,一辈子也不知道山毛榉和榆树之间有什么区别,不知道乌鸦和画眉的啼鸣有什么不同。很可能,在一座现代化的城市里,能够辨别乌鸦和画眉的啼鸣的人是例外。这并不是因为我们没有见过这些鸟,而仅仅是因为我们没有注意到它们。我们整整一生都有鸟生活在我们的周围,然而我们的观察力是如此微弱,以至我们中间许多人弄不清楚苍头燕雀是否会唱歌,说不出布谷鸟是什么颜色。我们像孩子似的争论布谷鸟是否飞的时候总是唱歌还是仅仅有时候在树枝上唱歌,争论查普曼①的下面两行诗是根据他的想象呢还是根据他对大自然的认识写的:

当布谷鸟在翠绿的橡树怀中歌唱,

初次使人们在明媚春天心花怒放。

然而,这种无知并不完全是可悲的。从这种无知我们可以得到有所发现的乐趣,这种乐趣是经常的。只要我们是足够无知的,那么每年春天,大自然的每一个事实就会来到我们面前;而每个事实的上面还带着露水。如果我们活了半辈子还从来没有见过布谷鸟,而且只知道它是一个流浪者的声音,那么当我们看到它因为深知自己的罪过而从一座树林匆匆忙忙地飞逃到另一座树林时,我们是特别地高兴的;我们对布谷鸟在敢于降落到枞树山坡上(那里可能有复仇者潜伏着)之前,像鹰那样在风

---

① 查普曼:英国作家、翻译家。

中停住,长长的尾巴颤抖着的样子,也特别地高兴。假装说博物学家在观察鸟类生活中并无乐趣将是荒谬的,但他的乐趣是稳定的,同生平第一次看见布谷鸟的人的最初兴奋心情相比,几乎是一种理智的、缓慢沉重的消遣;而且瞧吧,世界给变成新的啦。

而至于这点,甚至是博物学家的幸福在某种程度上也依靠他的无知,无知给他留下这类新天地让他去征服。他可能在书本上已经达到了知识的顶峰本身,但,在他用自己的眼睛证实是一个光辉的细节之前,他仍然感到是半无知的。他希望亲眼看见雌布谷鸟一种罕见的情景!——在地上下蛋然后用嘴把蛋叼到窝里(在这窝里注定要发生杀害幼鸟的事件)去。他将一天又一天地坐在那里,望远镜紧贴着眼睛,为的是亲自确认或驳斥这样的说法,说布谷鸟确实是在地上而不是在窝里下蛋。而,如果他是十分有幸竟然发现了这种最遮遮掩掩的鸟在下蛋,那么也仍然有其他领域在等待他去征服,有一大堆有争论的问题等待他去解答,例如布谷鸟的那只蛋的颜色是否同窝里(布谷鸟把它的那只蛋遗弃在这窝里)的其他蛋的颜色总是相同的。无疑,科学家们迄今没有理由为他们错过的无知而哭泣。要是他们似乎什么都懂,那么这仅仅是因为你我几乎什么都不懂。在他们发掘出的每一个事实下面总是有一笔无知的财富在等待着他们。他们将永远不会比托马斯·布朗爵士①更多知道塞壬②唱给尤利塞斯听的是什么歌。

我把布谷鸟请了进来作为例子来说明普通人的无知,这并不是因为我可以就这种鸟作权威性的发言。理由仅仅是因为我曾经在一个似乎受到过非洲所有布谷鸟的侵袭的教区里度过春天,我从而认识到,对它们,或者任何一个我遇见过的人,是了解得十分十分少的。但我的无知并不局限于布谷鸟。它涉及所有上帝创造出来的东西,从太阳和月亮一直到花卉的名字。我曾经有一次听到一位聪明的太太问,新月是否总是在相同的星期几出现。她补充说也许最好是不知道,因为,如果人们事先不知道什么时候、在天上的哪个地方能够看见新月,那么它的出现总会给人带来意外的愉快。然而,我想,即使对那些熟悉新月的活动时间表的人们,新月也总是出乎意料地来到的。我们并不会因为我们对一年四季的职司有足够

---

① 托马斯·布朗爵士:英国医生、作家。
② 塞壬:希腊神话中半人半鸟的海妖,常以美妙歌声诱惑经过的海员而使航船触礁毁灭。

的知识，知道要在三月或四月，而不是在十月里，去找报春花，而在发现一株早开的报春花时就不那么高兴。我们也知道苹果树是在结果子之前而不是在结果子之后开花的，但当五月份我们到一家果园去度假日时，这并不会减少我们对假日之美妙所感到的惊讶。

也许，与此同时，每年春天重新温习许多花卉的名字会有一种特殊的愉快。这就像重读一本人们几乎已经忘记了的书一样。蒙田告诉我们说，他的记忆力非常糟糕，糟到每次读一本旧书就好像以前从来没有读过这本书一样。我自己就有一个不可捉摸的、有漏洞的记忆力。我甚至能够读起《哈姆雷特》和《匹克威克外传》来好像是在读新作家油墨未干的作品一样，因为在一次阅读和另一次阅读的间隔中间，那些书的内容有那么多都消失了。有些时候，这样一种记忆力是一种苦恼，特别是如果你热爱准确性的话。但这种情况只会发生在当生活（除娱乐之外）另有其目的的时候。就纯粹给人以享受这方面来说，坏的记忆力值得提一提的地方也并不见得比好的记忆力少。一个记忆力坏的人可以一辈子继续不断地阅读普鲁塔克①的作品和《天方夜谭》。就像一群羊一个接一个地从树篱的缺口跳过去不可能不在荆棘上留下几撮毛一样，很可能，即使在记忆力最坏的脑子里也会留下零星片断的东西。但是羊本身逃出去了，那些大作家也以同样的方式从一个懒惰的脑子里跳出去了，留下来的东西真够少的。

而如果我们能够把书忘掉的话，那么当一年十二个月一旦过去之后，要把这些月份和它们向我们说明的问题忘掉是同样容易的。仅仅在一刹那间我告诉自己，我熟悉五月就像熟悉乘法表一样，并且我能够通过一场关于五月的花卉、这些花卉的样子和它们的顺序的考试。今天我能够满怀信心地断言：金凤花有五个花瓣（或许是六个？上个星期我是知道得很肯定的）。但明年我将很可能忘记了我的算术，并且可能得再学习一次以免把金凤花同白屈菜混淆起来。再一次我将通过一个陌生人的眼睛把世界看作是一个花园，美丽如画的田野将出乎意料地使我大吃一惊。我将发现自己在问自己，宣称雨燕（那只黑色的被夸大了的燕子；然而，可又是蜂鸟的亲属）永远不落下来栖息，哪怕是在一个鸟窝上也不落下，而是在夜间消逝在高空是科学呢还是无知。我将带着新的惊讶了解到唱歌的布谷鸟是雄的而不是雌的。我也许要再学习一遍以免把狗筋蔓叫作野天竺

① 普鲁塔克：古希腊传记作家、散文家。

葵，也许要再学习一遍去重新发现榛皮树在树木的成规中是来得早的还是来得晚的。一位当代的英国小说家曾经有一次被外国人问到，在英国，最重要的庄稼是什么。他毫不犹豫地回答："黑麦。"像这样的完全的无知，在我看来似乎带有豪言壮语的味道；但是，即使是不识字的人的无知也是巨大的。使用电话机的普通人解释不了电话机是怎样工作的。他把电话、火车、铸造排字机、飞机视为理所当然的东西，正像我们的祖先把《福音书》中的奇迹视作理所当然的东西一样。对这些东西，他既不怀疑也不理解。我们每一个人好像只是调查了一个小圈子里面的事实并把这些事实变成了自己的。日常工作以外的知识被大多数人看作是华而不实的东西。然而我们还是经常对我们的无知做出反应，加以反对的。我们不时地唤起自己并思考。我们喜欢对什么事情都思考——思考死后的生活或思考那些像据说曾经使亚里士多德感到困惑的问题——"为什么从中午到子夜打喷嚏是好的，但从半夜到中午打喷嚏则是不吉利的？"——人类感受过的最大欢乐之一是：迅速逃到无知中去追求知识。无知的巨大乐趣，归根结底，是提问题的乐趣。已经失去了这种乐趣的人或已经用这种乐趣去换取教条的乐趣（这就是回答问题的乐趣）的人，已经在开始僵化。人们羡慕像乔伊特那样爱一问到底的人，他在六十岁之后还坐下来学习生理学。我们中间的大多数人在到达他这个年龄以前很久就已经失去了无知感。我们甚至对我们像松鼠那样积攒的一点知识感到自负，并把不断增长的年龄本身看作是无所不知的源泉。我们忘记了苏格拉底之所以以智慧闻名于世并不是因为他无所不知，而是因为他七十岁的时候认识到他还什么都不知道。

（选自《传世经典美文99篇》，长江文艺出版社，2014年版）

【交流之窗】

一问三不知，无知，孤陋寡闻，不折不扣的贬义词。但读了罗伯特的《无知的乐趣》你会发现无知还有那么多乐趣。学无止境，无知是有知者征服新天地的开始，无知者享受探索十万个为什么的过程。难怪苏格拉底70岁的时候还认为自己什么都不知道。

花未眠

川端康成　叶渭渠　译

⊙ 川端康成　何作栋绘

川端康成(1899—1972)，日本新感觉派作家，著名小说家。

　　我常常不可思议地思考一些微不足道的问题。昨日一来到热海的旅馆，旅馆的人拿来了与壁龛里的花不同的海棠花。我太劳顿，早早就入睡了。凌晨四点醒来，发现海棠花未眠。

　　发现花未眠，我大吃一惊。有葫芦花和夜来香，也有牵牛花和合欢花，这些花差不多都是昼夜绽放的。花在夜间是不眠的。这是众所周知的事。可我仿佛才明白过来。凌晨四点凝视海棠花，更觉得它美极了。它盛放，含有一种哀伤的美。

　　花未眠这众所周知的事，忽然成了新发现花的机缘。自然的美是无限的。人感受到的美却是有限的。正因为人感受美的能力是有限的，所以说人感受到的美是有限的，自然的美是无限的。至少人的一生中感受到的美是有限的，是很有限的，这是我的实际感受，也是我的感叹。人感受美的能力，既不是与时代同步前进，也不是伴随年龄而增长。凌晨四点的海棠花，应该说也是难能可贵的。如果说，一朵花很美，那么我有时就会不由自主地自语道：要活下去！

　　画家雷诺阿说：只要有点进步，那就是进一步接近死亡，这是多么凄惨啊。他又说：我相信我还在进步。这是他临终的话。米开朗琪罗临终的话也是：事物好不容易如愿表现出来的时候，也就是死亡。米开朗琪罗享年八十九岁。我喜欢他的用石膏套制的脸型。

　　毋宁说，感受美的能力，发展到一定程度是比较容易的。光凭头脑想象是困难的。美是邂逅所得，是亲近所得。这是需要反复陶冶的。比如唯一一件的古美术作品，成了美的启迪，成了美的开光，这种情况确是很多。所以说，一朵花也是好的。

　　凝视着壁龛里摆着的一朵插花，我心里想道：与这同样的花自然开放的时候，我会这样仔细凝视它吗？只摘了一朵花插入花瓶，摆在壁龛里，我才凝神注视它。不仅限于花。就说文学吧，今天的小说家如同今天的歌人一样，一般都不怎么认真观察自然。大概认真观察的机会很少吧。壁龛里插上一朵花，要再挂上一幅花的画。这画的美，不亚于真花的当然不多。在这种情况下，要是画作拙劣，那么真花就更加显得美。就算画中花很美，可真花的美仍然是很显眼的。然而，我们仔细观赏画中花，却不怎么留心欣赏真的花。

李迪、钱舜举也好，宗达、光琳、御舟以及古径也好，许多时候我们是从他们描绘的花画中领略到真花的美。不仅限于花。最近我在书桌上摆上两件小青铜像：一件是罗丹创作的《女人的手》，一件是玛伊约尔①创作的《勒达②像》。光这两件作品也能看出罗丹和玛伊约尔的风格是迥然不同的。从罗丹的作品中可以体味到各种的手势，从玛伊约尔的作品中则可以领略到女人的肌肤。他们观察之仔细，不禁让人惊讶。

我家的狗产崽，小狗东倒西歪地迈步的时候，看见一只小狗的小小形象，我吓了一跳。因为它的形象和某种东西一模一样。我发觉原来它和宗达所画的小狗很相似。那是宗达水墨画中的一只在春草上的小狗的形象。我家喂养的是杂种狗，算不上什么好狗，但我深深理解宗达高尚的写实精神。

去年岁暮，我在京都观察晚霞，就觉得它同田中长次郎③使用的红色一模一样。我以前曾看见过长次郎制造的称之为夕暮的名茶碗。这只茶碗的黄色带红釉子，的确是日本黄昏的天色，它渗透到我的心中。我是在京都仰望真正的天空才想起茶碗来的。观赏这只茶碗的时候，我脑中不由地浮现出坂本繁二郎的画来。那是一幅小画。画的是在荒原寂寞村庄的黄昏天空上，泛起破碎而蓬乱的十字形云彩。这的确是日本黄昏的天色，它渗入我的心。坂本繁二郎画的霞彩，同长次郎制造的茶碗的颜色，都是日本色彩。在日暮时分的京都，我也想起了这幅画。于是，繁二郎的画、长次郎的茶碗和真正黄昏的天空，三者在我心中相互呼应，显得更美了。

那时候，我去本能寺拜谒浦上玉堂的墓，归途正是黄昏。翌日，我去

---

① 玛伊约尔：法国雕刻家。
② 勒达：希腊神话中斯巴达国国王之妻。
③ 田中长次郎：日本素陶制品的鼻祖。

岚山观赏赖山阳刻的玉堂碑。由于是冬天，没有人到岚山来参观。可我却第一次发现了岚山的美。以前我也曾来过几次，作为一般的名胜，我没有很好地欣赏它的美。岚山总是美的。自然总是美的。不过，有时候，这种美只是某些人看到罢了。

我之发现花未眠，大概也是由于我独自住在旅馆里，凌晨四时就醒来的缘故吧。

（选自《灵魂的边界——外国思想者随笔经典》，云南人民出版社，1996年版）

【交流之窗】

自然是美的，生命是美的，只要你善于观察，美就在身边。作者川端康成凌晨四时醒来，偶然间发现盛开的海棠花，是那样的美丽。海棠花如此，画、狗产崽、晚霞、岚山也是如此，只要你留心观察，用心感受，好好地欣赏，你就会发现，生活是如此的美丽。

● 理性之光

幸福

亚里士多德　　廖申白　译

亚里士多德（前384—前322），古希腊伟大的哲学家、科学家和教育家。

幸福与实现活动

在谈过德性、友爱和快乐之后，我们接下来要扼要地谈谈幸福。因为，我们把幸福看作人的目的。如果我们从前面谈到过的地方说起，我们的讨论就可以简短些。我们说过，幸福不是品质。因为如果它是，一个一生都在睡觉、过着植物般的生活的人，或那些遭遇不幸的人们，也可以算是幸福的了。如果我们不能同意这种说法，并且更愿意像前面所说过的那样把它看作是一种实现活动，如果有些实现活动是必要的，是因某种其他事物而值得欲求，有些实现活动自身就值得欲求，那么，幸福就应当算作因其自身而不是因某种其他事物而值得欲求的实现活动。因为，幸福是不缺乏任何东西的、自足的。而那些除自身之外别无他求的实现活动是值得欲求的活动。合德性的实践似乎就具有这种性质。因为，高尚[高贵]的、好的行为自身就值得欲求。但是令人愉悦的消遣也是这样。因为，它们之值得欲求不是因别的事物之故。实际上，它们的弊大于利：它们使人忽视自己的健康与财产。而且，被多数人视为享受着幸福的那些人都喜欢在消遣中消磨时光。正因为如此，那些精于此道的人才总能得到僭主们的欢心。他们投其所好，而僭主们也正需要这样的人。由于有权势的人都在消遣中度日，消遣就似乎被看作具有幸福的性质。但是首先，这样一些人的喜好也许不足以作为证据。德性与努斯①是好的实现活动的源泉，

---

① 努斯，一个哲学概念，含义是灵魂、心灵，但不是被动的、带有物质性的灵魂，而是能动的、超越的、与整个物质世界划分开来的纯粹精神，是与感性相对立的纯理性。

而这两者并不取决于是否占有权势。如果这些人没有对纯净的、自由的快乐的喜好，而只是一味沉溺于肉体快乐，我们就不应当把这种快乐看作是最值得欲求的。因为，儿童也总是把他们看重的东西看作是最好的。正如儿童和成年人以不同的东西为荣耀，坏人和公道的人对于值得欲求的东西也有不同的标准。所以，如已多次谈到的，对好人显得荣耀的、愉悦的事物才真正是荣耀的和愉悦的。对每个人来说，适合他的品质的那种实现活动最值得欲求。所以，对好人而言，合德性的实现活动最值得欲求。所以，幸福不在于消遣。其次，如果说我们的目的就是消遣，我们一生操劳就是为了使自己消遣，这也非常荒唐。因为，我们选择每种事物都是为着某种别的东西，只有幸福除外，因为它就是那个目的。把消遣说成是严肃工作的目的是愚蠢的、幼稚的。阿那卡西斯①说，消遣是为了严肃地做事情。这似乎是正确的。因为消遣是一种休息，而我们需要休息是因为我们不可能不停地工作。所以休息不是目的，因为我们是为着实现活动而追求它。第三，幸福的生活似乎就是合德性的生活，而合德性的生活在于严肃的工作，而不在于消遣。第四，我们说，严肃的工作比有趣的和伴随着消遣的事物更好；较好的能力和较好的人，其实现活动也总是更为严肃。所以，较好的能力或较好的人的实现活动总是更优越，更具有幸福的性质。而且，肉体的快乐任何一个人都能享受，奴隶在这方面并不比最好的人差。但是没有人同意让一个奴隶分享幸福，正如没有人同意让他分享一种生活。所以，幸福不在于这类消遣，而如已说过的，在于合德性的实现活动。

幸福与沉思

如果幸福在于合德性的活动，我们就可以说它合于最好的德性，即我们的最好部分的德性。我们身上的这个天然的主宰者，这个能思想高尚[高贵]的、神性的事物的部分，不论它是努斯还是别的什么，也不论它自身也是神性的还是在我们身上是最具神性的东西，正是它的合于它自身的德性的实现活动构成了完善的幸福。而这种实现活动，如已说过的，

---

① 阿那卡西斯，传说中古代西徐亚的一位王子，七贤之一，被尊为原始美德的典范，曾游历希腊，有许多警句流传。

也就是沉思。这个结论与前面所说的是一致的,并且符合真实。因为首先,沉思是最高等的一种实现活动(因为努斯是我们身上最高等的部分,努斯的对象是最好的知识对象)。其次,它最为连续。沉思比任何其他活动都更为持久。第三,我们认为幸福中必定包含快乐,而合于智慧的活动就是所有合德性的实现活动中最令人愉悦的。爱智慧的活动似乎具有惊人的快乐,因这种快乐既纯净又持久。我们可以认为,那些获得了智慧的人比在追求它的人享有更大的快乐。第四,沉思中含有最多的我们所说的自足。智慧的人当然也像公正的人以及其他人一样依赖必需品而生活。但是在充分得到这些之后,公正的人还需要其他某个人接受或帮助他做出公正行为,节制的人、勇敢的人和其他的人也是同样。而智慧的人靠他自己就能够沉思,并且他越能够这样,他就越有智慧。有别人一道沉思当然更加好,但即便如此,他也比具有其他德性的人更为自足。第五,沉思似乎是唯一因其自身故而被人们喜爱的活动。因为,它除了所沉思的问题外不产生任何东西。而在实践的活动中,我们或多或少总要从行为中寻求得到某种东西。第六,幸福还似乎包含着闲暇。因为我们忙碌是为着获得闲暇,战斗是为着得到和平。虽然在政治与战争的实现活动中可以运用德性,但这两种实践都似乎是没有闲暇的。战争不可能有闲暇。(因为,没有人是为着战争而进行或挑起战争。只有嗜血成性的人才会为战争和屠杀而对一个友好邻邦宣布战争。)政治也不可能有闲暇。政治总是追求着政治之外的某种东西,即职司与荣誉。即便政治家也追求自身或同邦人的幸福,这种幸福与政治也不是一回事(对幸福的追求也显然被认为与政治不是一回事)。尽管政治与战争在实践的活动中最为高尚[高贵]和伟大,但是它们都没有闲暇,都指向某种其他的目的,并且都不是因其自身之故而被欲求。而努斯的实现活动,即沉思,则既严肃又除自身之外没有其他目的,并且有其本身的快乐(这种快乐使这种活动得到加强)。所以,如果人可以获得的自足、闲暇、无劳顿以及享福祉的人的其他特性都可在沉思之中找到,人的完善的幸福——就人可以享得一生而言,因为幸福之中不存在不完善的东西——就在于这种活动。但是,这是一种比人的生活更好的生活。因为,一个人不是以他的人的东西,而是以他自身中的神性的东西,而过这种生活。他身上的这种品质在多大程度上优越于他的混合的品质,他的这种实现活动就在多大程度上优越于他的其他德性的实现活动。如果努斯是与人的东西不同的神性的东西,这种生活就是与人的生活不同的神性的生活。不要理会有人说,人就要想人的事,有死的存在就要想有死的存在的事。应当努力追求不朽的东西,过一种与我们身上最好的部分相适合的生活。因为这个部分虽然很小,它的能力与荣耀却远超过身体的其他部分。最后,这个部分也似乎就是人自身。因为它是人身上主宰的、较好的部分。所以,如果一个人不去过他自身的生活,而是去过别的某种生活,就是很荒唐的事。前面说过的那句话放在这里也适用:属于一种存在自身的东西就对于它最好、最愉悦。同样,合于努斯的生活对于人是最好、最愉悦的,因为努斯最属于人。所以说,这种生活也是最幸福的。

沉思与其他德性的实现活动

另一方面,合于其他德性的生活只是第二好的。因为,这些德性的实现活动都是人的实现活动。公正的、勇敢的以及其他德性的行为,都是在与他人的相互关系中做出的,都是在遵守交易与需要方面的适合每一种场合的实践与感情,而所有这些都是人的事务。有些实践与感情还产生于肉体,道德德性在许多方面都与感情相关。而且,明智似乎离不开道德德性,道德德性也似乎离不开明智。因为,道德德性是明智的始点,明智则使得道德德性正确。由于它们都涉及感情,它们必定都与混合的本性相关。而混合本性的德性完全是属人的。所以,合于这种德性的生活与幸福也完全是属人的。努斯的德性则是分离的。关于这一点我们就谈到这里。因为详细地讨论它不是我们现在的目的。其次,它似乎只需要很少的,比道德德性所需要的更少的外在的东西。我们先假定这两者都在同等程度上需要存在的手段(尽管政治的生活对身体等的需要更多些)。因为它们在这方面的差别比较小。然而它们在实现活动上的差别却非常大。慷慨的人要做慷慨的事就要有财产,公正的人需要用钱对他人进行回报(因为希望是看不见的,不公正的人也会装作想做公正的事);勇敢的人需要勇气,节制的人需要能力,如果他们要表现出他们的德性的话。否则,他们,或具有其他德性的人,怎么能表明他是有德性的?这里还有个关于选择与实践到底哪个对德性更重要的争论,因为德性似乎依赖于这两者。德性的完善显然包含这两者。但是德性的实践需要许多外在的东西，而且越高尚[高贵]、越完美的实践需要的外在的东西就越多。但是一个在沉思的人，就他的这种实现活动而言，则不需要外在的东西。而且，这些东西反倒会妨碍他的沉思。然而作为一个人并且与许多人一起生活，他也要选择德性的行为，也需要那些外在的东西来过人的生活。第三，从另一个方面来考虑，也同样可以得出完善的幸福是某种沉思的结论。神最被我们看作是享得福祉的和幸福的。但是，我们可以把哪种行为归于它们呢？公正的行为？但是，说众神也互相交易、还钱等等岂不荒唐？勇敢的——为高尚[高贵]而经受恐惧与危险的行为？慷慨的行为？那么是对谁慷慨呢？而且，设想它们真的有货币等等东西就太可笑了。它们的节制的行为又是什么样呢？称赞神没有坏的欲望岂不是多此一举？如果我们一条一条地看，就可以看到用哪一种行为来说神都失之琐细、不值一提。可是我们一般都觉得它们活着并积极地活动着。我们不认为它们像恩底弥翁①那样一直睡觉。而如果一种存在活着，这些行为又都不属于它，而它的创造力又最大，那么它的活动除了沉思还能是什么呢？所以，神的实现活动，那最为优越的福祉，就是沉思。因此，人的与神的沉思最为近似的那种活动，也就是最幸福的。第四，另一个证明是，低等动物不能享有幸福，因为它们完全没有这种实现活动。神的生活全部是福祉的。人的生活因他的与神相似的那部分实现活动而享有幸福。动物则完全不能够有幸福，因为它不能沉思。所以，幸福与沉思同在。越能够沉思的存在就越是幸福，不是因偶性，而是因沉思本身的性质。因为，沉思本身就是荣耀的。所以，幸福就在于某种沉思。

但是，人的幸福还需要外在的东西。因为，我们的本性对于沉思是不够自足的。我们还需要有健康的身体、得到食物和其他的照料。但尽管幸福也需要外在的东西，我们不应当认为幸福需要很多或大量的东西。因为，自足与实践不存在于最为丰富的外在善和过度之中。做高尚[高贵]的事无需一定要成为大地或海洋的主宰。只要有中等的财产就可以做合乎德性的事（人人都看得到，普通人做的公道的事并不比那些有权势的人

---

① 恩底弥翁，希腊神话中的美少年。一说宙斯喜爱他的貌美，将他带到天上，但他爱上了赫拉，宙斯大怒，使他永睡不醒。据另一传说，月神塞勒涅爱上了恩底弥翁，使他在卡里亚的拉特摩斯山谷里长睡不醒，以便能亲吻这个美丽的少年。

少,甚至还更多)。有中等的财产就足够了。因为,幸福的生活就在于德性的实现活动。梭伦也对幸福作过很好的描述。他说,那些具有中等程度的外在善,做了自己认为是高尚[高贵]的事,并节制地生活了的人们是幸福的。因为,有中等程度的外在善就可以做高尚[高贵]的事。阿那克萨格拉斯也似乎认为富有的人和有权势的人并不就幸福。因为他说过,如果他所说的幸福的人在多数人看来是怪人,他不会感到惊奇。因为,多数人是从外在的东西来判断,因为这就是他们所感觉的全部东西。所以,那些有智慧的人的意见与这里所说的是一致的。但是,虽然这些话里都有某种可信的东西,这种实践事务上的真实性却要从事实和生活中得到验证。因为,事实与生活是最后的主宰者。所以,我们所提出的东西必须交给事实与生活来验证。如果它们与事实一致,我们就接受。如果与事实不合,它们就只是一些说法而已。努力于努斯的实现活动、关照它、使它处于最好状态的人,似乎是神所最爱的。因为,如果神像人们所认为的那样对人有所关照,它们似乎会喜爱那些最好、与它们自身(即努斯)最相似的人们。它们似乎会赐福于最崇拜努斯并且最使之荣耀的人们。因为,这些人所关照的是神所爱的东西,并且,他们在做着正确和高尚[高贵]的事情。所有这些都在智慧的人那里最多,这毋庸置疑。所以,智慧的人是神所最爱的。而这样的人可能就是最幸福的。这便表明了,智慧的人是最幸福的。

(选自《尼各马可伦理学》,商务印书馆,2003年版)

【交流之窗】

幸福是什么,众说纷纭。不同的人、不同的时期、不同的场合都有不同体会。亚里士多德把幸福看作是人类生活的目标,在沉思着的生活里寻找。所以他认为有智慧的人比其他任何人都要幸福。幸福的确如此,智慧的人在沉思中沉淀幸福,让幸福厚厚地沉淀在心里,在思想里。

论快乐

钱锺书

⊙钱锺书　莫丹绘

钱锺书(1910—1998)，江苏无锡人，中国现代著名作家、文学研究家。

在旧书铺里买回来维尼(Vigny)的《诗人日记》(Journal d'un poète)，信手翻开，就看见有趣的一条。他说，在法语里，喜乐(bonheur)一个名词是"好"和"钟点"两字拼成，可见好事多磨，只是个把钟头的玩意儿(Si le bonheur n'était qu'une bonne denie!)。我们联想到我们本国话的说法，也同样的意味深永，譬如快活或快乐的快字，就把人生一切乐事的飘瞥难留，极清楚地指示出来。所以我们又慨叹说："欢娱嫌夜短！"因为人在高兴的时候，活得太快，一到困苦无聊，愈觉得日脚像跛了似的，走得特别慢。德语的沉闷(lange weile)一词，据字面上直译，就是"长时间"的意思。《西游记》里小猴子对孙行者说："天上一日，下界一年。"这种神话，确反映着人类的心理。天上比人间舒服欢乐，所以神仙活得快，人间一年在天上只当一日过。从此类推，地狱里比人间更痛苦，日子一定愈加难度；段成式《酉阳杂俎》就说："鬼言三年，人间三日。"嫌人生短促的人，真是最"快活"的人。反过来说，真快活的人，不管活到多少岁死，只能算是短命夭折。所以，做神仙也并不值得，在凡间已经三十年做了一世的人，在天上还是个初满月的小孩。但是这种"天算"，也有占便宜的地方：譬如戴君孚《广异记》载崔参军捉狐妖，"以桃枝决五下"，长孙无忌说罚得太轻，崔答："五下是人间五百下，殊非小刑。"可见卖老祝寿等等，在地上最为相宜，而刑罚呢，应该到天上去受。

"永远快乐"这句话，不但渺茫得不能实现，并且荒谬得不能成立。快过的决不会永久；我们说永远快乐，正好像说四方的圆形，静止的动作同样地自相矛盾。在高兴的时候，我们空对瞬息即逝的时间喊着说："逗留一会儿罢！你太美了！"那有什么用？你要永久，你该向痛苦里去找。不讲别的，只要一个失眠的晚上，或者有约不来的下午，或者一课沉闷的听讲——这许多，比一切宗教信仰更有效力，能使你尝到什么叫作"永生"的滋味。人生的刺，就在这里，留恋着不肯快走的，偏是你所不留恋的东西。

快乐在人生里，好比引诱小孩子吃药的方糖，更像跑狗场里引诱狗赛跑的电兔子。几分钟或者几天的快乐赚我们活了一世，忍受着许多痛苦。我们希望它来，希望它留，希望它再来——这三句话概括了整个人类努力的历史。在我们追求和等候的时候，生命又不知不觉地偷度过去。也许我们只是时间消费的筹码，活了一世不过是为那一世的岁月充当殉葬品，根本不会享到快乐。但是我们到死也不明白是上了当，我们还理想死后有个天堂，在那里——谢上帝，也有这一天！我们终于享受到永远的快乐。你看，快乐的引诱，不仅像电兔子和方糖，使我们忍受了人生，而且仿佛钓钩上的鱼饵，竟使我们甘心去死。这样说来，人生虽痛苦，却不悲观，因为它终抱着快乐的希望；现在的账，我们预支了将来支付。为了快活，我们甚至于愿意慢死。

穆勒曾把"痛苦的苏格拉底"和"快乐的猪"比较。假使猪真知道快活，那末猪和苏格拉底也相去无几了。猪是否能快乐得像人，我们不知道；但是人会容易满足得像猪，我们是常看见的。把快乐分肉体的和精神的两种，这是最糊涂的分析。一切快乐的享受都属于精神的，尽管快乐的原因是肉体上的物质刺激。小孩子初生下来，吃饱了奶就乖乖地睡，并不知道什么是快活，虽然它身体感觉舒服。缘故是小孩子时的精神和肉体还没有分化，只是混沌的星云状态。洗一个澡，看一朵花，吃一顿饭，假使你觉得快活，并非全因为澡洗得干净，花开得好，或者菜合你口味，主要因为你心上没有挂碍，轻松的灵魂可以专注肉体的感觉，来欣赏，来审定。要是你精神不痛快，像将离别时的筵席，随它怎样烹调得好，吃来只是土气息、泥滋味。那时刻的灵魂，仿佛害病的眼怕见阳光，撕去皮的伤口怕接触空气，虽然空气和阳光都是好东西。快乐时的你，一定心无愧怍。假如你犯罪而真觉快乐，你那时候一定和有道德、有修养的人同样心安理得。有最洁白的良心，跟全没有良心或有最漆黑的良心，效果是相等的。

发现了快乐由精神来决定，人类文化又进一步。发现这个道理，和发现是非善恶取决于公理而不取决于暴力，一样重要。公理发现以后，从此世界上没有可被武力完全屈服的人。发现了精神是一切快乐的根据，从此痛苦失掉它们的可怕，肉体减少了专制。精神的炼金术能使肉体痛苦都变成快乐的资料。于是，烧了房子，有庆贺的人；一箪食，一瓢饮，有不改其乐的人；千灾百毒，有谈笑自若的人。所以我们前面说，人生虽不快乐，而仍能乐观。譬如从写《先知书》的所罗门直到作《海风》诗的马拉梅（Mallarmé），都觉得文明人的痛苦，是身体困倦。但是偏有人能苦中作乐，从病痛里滤出快活来，使健康的消失有种赔偿。苏东坡诗就说："因病得闲殊不恶，安心是药更无方。"王丹麓《今世说》也记毛稚黄善病，人以为忧，毛曰："病味亦佳，第不堪为躁热人道耳！"在着重体育的西洋，我们也可以找着同样达观的人。工愁善病的诺凡利斯（Novalis）在《碎金集》里建立一种病的哲学，说病是"教人学会休息的女教师"。罗登巴赫（Rodenbach）的诗集《禁锢的生活》（Les Vies Encloses）里有专咏病味的一卷，说病是"灵魂的洗涤（épuration）"。身体结实、喜欢活动的人采用了这个观点，就对病痛也感到另有风味。顽健粗壮的十八世纪德国诗人白洛柯斯（B.H.Brockes）第一次害病，觉得是一个"可惊异的大发现（Eine bewunderung swürdige Erfindung）"。对于这种人，人生还有什么威胁？这种快乐，把忍受变为享受，是精神对于物质的最大胜利。灵魂可以自主——同时也许是自欺。能一贯抱这种态度的人，当然是大哲学家，但是谁知道他不也是个大傻子？

　　是的，这有点矛盾。矛盾是智慧的代价。这是人生对于人生观开的玩笑。

（选自《写在人生边上》，辽宁人民出版社，2001年版）

【交流之窗】

　　快乐很短暂，她总是突然到来，又匆匆地离去，所以我们要珍惜拥有的快乐。快乐是由什么决定的呢？钱锺书先生认为快乐是由精神决定的，一箪食一瓢饮的颜回是快乐的。所以，我们要从精神层面做一个真正快乐的人。

人是什么？

赵鑫珊

赵鑫珊，生于1938年，教授、哲学家、作家。出版有《科学艺术哲学断想》《普郎克之魂》等。

爱因斯坦在晚年曾作过如下一段自白：

一个人很难知道在他自己的生活中什么是有意义的，当然也就不应当以此去打扰别人。鱼对于它终生都在其中游泳的水又知道些什么呢？

但是，爱因斯坦毕竟从某个侧面做出了较明确的回答：

苦和甜来自外界，坚强则来自内心，来自一个人的自我努力。

20多年来，这个教人自强不息的回答总是像伫立在夜雾茫茫的大海上的一座灯塔，若隐若现，时明时暗，照着我的人生航程。

在其他许多地方，爱因斯坦则用非常明确的语言和结论回答了"人是什么"这个万古恒新的问题：

我们吃别人种的粮食，穿别人缝的衣服，住别人造的房子。我们的大部分知识和信仰都是通过别人所创造的语言由别人传授给我们的。……个人之所以成其为个人，以及他的生存之所以有意义，与其说是靠他个人的力量，不如说是由于他是伟大人类社会的一个成员，从生到死，社会都在支配着他的物质生活和精神生活。

我想，爱因斯坦这段有关"人是什么"的质朴见解，是能为我们欣然接受的。

不同的人，对"人是什么"这个问题的回答是迥然不同的。即便是同一个人，不同时期也会有不同答案。比如，19世纪法国大作家雨果的回答有时候就非常忧郁，特别黯淡。雨果说：我们都是罪人；我们都被判了死刑，但是都有一个不定期的缓刑期；我们只有一个短暂的期间，然后我们所呆的这块地方就不再会有我们了。

后来，雨果这个充满悲观主义色彩的回答，竟有意无意地成了20世纪

40年代法国存在主义思潮的先声之一,因为加缪也把人看成是古希腊神话中终生服苦役的西西弗斯,他命中注定要永远推一块巨石上山,当石块靠近山顶时又滚下来,于是重新再推,如此循环不息。

然而,歌德在论及西西弗斯的时候,几乎是另一种调子。因为诗人的一生实在是富有伟大创造力、为人类文化做出了很大贡献的一生。1824年1月27日,风烛残年的歌德在同爱克曼交谈的时候,回顾了自己的一生:

人们通常把我看成是一个最幸运的人,我自己也没有什么可抱怨的,对我这一生所经历的路程也并不挑剔。我这一生基本上只是辛苦地工作。我可以说,我活了75岁,没有哪一个月过的是真正舒服的生活。就好像推一块石头上山,石头不停地滚下来又推上去。我的年表将是这番话的清楚说明。

——读者啊,这就是人哪!

回答"人是什么"这个问题,在康德哲学体系中也是非常重要的。晚年,他甚至断言,全部哲学事业都可以归结为对这个问题的回答。75岁的时候,康德不是用话语而是用他一生创造性的脑力劳动,用他在哲学这块精神园地上辛勤的耕耘做出了如下的回答:人是借助于令人惊异的能力——想象力——创造文化的生物。"在生活中达到了(绝对)满意——这本身就是一个征候,它表明这是一种无所事事的安谧,一切动机都已停止,感觉以及与此相关的活动也迟钝了。但是,这样一种状态就像心脏在动物肌体中停止了工作一样,是与人的精神生活格格不入的。"在康德看来,人就是不断地进行创造性的工作;工作是使人得到快乐的最好方法。

爱因斯坦逝世前不久,他对友人说:"只要有一天你得到了一件合理的事情去做,从此你的工作和生活都会有点奇异的色彩。"

的确,爱因斯坦一生之所以能朝气蓬勃,光霁日明,都是因为他总是在做一件件合理的事情。对于他,生与死的区别仅仅在于是不是在研究物理学问题,是不是在思索大自然的统一结构,是不是在不断地接近"他",即接近斯宾诺莎的上帝——自然。

歌德、康德和爱因斯坦像西西弗斯那样劳碌一生,自然使我想起了孔子同子贡的一段对话:

子贡倦于学,告仲尼曰:"愿有所息。"仲尼曰:"生无所息。"

东、西方哲学家竟有如此一致的见解,的确给了我极深刻的印象。在我们为中华民族腾飞于世界而奋力拼搏的时代,不妨赋予"生无所息"这句格言以崭新的含义,写在我们的旗帜上。

我想,人是由三部分组成的:对往事的追忆、对现时的把握和对未来的憧憬。

人到中年,多半就是这样考虑的。18岁的青年,大概只有憧憬;80岁的老人,多半只剩回忆;至于一个40来岁的中年人,往往就来回摆动在憧憬和回忆之间。但是,不管是谁,对眼前现时的把握,都应该是重点;作为整体的第二个组成部分,作为中间环节,它的比重应该占95%。

"人生思幼日。"谁没有童梦重温的经历?那放学回家,进屋叫一声"妈"的少年时光;那圆明园的秋天里的春天,林间小道上的幽会和散步,穿过茫茫的夜色,情人走了,从此再也没有回来……对往事的追忆,有好几层意义。

在一些触景生情的场合,往事历历,那风雨不蚀的记忆,实在是人性一种根深蒂固的表现,那是一种无法抗拒的心理冲力,就像春天来了,种子破土发芽不可抗拒一样。

当一个人在现实生活中有时感到孤独、寂寞的时候,他就会从一些甜美的回忆中得到某种难以言传的慰藉和快乐;这快乐恐怕不下于历史学家和地质学家追溯某个王朝的兴衰史和自然界的演化史所得到的乐趣。因为这些科学家崇奉这样一句格言:"使已死的东西复活,其愉快不下于创造。"

况且,"使已死的东西复活"还有另一层更重大的意义:串起记忆中那早已散落的明珠,是为了借助于昔日这面反射镜来照亮当前人生的道路,增强憧憬未来的信心和勇气。

说也不信,生活中的痛苦(只要这种痛苦是真挚的、善良的),一俟到了回忆中,往往也会让人觉得它有淡淡的甜美,化成深沉的诗。普希金写道:"而那过去了的,就会变成亲切的怀恋。"这就像枯藤、老树、昏鸦这些令人伤感的对象一经成了诗歌和绘画的题材,往往就会给人以最高的美学享受。——我把这种最高的美学享受称之为甜美的忧郁或忧郁的甜美。

肖邦的19首夜曲为什么能牵动你的心,勾你的魂?就是因为这位多愁善感的"钢琴诗人"用旋律和音响造出了"甜美的忧郁"这种诗境。

牛希济的"记得绿罗裙,处处怜芳草"这两句诗,何以具有不朽的艺术魅力?原因之一,也是因为它在你心中造出了"甜美的忧郁"这种境界。

回忆无疑是许多杰出文学艺术作品的创造心理动机之一,同时也构成了它们的一大内容。可以说,没有回忆,文学艺术就会失去光彩,干瘪得不成样子。

一首曲子往往会令我们感动得热泪盈眶,原因之一,就是因为它能勾起人们对往事的追忆。美国电影《翠堤春晓》插曲《当我们还年轻》最具有这种功能。因为它的词曲本身就充满了回忆。出自回忆,勾起回忆:

当我们还年轻,在美妙的五月早晨,你曾说,你爱我,当我们还年轻。

你曾说,你爱我,啊!我们心心相印,我们欢笑,我们哭叫,然后分手时刻来到,别忘了,你爱我,当我们还年轻。

谁没有青春时代?谁没有往日的爱情?当你满头白发,站在落日的斜晖中,突然听到从远处深秋的树林里飘来了这首歌曲,你怎能抗拒它的感情力量?你怎能抗拒回忆?

有感情的人怎能抗拒感情?有回忆的人怎能抗拒回忆?

没有回忆的人是残缺的人,干巴巴的人;人类和个人从本质上说都是历史的。人类的历史意识给人类以智慧,使人类意识到自身在当前的处境,有利于瞻望未来。回忆就是个人的历史意识活动。没有这种活动的人,甚至无法欣赏许多文学艺术作品,更谈不上去从事文学艺术创作。比如,有些成年人居然这样评价《城南旧事》这部影片:"小孩片,没劲!"说这种话的人,自己就是一个孩子。因为孩子是不会有多少回忆的。

唐诗宋词的创作心理背景之一,也是对往事的追忆:

多少蓬莱旧事,空回首,烟霭纷纷。斜阳外,寒鸦数点,流水绕孤村。

追忆往事就其本质来说,也是一种幻想,一种"白日梦"。它们的功用往往是用幻想来弥补现时生活中的缺陷和不足。弗洛伊德说,夜梦是愿望的满足;白日梦即幻想,也是愿望的实现。诗歌创作和梦(夜梦和白日梦)往往是一回事。唐诗宋词不乏写梦之作。苏东坡的悼亡词《江城子》(乙卯正月二十日夜记梦)最能说明弗洛伊德学说的这一论点:

十年生死两茫茫,不思量,自难忘。千里孤坟,无处话凄凉。纵使相逢应不识,尘满面,鬓如霜。夜来幽梦忽还乡,小轩窗,正梳妆。相顾无言,惟有泪千行。料得年年肠断处,明月夜,短松冈。

这首写尽生离死别的伉俪之情的词作,从诗人创作动机到内容,都是梦和诗的交织(诗人原是醒着做梦的人)。由此可见,对往事的追忆,在人性中是多么根深蒂固!

至于希望和对未来的憧憬,在本质上也是幻想,也是梦。

18世纪法国著名思想家伏尔泰说得好:上天赐给人两样东西——希望和梦——来减轻他的苦难遭遇。

没有希望的人,就是绝望的人,就是死气沉沉、没有生气的人。人一天也不能没有希望。它在人性中所扎下的根,比回忆往事更深、更牢。它是精神的细胞,是精神的白细胞和红细胞;是一个人生命力旺盛的标志之一。

"夕阳无限好,只是近黄昏"的老人中,也不乏充满希望的人。这是一些真正的人,永不衰老的人:

老骥伏枥,志在千里;烈士暮年,壮心不已。

贝多芬就是在满脑子的创作计划中溘然长逝的(他说他准备再写出几部大作品,然后就像一个老小孩那样同尘世告别)。

1945年4月,爱因斯坦以荣誉退职教授的名义退休了。在他退休前几个月,他同斯特恩教授进行过一次诚挚的谈话。爱因斯坦说,他正在苦心推敲相对论的某些变化,他的退休决不会中断这项工作。

对此,施特恩发表评论说:"退休并不意味着爱因斯坦已经放弃了今后的一切科学活动,一个公务人员可以退休,一个有才智的人却不能退休。"

我想,这就是"烈士暮年,壮心不已"的真正含义。这种精神对于我们这个面向升起的太阳走向中兴的民族自然也是倍感亲切的。

希望就是理想,就是追求。

18世纪德国著名思想家兼文学家莱辛说过,不断追求真理要比占有真理更高贵。这是爱因斯坦最喜欢引用的一句格言,他把它作为自己一生的座右铭,从中得到力量,得到慰藉。

的确,使人真正感到幸福和满足的,是不断地追求,是追求的过程。充满希望的旅行(过程),要比到达目的地好。

我以为,这是支配人类一切活动的一条最根本的心理学原理。

不断追求、充满希望的人，正是孔子所说的"生无所息"的生活强者。毕加索也是这样一位大艺术家。他在60岁学习版画技术，70岁学陶工，他那永不衰竭的追求艺术美的热情令人叹服。他说："永远不会有这么一天……可以说'我已经完成了自己的工作'，'明天是星期天'。一旦你的工作结束，便意味着你必须开始新的工作。……你永远都不能说'结束'这两个字。"

再让我们来谈谈构成人的最重要部分——对现时的把握吧！

"现时"是什么？

现代西方逻辑实证主义哲学家和操作主义物理学家都思索过这个问题。爱因斯坦也为这个问题伤透了脑筋。爱因斯坦认为，"现时"的经验是人所专有的东西，是同过去和将来在本质上都不同的东西，然而这种重大的差别在物理学中并不出现，也不可能出现。这种经验不能为科学所掌握，对他来说，似乎是一件痛苦但又无可奈何的事。

对我们这些不是物理学家的人来说，自然没有必要去为"现时"的物理意义而坐立不安。我们只满足于对"现时"作日常经验的理解："现时"的经验是每人所专有的东西，每个人都有自己的"现时"，每个人对过去、现在和将来都持有不同的态度。

至于笔者，则把现时（当前）看成是小学算术课本上的1，对未来的憧憬则看成是0。每个小学生都懂得：0的位置是很重要的。0只有在1的后面（而不是在1的前面）才能显示出它的价值和分量。1后面的0越多值越大。若用日常语言来说，就是：伟大志向造就伟大人物，但要以牢牢把握现时为必要的前提！

只有珍惜、牢牢地把握现时每一分钟，以最有效的方式献身于振兴中华的伟大事业，才是未来美景最可靠的保证。否则，就会在一个个五光十色的希望肥皂泡中蹉跎岁月，浪费自己的青春年华。

可是，失去对往事的回忆和对未来的希望，就难以把握现时。把握不了现时的人是一个不成其为人的人，是一个丧失了自我的人。在人生和世界的激流中，他必然会像初冬从树上飘落下来的最后一片枯叶，在西风残照中孤零零地漫无目的地乱舞。

至于回忆和希望的关系，我们或许可以这样说：回忆毕竟是远了、暗了的暮霭；希望才是近了、亮了的晨光。

啊，人啊，多一点希望，多一点晨光……

（选自《20世纪江西杂文选评》，江西教育出版社，2004年版）

【交流之窗】

人是什么，人为什么活着，本文讲述了爱因斯坦、歌德、康德等众多古今中外名家的看法，深刻地诠释生命的意义。文中提到："的确，使人真正感到幸福和满足的，是不断地追求，是追求的过程。充满希望的旅行（过程），要比到达目的地好。"生命的过程最重要，尤其是有追求的、有希望的过程，会让人感觉到满满的幸福和期许。

第四编
坚守与仰望

⊙ 邢永峰绘

● 单元导读

"生年不满百,常怀千岁忧。"翻开《古诗十九首》,这个被刘勰称为"五言之冠冕"的组诗中,满是对生命的悲叹:"人生天地间,忽如远行客""人生寄一世,奄忽若飙尘""人生忽如寄,寿无金石固"……在这些已被"哀而不伤"的诗歌美学节制的诗句中,千载而下,每个读者都依然能深刻体验到生命的脆弱与卑微。

这就是生命的本质,也是古往今来人类反复咏叹的一个主题。生命多艰,从蒙昧到文明,一部人类发展史换个角度看也是人类的苦难史。但令人宽慰的是,在沉重的叹息声中,人类从未失去生活的勇气和希望,而是以非凡的承受力担起了苦难,顽强地走到了今天。

周国平先生在他的《人生哲思语编》中说得好:"以尊严的方式承受苦难,这种方式本身就是人生的一项巨大成就,因为它所显示的不只是一种个人品质,而且是整个人性的高贵和尊严。"是的,尽管苦难可以摧毁人,但它也能成就人!正是在苦难中对人生价值的不屈坚守,在黑暗中对生命意义的执着仰望,升华了人性,并赋予了人"与天地兮同寿,与日月兮同光"的尊严。

夸父逐日,寄寓了人类追求光明的顽强精神;精卫填海,象征着人类永不屈服的坚强意志。人类历史上,多少生命流逝,但其高贵的精神至今依然如群星闪耀:屈原宁赴清流也不肯沾染尘世污垢,苏格拉底甘饮鸩毒也不愿玷污内心信仰,司马迁忍辱负重也要"成一家之言",阿基米德追求真知而视死如归……生命虽卑微,但生命亦有大美!生命终究要在坚守与仰望中完成对苦难的超越和自我实现。

康德说:"有两种东西,我对它们的思考越是深沉和持久,它们在我心灵中唤起的惊奇和敬畏就会日新月异,不断增长,这就是我头上的星空和心中的道德定律。"仰望星空,我们才能超越自身的狭隘,获得深邃的视野;坚守心中的道德定律,我们方可拨开迷障,在纷乱的世相中不迷失方向。

● 文学之花

涉江

屈 原

屈原（约前340—约前278），芈姓，屈氏，名平，字原；又自云名正则，字灵均。战国时期楚国诗人、政治家。

　　余幼好此奇服兮，年既老而不衰。带长铗之陆离兮①，冠切云之崔嵬②，被明月兮珮宝璐。世溷浊而莫余知兮，吾方高驰而不顾。
　　驾青虬兮骖白螭③，吾与重华游兮瑶之圃。登昆仑兮食玉英④，与天地兮同寿，与日月兮同光。哀南夷之莫吾知兮⑤，旦余济乎江湘。
　　乘鄂渚而反顾兮，欸秋冬之绪风⑥。步余马兮山皋，邸余车兮方林。
　　乘舲船余上沅兮，齐吴榜以击汰⑦。船容与而不进兮，淹回水而疑滞。
　　朝发枉渚兮，夕宿辰阳。苟余心其端直兮，虽僻远之何伤！
　　入溆浦余儃佪兮⑧，迷不知吾所如。深林杳以冥冥兮，乃猿狖之所居。
　　山峻高以蔽日兮，下幽晦以多雨。霰雪纷其无垠兮，云霏霏而承宇。
　　哀吾生之无乐兮，幽独处乎山中。吾不能变心而从俗兮，固将愁苦而终穷。
　　接舆髡首兮，桑扈臝行⑨。忠不必用兮，贤不必以⑩。伍子逢殃兮，比干菹醢⑪。
　　与前世而皆然兮，吾又何怨乎今之人！余将董道而不豫兮⑫，固将重昏而终身。
　　乱曰：鸾鸟凤皇，日以远兮。燕雀乌鹊，巢堂坛兮。
　　露申辛夷⑬，死林薄兮⑭。腥臊并御⑮，芳不得薄兮⑯。
　　阴阳易位⑰，时不当兮。怀信侘傺⑱，忽乎吾将行兮。

（选自《楚辞》，岳麓书社，2001年版）

【注释】①长铗(jiá)：长剑。陆离：形容其所佩带宝剑之长。②冠(guàn)：本指帽子，这里释为"戴"。切云：一种很高的帽子。崔嵬(wéi)：形容高的样子。③虬(qiú)：一种有角的龙。骖(cān)：这里指驾驭车两旁的白螭。螭(chī)：一种无角的龙。④重(chòng)华：古史传说中的五帝之一舜的名号。英：花。⑤南夷：当时楚国江南一带的土著民族。⑥欸(āi)：感叹，叹息。绪风：大风。⑦吴榜：船桨。汰：水波。⑧溆(xù)浦：地名，在今湖南溆浦一带。儃(chán)佪：徘徊不前。⑨接舆：春秋时楚国人，佯狂避世。髡(kūn)首：剃去头发。⑩以：用。⑪伍子：即伍子胥，春秋末吴国大夫。比干：殷末纣王的叔伯父。菹醢(zū hǎi)：肉酱，这里指剁成肉酱。⑫董：正。豫：犹豫。⑬露申：一种香草。辛夷：一种香草。⑭薄：草木丛生的地方。⑮腥臊：恶臭秽浊的气味，这里比喻奸邪小人。御：进用。⑯薄：靠近，接近。⑰阴阳易位：这里比喻当时社会忠奸不辨，是非不分，从而使君子贤士失位，奸邪小人得志。⑱怀信：怀抱忠贞诚信之心。侘傺(chà chì)：惆怅失意的样子。

【交流之窗】

　　"信而见疑，忠而被谤"(《屈原列传》)，屈原在政治上陷入了前所未有的困境。被奸臣打击，被昏君流放，一个人还能否坚守本心，不改初衷？屈原的伟大，就在于即使整个世界都将他否定，他依然高标独持，决不与世同流合污！

希望

鲁　迅

⊙鲁迅　莫朴绘

鲁迅（1881—1936），浙江绍兴人，著名文学家、思想家，中国现代文学的奠基人。

我的心分外地寂寞。

然而我的心很平安：没有爱憎，没有哀乐，也没有颜色和声音。

我大概老了。我的头发已经苍白，不是很明白的事么？我的手颤抖着，不是很明白的事么？那么，我的魂灵的手一定也颤抖着，头发也一定苍白了。

然而这是许多年前的事了。

这以前，我的心也曾充满过血腥的歌声：血和铁，火焰和毒，恢复和报仇。而忽而这些都空虚了，但有时故意地填以没奈何的自欺的希望。希望，希望，用这希望的盾，抗拒那空虚中的暗夜的袭来，虽然盾后面也依然是空虚中的暗夜。然而就是如此，陆续地耗尽了我的青春。

我早先岂不知我的青春已经逝去了？但以为身外的青春固在：星，月光，僵坠的胡蝶，暗中的花，猫头鹰的不祥之言，杜鹃的啼血，笑的渺茫，爱的翔舞……。虽然是悲凉漂渺的青春罢，然而究竟是青春。

然而现在何以如此寂寞？难道连身外的青春也都逝去，世上的青年也多衰老了么？

我只得由我来肉薄①这空虚中的暗夜了。我放下了希望之盾，我听到Petöfi Sándor（1823—1849）②的"希望"之歌：

希望是甚么？是娼妓：

她对谁都蛊惑，将一切都献给；

待你牺牲了极多的宝贝——

你的青春——她就弃掉你。

---

① 肉薄，指拼搏、搏斗。
② Petöfi Sándor，裴多菲·山陀尔（1823—1849），匈牙利诗人、革命家。

这伟大的抒情诗人,匈牙利的爱国者,为了祖国而死在可萨克兵的矛尖上,已经七十五年了。悲哉死也,然而更可悲的是他的诗至今没有死。

但是,可惨的人生!桀骜英勇如Petöfi,也终于对了暗夜止步,回顾着茫茫的东方了。他说:

绝望之为虚妄,正与希望相同。

倘使我还得偷生在不明不暗的这"虚妄"中,我就还要寻求那逝去的悲凉漂渺的青春,但不妨在我的身外。因为身外的青春倘一消灭,我身中的迟暮也即凋零了。

然而现在没有星和月光,没有僵坠的胡蝶以至笑的渺茫,爱的翔舞。然而青年们很平安。

我只得由我来肉薄这空虚中的暗夜了,纵使寻不到身外的青春,也总得自己来一掷我身中的迟暮。但暗夜又在那里呢?现在没有星,没有月光以至笑的渺茫和爱的翔舞;青年们很平安,而我的面前又竟至于并且没有真的暗夜。

绝望之为虚妄,正与希望相同!

一九二五年一月一日

(选自《鲁迅散文》,人民文学出版社,2005年版)

【交流之窗】

鲁迅先生在生命的最后十年,几乎是决绝地坚持战斗,又充满希望地与各种来自生命深处的绝望做斗争,从而实现了生命的超拔高扬。文中重复提到"绝望之为虚妄,正与希望相同""青年们很平安",可见鲁迅先生岁已迟暮,但对青年们充满希望。我们每一个人都有可能面临外部世界的急剧变化与内心世界的急速丰富,我们都要平静地坚持下去,因为绝望向前一小步,就是希望。

石缝间的生命

林 希

林希,1935年生于天津,中国现代作家,小说《小的儿》获第一届鲁迅文学奖。

石缝间倔强的生命,常使我感动得潸然泪下。

是那不定的风把那无人采撷的种子撒落到海角天涯。当它们不能再找到泥土,它们便把最后一线生的希望寄托在这一线石缝里。尽管它们也能从阳光中分享到温暖,从雨水里得到湿润,而唯有那一切生命赖以生存的土壤却要自己去寻找。它们面对着的现实该是多么严峻。

于是,大自然出现了惊人的奇迹,不毛的石缝间丛生出倔强的生命。

或者只就是一簇一簇无名的野草,春绿秋黄,岁岁枯荣。它们没有条件生长宽阔的叶子,因为它们寻找不到足以使草叶变得肥厚的营养,它们有的只是三两片长长的细瘦的薄叶,那细微的叶脉告知你生存该是多么艰难;更有的,它们就在一簇一簇瘦叶下又自己生长出根须,只为了少向母体吮吸一点乳汁,便自去寻找那不易被觉察到的石缝。这就是生命。如果这是一种本能,那么它正说明生命的本能是多么尊贵,生命有权自认为辉煌壮丽,生机竟是这样地不可扼制。

或者就是一团一团小小的山花,大多又都是那苦苦的蒲公英。它们的茎叶里涌动着苦味的乳白色的浆汁,它们的根须在春天被人们挖去做野菜。而石缝间的蒲公英,却远不似田野上的同宗生长得那样茁壮。它们因山风的凶狂而不能长成高高的躯干,它们因山石的贫瘠而不能拥有众多的叶片,它们的茎显得坚韧而苍老,它们的叶因枯萎而失去光泽;只有它们的根竟似那柔韧而又强固的筋条,似那柔中有刚的藤蔓,深埋在石缝间狭隘的间隙里;它们已经不能再去为人们做佐餐的鲜嫩的野菜,却默默地为攀登山路的人准备了一个可靠的抓手。生命就是这样地被环境规定着,又被环境改变着,适者生存的规律尽管无情,但一切的适者都是战胜环境的强者,生命现象告诉你,生命就是拼搏。

如果石缝间只有这些小花小草，也许还只能引起人们的哀怜；而最为令人赞叹的，是在那石岩的缝隙间，还生长着参天的松柏，雄伟苍劲，巍峨挺拔。它们使高山有了灵气，使一切的生命在它们的面前显得苍白逊色。它们的躯干就是这样顽强地从石缝间生长出来，扭曲地、旋转地，每一寸树衣上都结着伤疤。向上，向上，向上是多么艰难。每生长一寸都要经过几度寒暑，几度春秋。然而它们终于长成了高树，伸展开了繁茂的枝干，团簇着永不凋落的针叶。它们耸立在悬崖断壁上，耸立在高山峻岭的峰巅，只有那盘结在石崖上的树根在无声地向你述说，它们的生长是一次多么艰苦的拼搏。那粗如巨蟒，细如草蛇的树根，盘根错节，从一个石缝间扎进去，又从另一个石缝间钻出来，于是沿着无情的青石，它们延伸过去，像犀利的鹰爪抓住了它栖身的岩石。有时，一株松柏，它的根须竟要爬满半壁山崖，似把累累的山石用一根粗粗的缆绳紧紧地缚住，由此，它们才能迎击狂风暴雨的侵袭，它们才终于在不属于自己的生存空间为自己占有了一片天地。

　　如果一切的生命都不屑于去石缝间寻求立足的天地，那么，世界上就会有一大片一大片的地方成为永远的死寂，飞鸟无处栖身，一切借花草树木赖以生存的生命就要绝迹，那里便会沦为永无开化之日的永远的黑暗。如果一切的生命都只贪恋于黑黝黝的沃土，它们又如何完备自己驾驭环境的能力，又如何使自己在一代一代的繁衍中变得愈加坚强呢？世界就是如此奇妙。试想，那石缝间的野草，一旦将它们的草籽撒落到肥沃的大地上，它们一定会比未经过风雨考验的娇嫩的种子具有更为旺盛的生机，长得更显繁茂；试想，那石缝间的蒲公英，一旦它们的种子，撑着团团的絮伞，随风飘向湿润的乡野，它们一定会比其他的花卉生长得茁壮，更能经暑耐寒；至于那顽强的松柏，它本来就是生命的崇高体现，是毅力和意志最完美的象征，它给一切的生命以鼓舞，以榜样。

　　愿一切生命不致因飘落在石缝间而凄凄切切。愿一切生命都敢于去寻求最艰苦的环境。生命正是要在最困厄的境遇中发现自己，认识自己，从而才能锤炼自己，成长自己，直到最后完成自己，升华自己。

　　石缝间顽强的生命，它既是生物学的，又是哲学的，是生物学和哲学的统一。它又是美学的，作为一种美学现象，它展现给你的不仅是装点荒山枯岭的层层葱绿，它更向你揭示出美的、壮丽的心灵世界。

石缝间顽强的生命,它具有如此震慑人们心灵的情感力量,它使我们赖以生存的这个星球变得神奇辉煌。

（选自《文化名家谈生死》,中央编译出版社,2011年版）

【交流之窗】

生命是渺小的,又是伟大的。石缝间一个嫩芽,一朵小花,经风历雨,却能如此的绚烂,令人不禁感慨,世界上最伟大的还是生命。因为生命不仅仅是生物学的,它还是哲学的、美学的,它会展示给人类美的享受、力量的震撼。

巩乃斯的马

周 涛

周涛,1946年生,中国著名诗人、散文家,1998年获首届鲁迅文学奖。

　　没话找话就招人讨厌,话说得没意思就让人觉得无聊,还不如听吵架提神。吵架骂仗是需要激情的。

　　我发现,写文章的时候就像一匹套在轭具和辕木中的马,想到那片水草茂盛的地方去,却不能摆脱道路,更摆脱不了车夫的驾驭,所以走来走去,永远在这条枯燥的路面上。

　　我向往草地,但每次走到的,却总是马厩。

　　我一直对不爱马的人怀有一点偏见,认为那是由于生气不足和对美的感觉迟钝所造成的,而且这种缺陷很难弥补。有时候读传记,看到有些了不起的人物以牛或骆驼自喻,就有点替他们惋惜,他们一定是没见过真正的马。

　　在我眼里,牛总是有点落后的象征的意思,一副安贫知命的样子,这大概是由于过分提倡"老黄牛"精神引起的生理反感。骆驼却是沙漠的怪胎,为了适应严酷的环境,把自己改造得那么丑陋畸形。至于毛驴,顶多是个黑色幽默派的小丑,难当大用。它们的特性和模样,都清清楚楚地写着人类对动物的征服,生命对强者的屈服,所以我不喜欢。它们不是作为人类朋友的形象出现的,而是俘虏,是仆役。有时候,看到小孩子鞭打牛,高大的骆驼在妇人面前下跪,发情的毛驴被缚在车套里龇牙大鸣,我心里便产生一种悲哀和怜悯。

　　那卧在盐车之下哀哀嘶鸣的骏马和诗人臧克家笔下的"老马",不也是可悲的吗?但是不同。那可悲里含有一种不公,这一层含义在别的畜牲中是没有的。在南方,我也见到过矮小的马,样子有些滑稽,但那不是它的过错。既然橘树有自己的土壤,马当然有它的故乡了。自古好马生塞北。在伊犁，在巩乃斯大草原，马作为茫茫天地之间的一种尤物，便呈现了它的全部魅力。

那是1970年，我在一个农场接受"再教育"，第一次触摸到了冷酷、丑恶、冰凉的生活实体，不正常的政治气候像潮闷险恶的黑云一样压在头顶上，使人压抑到不能忍受的地步。强度的体力劳动并不能打击我对生活的热爱，精神上的压抑却有可能摧毁我的信念。

终于有一天夜晚，我和一个外号叫"蓝毛"的长着古希腊人脸型的上士一起爬起来，偷偷摸进马棚，解下两匹喉咙里滚动着咪咪低鸣的骏马，在冬夜旷野的雪地上奔驰开了。

天低云暗，雪地一片模糊，但是马不会跑进巩乃斯河里去。雪原右侧是巩乃斯河，形成了沿河的一道陡直的不规则的土壁。光背的马儿驮着我们在土壁顶上的雪原轻快地小跑，喷着鼻息，四蹄发出嚓嚓的有节奏的声音，最后大颠着狂奔起来。随着马的奔驰、起伏、跳跃和喘息，我们的心情变得开朗、舒展。压抑消失，豪兴顿起，在空旷的雪野上打着唿哨乱喊，在颠簸的马背上感受自由的亲切和驾驭自己命运的能力，是何等的痛快舒畅啊！我们高兴得大笑，笑得从马背上栽下来，躺在深雪里还是止不住地狂笑，直到笑得眼睛里流出了泪水……

那两匹可爱的光背马，这时已在近处缓缓停住，低垂着脖颈，一副歉疚地想说"对不起"的神态。它们温柔的眼睛里仿佛充满了怜悯和抱怨，还有一点诧异，弄不懂我们这两个人究竟是怎么了。我拍拍马的脖颈，抚摸一会儿它的鼻梁和嘴唇，它会意了，抖抖鬃毛像抖掉疑虑，跟着我们慢慢走回去。一路上，我们谈着马，闻着身后热烘烘的马汗味和四围里新鲜刺鼻的气息，觉得好像不是走在冬夜的雪原上。

马能给人以勇气，给人以幻想，这也不是笨拙的动物所能有的。在巩乃斯后来的那些日子里，观察马渐渐成了我的一种艺术享受。

我喜欢看一群马，那是一个马的家族在夏牧场上游移，散乱而有秩序，首领就是那里面一眼就望得出的种公马。它是马群的灵魂，作为这群马的首领当之无愧，因为它的确是无与伦比的强壮和美丽，匀称高大，毛色闪闪发光，最明显的特征是颈上披散着垂地的长鬃，有的浓黑，流泻着力与威严；有的金红，燃烧着火焰般的光彩；它管理着保护着这群牝马和顽皮的长腿短身子马驹儿，眼光里保持着父爱般的尊严。

在马的这种社会结构中，首领的地位是由强者在竞争中确立的，任何一匹马都可以争夺，通过追逐、撕咬、拼斗，使最强的马成为公认的首领。为了保证这群马的品种不至于退化，就不能搞"指定"，不能看谁和种公马的关系好，也不能凭血缘关系接班。

生存竞争的规律使一切生物把生存下去作为第一意识，而人却有时候会忘记，造成许多误会。

唉，天似穹庐，笼盖四野，在巩乃斯草原度过的那些日子里，我与世界隔绝，生活单调；人与人互相警惕，唯恐失一言而遭灭顶之祸，心灵寂寞。只有一个乐趣，看马。好在巩乃斯草原马多，不像书可以被焚，画可以被禁，知识可以被践踏，马总不至于被驱逐出境吧？这样，我就从马的世界里找到了奔驰的诗韵，油画般的辽阔草原、夕阳落照中兀立于荒原的群雕、大规模转场时铺散在山坡上的好文章、熊熊篝火边的通宵马经、毡房里悠长喑哑的长歌在烈马苍凉的嘶鸣中展开，醉酒的青年哈萨克在群犬的追逐中纵马狂奔，东倒西歪地俯身鞭打猛犬，这一切，使我蓦然感受到生活不朽的壮美和那时潜藏在我们心里的共同忧郁……

哦，巩乃斯的马，给了我一个多么完整的世界！凡是那时被取消的，你都重新又给予了我！弄得我直到今天听到马蹄踏过大地的有力声响时，还会在屋子里坐卧不宁，总想出去看看，是一匹什么样儿的马走过去了。而且我还听不得马嘶，一听到那铜号般高亢、鹰啼般苍凉的声音，我就热血陡涌，热泪盈眶，大有战士出征走上古战场，"风萧萧兮易水寒"的悲壮之慨。

有一次我碰上巩乃斯草原夏日迅疾猛烈的暴雨。那雨来势之快，可以使悠然在晴空盘旋的孤鹰来不及躲避而被击落，雨脚之猛，竟能把牧草覆盖的原野一瞬间打得烟尘滚滚。就在那场暴雨的豪打下，我见到了最壮阔的马群奔跑的场面。仿佛分散在所有山谷里的马都被赶到这儿来了，好家伙，被暴雨的长鞭抽打着，被低沉的怒雷恐吓着，被刺进大地倏忽消逝的闪电激奋着。马，这不肯安分的牲灵从无数谷口、山坡涌出来，山洪奔泻似的在这原野上汇聚了，小群汇成大群，大群在运动中扩展，成为一片喧叫、纷乱、快速移动的集团冲锋！争先恐后，前呼后应，披头散发，淋漓尽致！有的疯狂地向前奔驰，像一队尖兵，要去踏住那闪电；有的来回奔跑，俨然临危不惧、收拾残局的大将；小马跟着母马认真而紧张地跑，不再顽皮、撒欢，一下子变得老练了许多；牧人在不可收拾的潮水中被挟裹，大喊大叫，却毫无声响，喊声像一块小石片跌进奔腾喧嚣的大河。

　　雄浑的马蹄声在大地奏出鼓点，悲怆苍劲的嘶鸣、叫喊在拥挤的空间碰撞、飞溅，划出一条条不规则的曲线，扭住、缠住漫天雨网，和雷声雨声交织成惊心动魄的大舞台。而这一切，得在飞速移动中展现，几分钟后，马群消失，暴雨停歇，你再看不见了。

　　我久久地站在那里，发愣、发痴、发呆。我见到了，见过了，这世间罕见的奇景，这无可替代的伟大的马群，这古战场的再现，这交响乐伴奏下的复活的雕塑群和油画长卷！我把这几分钟间见到的记在脑子里，相信，它所给予我的将使我终身受用不尽……

　　马就是这样，它奔放有力却不让人畏惧，毫无凶暴之相；它优美柔顺却不任人随意欺凌，并不懦弱，我说它是进取精神的象征，是崇高感情的化身，是力与美的巧妙结合恐怕也并不过分。屠格涅夫有一次在他的庄园里说托尔斯泰"大概您在什么时候当过马"，因为托尔斯泰不仅爱马、写马，并且坚信"这匹马能思考并且是有感情的"。它们常和历史上的那些伟大的人物、民族的英雄一起被铸成铜像屹立在最醒目的地方。

　　过去我认为，只有《静静的顿河》才是马的史诗；离开巩乃斯之后，我不这么看了。巩乃斯的马，这些古人称之为骐骥、称之为汗血马的英气勃勃的后裔们，日出而撒欢，日入而哀鸣，它们好像永远是这样散漫而又有所期待，这样原始而又有感知，这样不假雕饰而又优美，这样我行我素而又不会被世界所淘汰。成吉思汗的铁骑作为一个兵种已经消失，六根棍马车作为一种代步工具已被淘汰，但是马却不会被什么新玩意儿取代，它有它的价值。

　　牛从輓车变为食用，仍然是实用物；毛驴和骆驼将会成为动物园里的展览品，因为它们只会越来越稀少；而马，当车辆只是在实用意义上取代了它，解放了它时，它从实用物进化为一种艺术品的时候恰恰开始了。

　　值得自豪的是我们中国有好马。从秦始皇的兵马俑、铜车马到唐太宗的六骏，从马踏飞燕的奇妙构想到大宛汗血马的美妙传说，从关云长的赤兔马到朱德总司令的长征坐骑……纵览马的历史，还会发现它和我们民族的历史紧密相连着。这也难怪，骏马与武士与英雄本有着难以割舍的亲缘关系呢,彼此作用的相互发挥、彼此气质的相互补益,曾创造出多少叱咤风云的壮美形象?纵使有一天马终于脱离了征战这一辉煌事业,人们也随时会从军人的身上发现马的神韵和遗风。我们有多少关于马的故事呵,我们是十分爱马的民族呢。至今,如同我们的一切美好传统都像黄河之水似的遗传下来那样,我们的历代名马的筋骨、血脉、气韵、精神也都遗传下来了。那种"龙马精神",就在巩乃斯的马身上——

此马非凡马,房星是本星;向前敲瘦骨,犹自带铜声。

我想,即便我一直固执地对不爱马的人怀一点偏见,恐怕也是可以得到谅解的吧。

(选自《周涛散文选》,人民文学出版社,2005年版)

【交流之窗】

周涛爱马,因为马可以给人以勇气,给人以幻想。观察马让作者周涛度过那段艰难的岁月,也从马的身上,看到人应该追求带有自由、洒脱、刚烈特质的英雄气概,不屈服于冷酷、丑恶、冰凉的生活实体。

一只特立独行的猪

王小波

⊙王小波　莫丹绘

王小波(1952—1997)，中国当代学者、作家。

　　插队的时候，我喂过猪，也放过牛。假如没有人来管，这两种动物也完全知道该怎样生活。它们会自由自在地闲逛，饥则食，渴则饮，春天来临时还要谈谈爱情；这样一来，它们的生活层次很低，完全乏善可陈。人来了以后，给它们的生活做出了安排：每一头牛和每一口猪的生活都有了主题。就它们中的大多数而言，这种生活主题是很悲惨的：前者的主题是干活，后者的主题是长肉。我不认为这有什么可抱怨的，因为我当时的生活也不见得丰富了多少，除了八个样板戏，也没有什么消遣。有极少数的猪和牛，它们的生活另有安排。以猪为例，种猪和母猪除了吃，还有别的事可干。就我所见，它们对这些安排也不大喜欢。种猪的任务是交配，换言之，我们的政策准许它当个花花公子。但是疲惫的种猪往往摆出一种肉猪（肉猪是阉过的）才有的正人君子架势，死活不肯跳到母猪背上去。母猪的任务是生崽儿，但有些母猪却要把猪崽儿吃掉。总的来说，人的安排使猪痛苦不堪。但它们还是接受了：猪总是猪啊。

　　对生活做种种设置是人特有的品性。不光是设置动物，也设置自己。我们知道，在古希腊有个斯巴达，那里的生活被设置得了无生趣，其目的就是要使男人成为亡命战士，使女人成为生育机器，前者像些斗鸡，后者像些母猪。这两类动物是很特别的，但我以为，它们肯定不喜欢自己的生活。但不喜欢又能怎么样？人也好，动物也罢，都很难改变自己的命运。

　　以下谈到的一只猪有些与众不同。我喂猪时，它已经有四五岁了，从名分上说，它是肉猪，但长得又黑又瘦，两眼炯炯有光。这家伙像山羊一样敏捷，一米高的猪栏一跳就过；它还能跳上猪圈的房顶，这一点又像是猫——所以它总是到处游逛，根本就不在圈里呆着。所有喂过猪的知青都把它当宠儿来对待，它也是我的宠儿——因为它只对知青好，容许他们走到三米之内，要是别的人，它早就跑了。它是公的，原本该劁掉。不过你去试试看，哪怕你把劁猪刀藏在身后，它也能嗅出来，朝你瞪大眼睛，噢噢地吼起来。我总是用细米糠熬的粥喂它，等它吃够了以后，才把糠对到野草里喂别的猪。其他猪看了嫉妒，一起嚷起来。这时候整个猪场一片鬼哭狼嚎，但我和它都不在乎。吃饱了以后，它就跳上房顶去晒太阳，或者模仿各种声音。它会学汽车响、拖拉机响，学得都很像；有时整天不见踪影，我估计它到附近的村寨里找母猪去了。我们这里也有母猪，都关在圈里，被过度的生育搞得走了形，又脏又臭，它对它们不感兴趣；村寨里的母猪好看一些。它有很多精彩的事迹，但我喂猪的时间短，知道得有限，索性就不写了。总而言之，所有喂过猪的知青都喜欢它，喜欢它特立独行的派头儿，还说它活得潇洒。但老乡们就不这么浪漫，他们说，这猪不正经。领导则痛恨它，这一点以后还要谈到。我对它则不只是喜欢——我尊敬它，常常不顾自己虚长十几岁这一现实，把它叫作"猪兄"。如前所述，这位猪兄会模仿各种声音。我想它也学过人说话，但没有学会——假如学会了，我们就可以做倾心之谈。但这不能怪它。人和猪的音色差得太远了。

后来，猪兄学会了汽笛叫，这个本领给它招来了麻烦。我们那里有座糖厂，中午要鸣一次汽笛，让工人换班。我们队下地干活时，听见这次汽笛响就收工回来。我的猪兄每天上午十点钟总要跳到房上学汽笛，地里的人听见它叫就回来——这可比糖厂鸣笛早了一个半小时。坦白地说，这不能全怪猪兄，它毕竟不是锅炉，叫起来和汽笛还有些区别，但老乡们却硬说听不出来。领导上因此开了一个会，把它定成了破坏春耕的坏分子，要对它采取专政手段——会议的精神我已经知道了，但我不为它担忧——因为假如专政是指绳索和杀猪刀的话，那是一点门都没有的。以前的领导也不是没试过，一百人也捉不住它。狗也没用：猪兄跑起来像颗鱼雷，能把狗撞出一丈开外。谁知这回是动了真格的，指导员带了二十几个人，手拿五四式手枪；副指导员带了十几个人，手持看青的火枪，分两路在猪场外的空地上兜捕它。这就使我陷入了内心的矛盾：按我和它的交情，我该舞起两把杀猪刀冲出去，和它并肩战斗，但我又觉得这样做太过惊世骇俗——它毕竟是只猪啊；还有一个理由，我不敢对抗领导，我怀疑这才是问题之所在。总之，我在一边看着。猪兄的镇定使我佩服至极：它很冷静地躲在手枪和火枪的连线之内，任凭人喊狗咬，不离那条线。这样，拿手枪的人开火就会把拿火枪的打死，反之亦然；两头同时开火，两头都会被打死。至于它，因为目标小，多半没事。就这样连兜了几个圈子，它找到了一个空子，一头撞出去了；跑得潇洒至极。以后我在甘蔗地里还见过它一次，它长出了獠牙，还认识我，但已不容我走近了。这种冷淡使我痛心，但我也赞成它对心怀叵测的人保持距离。

　　我已经四十岁了，除了这只猪，还没见过谁敢于如此无视对生活的设置。相反，我倒见过很多想要设置别人生活的人，还有对被设置的生活安之若素的人。因为这个缘故，我一直怀念这只特立独行的猪。

（选自《我的精神家园》，文化艺术出版社，1997年版）

【交流之窗】

　　称猪为兄，有些惊世骇俗吧？不过，在一个非正常年代，一个连人都习惯了被他人安排命运的年代，一只猪却"敢于如此无视对生活的设置"，它的坚守，它的特立独行，确实让人尊重，叫人汗颜。

我与地坛（节选）

史铁生

史铁生（1951—2010），中国当代作家。

  我在好几篇小说中都提到过一座废弃的古园，实际上就是地坛。许多年前旅游业还没有开展，园子荒芜冷落得如同一片野地，很少被人记起。

  地坛离我家很近。或者说我家离地坛很近。总之，只好认为这是缘分。地坛在我出生前四百多年就坐落在那儿了，而自从我的祖母年轻时带着我父亲来到北京，就一直住在离它不远的地方——五十多年间搬过几次家，可搬来搬去总是在它周围，而且是越搬离它越近了。我常觉得这中间有着宿命的味道：仿佛这古园就是为了等我，而历尽沧桑在那儿等待了四百多年。

  它等待我出生，然后又等待我活到最狂妄的年龄上忽地残废了双腿。四百多年里，它一面剥蚀了古殿檐头浮夸的琉璃，淡褪了门壁上炫耀的朱红，坍圮了一段段高墙又散落了玉砌雕栏，祭坛四周的老柏树愈见苍幽，到处的野草荒藤也都茂盛得自在坦荡。这时候想必我是该来了。十五年前的一个下午，我摇着轮椅进入园中，它为一个失魂落魄的人把一切都准备好了。那时，太阳循着亘古不变的路途正越来越大，也越红。在满园弥漫的沉静光芒中，一个人更容易看到时间，并看见自己的身影。

  自从那个下午我无意中进了这园子，就再没长久地离开过它。我一下子就理解了它的意图。正如我在一篇小说中所说的："在人口密聚的城市里，有这样一个宁静的去处，像是上帝的苦心安排。"

  两条腿残废后的最初几年，我找不到工作，找不到去路，忽然间几乎什么都找不到了，我就摇了轮椅总是到它那儿去，仅为着那儿是可以逃避一个世界的另一个世界。我在那篇小说中写道："没处可去我便一天到晚耗在这园子里。跟上班下班一样，别人去上班我就摇了轮椅到这儿来。""园子无人看管，上下班时间有些抄近路的人们从园中穿过，园子里活跃一阵,过后便沉寂下来。""园墙在金晃晃的空气中斜切下一溜荫凉,我把轮椅开进去,把椅背放倒,坐着或是躺着,看书或者想事,撅一杈树枝左右拍打,驱赶那些和我一样不明白为什么要来这世上的小昆虫。""蜂儿如一朵小雾稳稳地停在半空;蚂蚁摇头晃脑捋着触须,猛然间想透了什么,转身疾行而去;瓢虫爬得不耐烦了,累了祈祷一回便支开翅膀,忽悠一下升空了;树干上留着一只蝉蜕,寂寞如一间空屋;露水在草叶上滚动、聚集,压弯了草叶轰然坠地摔开万道金光。""满园子都是草木竞相生长弄出的响动,窸窸窣窣窸窸窣窣片刻不息。"这都是真实的记录,园子荒芜但并不衰败。

除去几座殿堂我无法进去,除去那座祭坛我不能上去而只能从各个角度张望它,地坛的每一棵树下我都去过,差不多它的每一平米草地上都有过我的车轮印。无论是什么季节,什么天气,什么时间,我都在这园子里待过。有时候待一会儿就回家,有时候就待到满地上都亮起月光。记不清都是在它的哪些角落里了。我一连几小时专心致志地想关于死的事,也以同样的耐心和方式想过我为什么要出生。这样想了好几年,最后事情终于弄明白了:一个人,出生了,这就不再是一个可以辩论的问题,而只是上帝交给他的一个事实;上帝在交给我们这件事实的时候,已经顺便保证了它的结果,所以死是一件不必急于求成的事,死是一个必然会降临的节日。这样想过之后我安心多了,眼前的一切不再那么可怕。比如你起早熬夜准备考试的时候,忽然想起有一个长长的假期在前面等待你,你会不会觉得轻松一点?并且庆幸并且感激这样的安排?

剩下的就是怎样活的问题了。这却不是在某一个瞬间就能完全想透的,不是能够一次性解决的事,怕是活多久就要想它多久了,就像是伴你终生的魔鬼或恋人。所以,十五年了,我还是总得到那古园里去,去它的老树下或荒草边或颓墙旁,去默坐,去呆想,去推开耳边的嘈杂理一理纷乱的思绪,去窥看自己的心魂。十五年中,这古园的形体被不能理解它的人肆意雕琢,幸好有些东西是任谁也不能改变它的。譬如祭坛石门中的落日,寂静的光辉平铺的一刻,地上的每一个坎坷都被映照得灿烂;譬如在园中最为落寞的时间,一群雨燕便出来高歌,把天地都叫喊得苍凉;譬如冬天雪地上孩子的脚印,总让人猜想他们是谁,曾在哪儿做过些什么,然后又都到哪儿去了;譬如那些苍黑的古柏,你忧郁的时候它们镇静地站在那儿,你欣喜的时候它们依然镇静地站在那儿,它们没日没夜地站在那儿,从你没有出生一直站到这个世界上又没了你的时候;譬如暴雨骤临园中,激起一阵阵灼烈而清纯的草木和泥土的气味,让人想起无数个夏天的事件;譬如秋风忽至,再有一场早霜,落叶或飘摇歌舞或坦然安卧,满园中播散着熨帖而微苦的味道。味道是最说不清楚的,味道不能写只能闻,要你身临其境去闻才能明了。味道甚至是难于记忆的,只有你又闻到它你才能记起它的全部情感和意蕴。所以我常常要到那园子里去。

(选自《史铁生代表作·我与地坛》,春风文艺出版社,2002年版)

【交流之窗】

地坛是荒芜的,但在史铁生的世界里,地坛是富有生机的,是他生命中最重要的地方。在这里,史铁生可以静静地坐着,默默地思考、发呆,在这里避开嘈杂,理清思绪。这里是窥看心灵的世外桃源。这里的一花一草都是史铁生最好的朋友,陪他度过最难忘的日子。

我的信念

居里夫人　　穆　霞　译

居里夫人(1867—1934)，法国著名波兰裔物理学家、化学家。

　　生活对于任何一个男女都非易事，我们必要有坚韧不拔的精神；最要紧的，还是我们自己要有信心。我们必须相信，我们对一件事情是有天赋的才能，并且，无论付出任何代价，都要把这件事情完成。当事情结束的时候，你要能够问心无愧地说："我已经尽我所能了。"

　　有一年的春天里，我因病被迫在家里休息数周。我注视着我的女儿们所养的蚕，结着茧子。这使我极感兴趣，望着这些蚕固执地、勤奋地工作着，我感到我和它们非常相似，像它们一样，我总是耐心地集中在一个目标。我之所以如此，或许是因为有某种力量在鞭策着我——正如蚕被鞭策着去结它的茧子一般。

　　在近五十年来，我致力于科学的研究，而研究基本上是对真理的探讨。我有许多美好快乐的回忆。少女时期我在巴黎大学孤独地过着求学的岁月；在那整个时期中，我丈夫和我专心致志地，像在梦幻之中一般，艰辛地在简陋的书屋里研究，后来我们就在那儿发现了镭。

　　我在生活中，永远是追求安静的工作和简单的家庭生活。为了实现这个理想，我一直竭力保持宁静的环境，以免受人事的侵扰和盛名的喧嚣。

　　我深信在科学方面，我们是有对事而不是对人的兴趣。当皮埃尔·居里和我决定应否在我们的发现上取得经济上的利益时，我们都认为这违反我们的纯粹研究观念。因而我们没有申请镭的专利，也就抛弃了一笔财富。我坚信我们是对的。诚然，人类需要寻求现实的人——他们在工作中，获得最大的报酬。但是，人类也需要梦想家——他们在一件忘我事业的进展中，受到了强烈的吸引，使他们没有闲暇，也无热情去谋求物质上的利益。我的唯一奢望，是在一个自由国家中，以一个自由学者的身份从事研究工作。我从没有视这种权益为理所当然的，因为在二十四岁以前，我一直居住在被占领和蹂躏的波兰，我估量过法国自由的代价。

我并非生来就是一个性情温和的人。我很早就知道，许多像我一样的人，哪怕只是受了一言半语的呵责，便会过分懊恼，他们会尽量隐藏自己的敏感。从我丈夫的温和沉静的性格中，我获益匪浅。当他猝然长逝以后，我便学会了逆来顺受。我年纪愈渐老了，也愈会欣赏生活中的种种琐事，如栽花、植物、建筑；对诵诗和眺望星辰，我也有一点兴趣。

我一直沉醉于世界的优美之中，我所热爱的科学，也不断展示给我更新的远景。

我认定科学本身就具有伟大的美。一位从事研究工作的科学家，不仅是一个技术人员，也是一个小孩子，他好像沉醉于神话故事中那样，沉醉在大自然的景色当中。这种魅力，就是使我终生能够在实验室里埋头工作的主要原因了。

（选自《居里夫人自传》，吉林出版集团有限责任公司，2009年版）

【交流之窗】

人要有信念，有信心，才会实现自己的梦想。居里夫人热爱科学，享受甚至痴迷于探索科学世界，最终居里夫人实现了梦想，成为人类历史上最伟大的科学家之一。所以，人要有信念。

我有一个梦想①

马丁·路德·金

马丁·路德·金(1929—1968),著名的美国黑人民权运动领袖,1964年诺贝尔和平奖的获得者。

今天,我高兴地同大家一起,参加这次我国历史上为了争取自由而举行的最伟大的示威集会。

100年前,一位伟大的美国人——今天我们就站在他的雕像前——签署了《解放宣言》。这项重要法令的颁布,对于千百万在非正义烈焰中煎熬的黑奴,犹如带来希望之光的硕大灯塔,恰似结束漫漫长夜禁锢的欢畅黎明。

然而,100年后的今天,黑人依然没有获得自由。100年后的今天,黑人依然悲惨地蹒跚于种族隔离和种族歧视的枷锁之下。100年后的今天,黑人依然生活在物质繁荣瀚海的贫困孤岛上。100年后的今天,黑人依然在美国社会中向隅而泣,依然感到自己在国土家园中流离漂泊。所以,我们今天来到这里,要把这骇人听闻的情况公之于众。

从某种意义上说,我们来到国家的首都是为了兑现一张支票。我们共和国的缔造者在拟写宪法和《独立宣言》的辉煌篇章时,就签订了一张每一个美国人都能继承的期票。这张期票承诺,保证一切人——不论白人还是黑人——都享有不可侵犯的生命权、自由权和追求幸福的权利。

然而,今天美国显然对他的有色公民拖欠着这张期票。美国没有承兑这笔神圣的债务,而是开给黑人一张空头支票——一张盖着"资金不足"的印戳被退回的支票。但是,我们决不相信正义的银行会破产。我们决不相信这个国家巨大的机会宝库会资金不足。因此,我们来兑现这张支票——这张支票将给我们以宝贵的自由和正义的保障。我们来到这块

---

① 原译为《我有一个梦》。此处改为通行的表述。

圣地还为了提醒美国：现在正是万分紧急的时刻。现在不是从容不迫悠然行事或服用渐进主义镇静剂的时候，现在是实现民主诺言的时候；现在是走出幽暗荒凉的种族隔离深谷，踏上种族平等的阳关大道的时候；现在是使我们国家走出种族不平等的流沙，踏上充满手足之情的磐石的时候；现在是使上帝的所有孩子真正享有公正的时候。

忽视这一时刻的紧迫性，对于国家将会是致命的。自由平等的朗朗秋日不到来，黑人哀怨的酷暑就不会过去。1963年不是一个结束，而是一个开始。如果国家依然安之若素，那些希望黑人只需出出气就会心满意足的人将大失所望。在黑人得到公民权之前，美国既不会安宁，也不会平静。反抗的旋风将继续震撼我们国家的基石，直至光辉灿烂的正义之日来临。

但是，对于站在通向正义之宫艰险门槛上的人们，有一些话我必须要说。在我们争取合法地位的过程中，切不要错误行事导致犯罪。我们千万不要吞饮辛酸的苦酒，来解除对于自由的饥渴。

我们应该永远得体地、纪律严明地进行斗争。我们不能容许我们富有意义的抗争沦为暴力行动。我们应该不断升华到用精神力量对付物质力量的崇高境界。席卷黑人社会的新的战斗精神，不应导致我们对所有白人的不信任——因为许多白人兄弟已经认识到：他们的命运同我们的命运紧密相连，他们的自由同我们的自由休戚相关。他们今天来到这里参加集会就是明证。我们不能单独行动。

当我们行动时，我们必须勇往直前。我们不能倒退。有人问热心民权运动的人："你们什么时候才会感到满意？"只要黑人依然是不堪形容的警察恐怖暴行的牺牲品，我们就决不会满意；只要奔波劳顿疲惫的身躯被公路旁的汽车旅社和城市旅馆拒之门外，我们就决不会满意；只要黑人的基本活动范围只限于从狭小的黑人居住区到较大的黑人居住区，我们就决不会满意；只要我们的孩子被"白人专用"的牌子剥夺人格，损毁尊严，我们就决不会满意；只要密西西比州的黑人不能参加选举，纽约州的黑人认为他们与选举毫不相干，我们就决不会满意；不，不，我们现在不会满意，将来也不会满意，直至公正似水奔流，正义如泉喷涌。

我并非没有注意到，你们有些人历尽艰难困苦来到这里，有些人刚刚走出狭小的牢房，有些人来自因追求自由而遭受迫害风暴袭击和警察暴虐狂飙摧残的地区。你们饱经风霜，历尽苦难。继续努力吧，要相信：无辜受苦终得救赎。

回到密西西比去吧，回到亚拉巴马去吧，回到南卡罗来纳去吧，回到佐治亚去吧，回到路易斯安那去吧，回到北方城市中的贫民窟和黑人居住区去吧。要知道，这种情况能够而且将会改变。我们切不要在绝望的深渊里沉沦。

朋友们，今天我要对你们说，尽管今天和明天困难重重，但我依然怀有一个梦。这个梦深植于美国梦之中。

我梦想有一天，这个国家将会奋起，实现其立国信条的真谛："我们认为这些真理不言而喻：人人生而平等。"

我梦想有一天，在佐治亚州的红色山冈上，昔日奴隶的儿子能够同昔日奴隶主的儿子同席而坐，亲如手足；我梦想有一天——甚至连密西西比州，一个非正义和压迫的热浪逼人的荒漠之州，也会改造成为自由和公正的青青绿洲。

我梦想有一天，我的四个小儿女将生活在一个不是以皮色，而是以品格的优劣作为评判标准的国家里；这是我今天的梦想。

我梦想有一天，亚拉巴马州会有所改变——尽管那儿种族主义猖獗横行，尽管该州州长仍在滔滔不绝地说什么要对联邦法令提出异议和拒绝执行，但总有一天，那儿的黑人儿童能够与白人儿童兄弟姐妹般地携手并行；这是我今天的梦想。

我梦想有一天，深谷弥合，高山夷平，歧路化坦途，曲径成通衢，上帝光华再现，普天下生灵共庆。

这就是我们的希望，这就是我将带回南方去的信念。有了这个信念，我们就能从绝望之山开采出希望之石；有了这个信念，我们就能把这个国家嘈杂刺耳的争吵声，变为充满手足之情的悦耳交响曲；有了这个信念，我们就能一同工作，一同祈祷，一同斗争，一同入狱，一同维护自由。因为我们知道，我们将获得自由。

这一天一定会到来。到了这一天，上帝的所有孩子都能以新的含义高唱这首歌："我的祖国，可爱的自由之邦，我为您歌唱。这是我祖先终老的地方，这是早期移民自豪的地方，让自由之声，响彻每一座山冈。"如果美国要成为一个伟大的国家，这一点必须实现。

因此,让自由之声响彻新罕布什尔州的巍峨高峰,让自由之声响彻纽约州的崇山峻岭,让自由之声响彻宾夕法尼亚州的阿勒格尼雄峰!

让自由之声响彻科罗拉多州白雪皑皑的洛基山!

让自由之声响彻加利福尼亚州的婀娜群峰!

不,不仅如此;让自由之声响彻佐治亚州的石山!

让自由之声响彻田纳西州的高山!

让自由之声响彻密西西比州的一座座山峰,一个个土丘。让自由之声响彻每一个山冈!

当我们让自由之声轰响,当我们让自由之声响彻每一个村庄,每一个州府城镇,我们就能加速这一天的到来。那时,上帝的所有孩子,黑人和白人,犹太教徒和非犹太教徒,耶稣教徒和天主教徒,将能携手同唱那首古老的黑人灵歌:"终于自由了!终于自由了!感谢全能的上帝,我们终于自由了!"

(选自《新新英语——英语学习的全新策略》,广东人民出版社,1999年版)

【交流之窗】

马丁·路德·金的梦想是高贵的,他追求人类的平等和自由;马丁·路德·金的梦想是坚韧的,他以生命和鲜血去捍卫!他给了我们追求信仰的无比勇气,他向我们展示了人类精神可能达到的高度。

● 理性之光

人生三种态度：逐求、厌离、郑重

梁漱溟

⊙ 梁漱溟　韩得刚绘

梁漱溟（1893—1988），思想家、哲学家、教育家，有"中国最后一位大儒"之称。

"人生态度"是就人们日常生活的倾向而言，向深里讲，即入了哲学范围；向粗浅里说，也不难明白。依中国分法，将人生态度分为"出世"与"入世"两种，但我嫌其笼统，不如三分法较为详尽适中。我们仔细分析：人生态度之深浅、曲折、偏正……各式各样都有，而各时代、各民族、各社会，亦皆有其各种不同之精神，故欲求不笼统，而究难免于笼统。我们现在所用之三分法，亦不过是比较适中的办法而已。

按三分法，第一种人生态度，可用"逐求"二字以表示之。此意即谓人于现实生活中逐求不已，如：饮食、宴安、名誉、声、色、货、利等，一面受趣味引诱，一面受问题刺激，颠倒迷离于苦乐中，与其他生物亦无所异；此第一种人生态度（逐求），能够彻底做到家，发挥至最高点者，即为近代之西洋人。他们纯为向外用力，两眼直向前看，逐求于物质享受，其征服自然之威力实甚伟大，最值得令人拍掌称赞。他们并且能将此第一种人生态度理智化，使之成为一套理论——哲学。其可为代表者，是美国杜威之实验主义，他很能细密地寻求出学理的基础来。

第二种人生态度为"厌离"的人生态度。第一种人生态度为人对于物的问题，第三种人生态度为人对于人的问题，此则为人对于自己本身的问题。人与其他动物不同，其他动物全走本能道路，而人则走理智道路，其理智作用特别发达。其最特殊之点，即在回转头来反看自己，此为一切生物之所不及于人者。当人回过头来冷静地观察其生活时，即感觉人生太苦，一方面自己为饮食男女及一切欲望所纠缠，不能不有许多痛苦；而在另一方面，社会上又充满了无限的偏私、嫉妒、仇怨、计较，以及生离死别种种现象，更足使人觉得人生太无意思。如是，乃产生一种厌离人世的人生态度，此态度为人人所同有。世俗之愚夫愚妇皆有此想，因愚夫愚妇亦能回头想，回头想时，便欲厌离。但此种人生态度虽为人人所同具，而所分别者即在程度上深浅之差，只看彻底不彻底，到家不到家而已。此种厌离的人生态度，为许多宗教之所由生。最能发挥到家者，厥为印度人；印度人最奇怪，其整个生活，完全为宗教生活。他们最彻底，最完全；其中最通透者为佛家。

第三种人生态度，可以用"郑重"二字以表示之。郑重态度，又可分为两层来说：其一，为不反观自己时——向外用力；其二，为回头看自家时——向内用力。在未曾回头看而自然有的郑重态度，即儿童之天真烂漫的生活。儿童对其生活，有天然之郑重，与天然之不忽略，故谓之天真；真者真切，天者天然，即顺从其生命之自然流行也。于此处我特别提出儿童来说者，因我在此所用之"郑重"一词似太严重。其实并不严重。我之所谓"郑重"，实即自觉地听其生命之自然流行，求其自然合理耳。"郑重"即是将全副精神照顾当下，如儿童之能将其生活放在当下，无前无后，一心一意，绝不知道回头反看，一味听从于生命之自然的发挥，几与向前逐求差不多少，但确有分别。此系言浅一层。

更深而言之，从反回头来看生活而郑重生活，这才是真正地发挥郑重。这条路发挥得最到家的，即为中国之儒家。此种人生态度亦甚简单，主要意义即是教人自觉地尽力量去生活。此话虽平常，但一切儒家之道理尽包含在内；如后来儒家之"寡欲""节欲""窒欲"等说，都是要人清楚地自觉地尽力于当下的生活。儒家最反对仰赖于外力之催逼，与外边趣味之引诱往前度生活。引诱向前生活，为被动的、逐求的，而非为自觉自主的；儒家之所以排斥欲望，即以欲望为逐求的、非自觉的，不是尽力量去生活。此话可以包含一切道理，如"正心诚意""慎独""仁义""忠恕"等，都是以自己自觉的力量去生活。再如普通所谓"仁至义尽""心情俱到"等，亦皆此意。

此三种人生态度，每种态度皆有浅深。浅的厌离不能与深的逐求相比。逐求是世俗的路，郑重是道德的路，而厌离则为宗教的路。将此三者排列而为比较，当以逐求态度为较浅；以郑重与厌离两种态度相较，则郑重较难；从逐求态度进步转变到郑重态度自然也可能，但我觉得很不容易。普通都是由逐求态度折到厌离态度，从厌离态度再转入郑重态度，宋明之理学家大多如此，所谓出入儒释，都是经过厌离生活，然后重又归来尽力于当下之生活。即以我言，亦恰如此。在我十几岁时，极接近于实利主义，后转入于佛家，最后方归转于儒家。厌离之情殊为深刻，由是转过来才能尽力于生活；否则便会落于逐求，落于假的尽力。故非心里极干净，无纤毫贪求之念，不能尽力生活。而真的尽力生活，又每在经过厌离之后。

（选自《读精品　品经典·哲学卷》，江西人民出版社，2011年版）

【交流之窗】

每个人都要对自己的人生有个态度，至少是个积极上进的态度，这样人生才更有意义。梁漱溟先生将人生态度分为三种，分别是逐求、厌离和郑重。逐求是世俗的路，郑重是道德的路，厌离是宗教的路。它们都各自有深浅，又相互关联，从更深层次诠释人生态度，梳理人生态度。

救世和自救

周国平

精神生活的普遍平庸化是我们时代的一个明显事实。这个事实是如此明显,以至于一个人并不需要有多么敏锐的心灵,就可以感受到了。其主要表现是:一、信仰生活的失落。人生缺乏一个精神目标,既无传统的支持,又无理想的引导。尤其可悲的是,人们甚至丧失了对信仰问题的起码认真态度,对之施以哄笑,以无信仰自夸。二、情感生活的缩减。畸形都市化堵塞了人与自然的交感,功利意识扩张导致人与人之间真情淡薄。情感体验失去个性和实质,蜕化为可模仿的雷同的流行歌词和礼品卡语言。三、文化生活的粗鄙。诉诸官能的大众消费文化泛滥,诉诸心灵的严肃文化陷入困境。娱乐性传播媒介冒充为文化主流,绝无文化素养的记者和明星冒充为文化主角,几有席卷天下之势。

毫无疑问,对于这种平庸化现象,凡注重精神生活的人都是持否定和批判的态度的。不过,其中又有区别。据我观察,可分为两大类。

一类人具有强烈的社会责任感,以拯救天下为己任,他们的反应又因性情和观念的差异而有区别。大抵而论,宗教和道德型的人主要表现为愤怒,视这个世道为末世,对之发出正义的谴责乃至神圣的诅咒,欲以此警醒世人,寻回盛世,或者审判世人,以先知的口吻预言某种末日审判。张承志是当今最典型的代表。理智型的人主要表现为忧虑,视这个世道为乱世,试图规划出某种救世方案,以重建精神生活的秩序,恢复或营造他们心目中的治世。相当一批人文学者正在为此竭精殚虑,摇唇鼓舌。不论愤怒还是忧虑,救世是共同的立场,所以我把两者归作一个类别。

另一类人是比较个人化的知识分子,相对而言,他们没有太直接的救世抱负,而是更加关注自己独立的精神探索和文化创造活动。他们对于作为一种社会现实的精神平庸化过程同样反感,但似乎不像前一类人那样有切肤之痛,如坐针毡,为之寝食不安。由于他们更多地生活在一个相当稳固的属于自己的精神世界里,因而在一定程度上隔膜于或超脱于他们所反感的那种外部变化了。他们的反应主要不是愤怒或忧虑,而更多地表现为一种近乎宽容的淡漠和蔑视。属于这一类的大抵是一些真正迷于艺术的艺术家,真正迷于学术的学者,以及执著于人生和人类根本问题之思索的哲人智者。在这样的人看来,末世论或乱世论似乎都有些危言耸听,这个世道和别的世道没有本质的不同,不过是一个俗世罢了。时代变迁,俗的表现形式相异,或官或商,无精神性则为一。所以,他们始终与俗世保持距离,而把精神上的独立追求和自我完善视为人生在世的安身立命之本。在此意义上,他们的立场可归结为自救。

当然,上述划分只是相对的,毕竟可能有一些个人性和社会性皆很强的知识分子,在他们身上,自救和救世的立场会发生重叠。我无意在这两种立场之间评优劣,以我之见,真诚的救世者和自救者都是宝贵的,我们之缺乏有感召力的传道士和启蒙思想家,一如缺乏埋头于自己园地的耕耘者。不过,就目前而言,说句老实话,我实在听厌了各种名目的文化讨论,从这些热闹中只听出了一种浮躁和空洞。无论是标榜为"新国学"的复古主张,还是以"后现代"名义装饰现状的学术拼贴,事实上都没有提出切实的救世良策,很可能只是成全了个人的一种功利欲望。至于种种关于"文化失落""人文精神失落"的喟叹,透出的多是一种焦躁不安的心态。在这种情况下,我宁愿为自救的立场作一辩护,尽管真正的自救者是不需要任何理论上的辩护的。

一个人立志从事精神探索和文化创造的事业,应该是出于自身最内在的精神需要。他在精神生活的范围内几乎一定有很重大的困惑,所以对于他来说,不管世道如何,他都非自救不可,唯自救才有生路。可是,在精神生活与世俗的功利生活之间,他的价值取向是明确而坚定的,不会有任何实质性的困惑。张三不耐贫困,弃文经商,成了大款,李四文人无行,媚俗哗众,成了大腕,这一切与他何干?他自己是在做着他今生今世最想做、不能不做的一件事,只要环境还允许(事实上允许)他做下去,何失落之有?立足于自救的人,他面对外部世界时的心态是平静的。那些面对浮躁世态而自己心态也失衡的人,他们也许救世心切也心诚,但同时我又很怀疑他们自己内心缺乏精神生活的牢固根基,要不何至于如此惶惶不安。

在当今时代,最容易产生失落感的或许是一些有着强烈的精英意识和济世雄心的知识分子。他们想做民众的思想领袖和精神导师,可是商业化大潮把他们冲刷到了社会的边缘地带,抛掷在一个尴尬的位置上。他们是很难自甘寂寞的,因为他们恰好需要一个轰轰烈烈的舞台才能发挥作用。我不认为知识分子应该脱离社会实践,但是,我觉得在中国的知识分子中,精英或想当精英的人太多,而智者太少了。我所说的智者是指那样一种知识分子,他们与时代潮流保持着一定的距离,并不看重事功,而是始终不渝地思考着人类精神生活的基本问题,关注着人类精神生活的基本走向。他们在寂寞中守护圣杯,使之不被汹涌的世俗潮流淹没。我相信,这样的人的存在本身就会对社会进程发生有益的制衡作用。智者是不会有失落感的。领袖无民众不成其领袖,导师无弟子不成其导师,可是,对于智者来说,只要他守护着人类最基本的精神价值,即使天下无一人听他,他仍然是一个智者。

  我确实相信,至少在精神生活领域内,自救是更为切实的救世之道。当今之世不像是一个能诞生新救主和新信仰的时代,但这并不妨碍每一个热爱精神文化事业的人在属于自己的领域里从事独立的探索和创造。这样的人多了,时代的精神文化水准自然会提高。遗憾的是,我们拥有许多不甘寂寞的信仰呼唤者、精神呐喊者和文化讨论者,少的是宗教、哲学、艺术上的真信徒甚至真虚无主义者。透底地说,真正精神性的东西是完全独立于时代的,它的根子要深邃得多,植根于人类与大地的某种永恒关系之中。唯有从这个根源中才能生长出天才和精神杰作,他(它)们不属于时代,而时代将跟随他(它)们。当然,一个人是否天才,能否创造出精神杰作,这是无把握的,其实也是不重要的,重要的是不失去与这个永恒源泉的联系,如果这样,他就一定会怀有与罗曼·罗兰同样的信念:"这里无所谓精神的死亡或新生,因为它的光明从未消失,它只是熄隐了又在别处重新闪耀而已。"于是他就不会在任何世道下悲观失望了,因为他知道,人类精神生活作为一个整体从未也决不会中断,而他的看来似乎孤独的精神旅程便属于这个整体,没有任何力量能使之泯灭。

(选自《教师心灵读本:成为有思想的教师》,西南师范大学出版社,2009年版)

【交流之窗】

　　一个利益至上、全民皆商的社会,必然会导致精神生活的平庸化。情感淡漠,信仰缺失……我们是该救世还是自救?作者认为,与其做一个向外的呐喊者,不如做一个向内的行动者。这个社会更需要的是"守护人类最基本的精神价值"的"智者"。

庄子：在我们无路可走的时候

鲍鹏山

⊙鲍鹏山　武更年绘

鲍鹏山，1963年出生于安徽省六安市，中国作家协会会员，大学教授。

当一种美，美得让我们无所适从时，我们就会意识到自身的局限。"山阴道上，目不暇接"之时，我们不就能体验到我们渺小的心智与有限的感官无福消受这天赐的过多福祉么？读庄子，我们也往往被庄子拨弄得手足无措，有时只好手之舞之，足之蹈之。除此，我们还有什么方式来表达我们内心的感动？这位"天仙才子"（李贽语），他幻化无方，意出尘外，鬼话连篇，奇怪迭出。他总在一些地方吓着我们，而等我们惊魂甫定，便会发现，呈现在我们面前的，是朝暾夕月，落崖惊风。我们的视界为之一开，我们的俗情为之一扫。同时，他永远有着我们不懂的地方，山重水复，柳暗花明；永远有着我们不曾涉及的境界，仰之弥高，钻之弥坚。"造化钟神秀"，造化把何等样的神秀聚焦在这个"槁项黄馘"的哲人身上啊！

　　庄子钓于濮水。楚王使大夫二人往先焉。曰："愿以境内累矣。"

　　先秦诸子，谁不想做官？"一朝权在手，便把令来行。""在其位，谋其政。""君子之仕，行其义也。"谁不想通过世俗的权力，来杠杆天下，实现自己的乌托邦之梦？庄子的机会来了，但庄子的心已冷了。这是一个有趣的情景：一边是濮水边心如澄澈秋水身如不系之舟的庄周先生，一边是身负楚王使命恭敬不怠颠沛以之的二大夫。两边谁更能享受生命的真乐趣？这可能是一个永远聚讼不已不能有统一志趣的话题。对幸福的理解太多样了。我的看法是，庄周们一定能掂出各级官僚们"威福"的分量，而大小官僚们永远不可能理解庄周们的"闲福"对真正人生的意义。这有关对"自由"的价值评价。这也是一个似曾相识的情景——它使我们一下子就想到了距庄子约七百多年前渭水边上发生的一幕：八十多岁的姜太公用直钩钓鱼，用意却在钓文王。他成功了。而比姜太公年轻得多的庄子（他死时也大约只有六十来岁），此时是真心真意地在钓鱼，且可能毫无诗意——他可能真的需要一条鱼来充实他的辘辘饥肠。庄子此时面临着双重诱惑：他的前面是清波粼粼的濮水以及水中从容不迫的游鱼，他的背后则是楚国的相位——楚威王要把境内的国事交给他了。大概楚威王也知道庄子的脾气，所以用了一个"累"字，只是庄子要不要这种"累"？多少人在这种累赘中体味到权力给人的充实感成就感？这是生命中不能承受之"重"。

　　庄子持竿不顾。

　　好一个"不顾"！濮水的清波吸引了他，他无暇回头看身后的权势。他那么不经意地推掉了在俗人看来千载难逢的发达机遇。他把这看成了无聊的打扰。如果他学许由，他该跳进濮水洗洗他干皱的耳朵了。大约怕惊走了在鱼钩边游荡试探的鱼，他没有这么做。从而也没有让这二位风尘仆仆的大夫太难堪。他只问了两位衣着锦绣的大夫一个似乎毫不相关的问题：楚国水田里的乌龟，它们是愿意到楚王那里，让楚王用精致的竹箱装着它，用丝绸的巾饰覆盖它，珍藏在宗庙里，用死来换取"留骨而贵"呢，还是愿意拖着尾巴在泥水里自由自在地活着呢？二位大夫此时倒很有一点正常人的心智，回答说："宁愿拖着尾巴在泥水中活着。"

　　庄子曰："往矣，吾将曳尾于涂中。"

　　你们走吧！我也是这样选择的。这则记载在《秋水》篇中的故事，不知会让多少人暗自惭愧汗颜。这是由超凡绝俗的大智慧中生长出来的清洁的精神，又由这种清洁的精神滋养出拒绝诱惑的惊人内力。当然，我们不能以此，来要求心智不高内力不坚的芸芸众生，但我仍很高兴能看到在中国古代文人中有这样一个拒绝权势媒聘，坚决不合作的例子。是的，在一个文化屈从权势的传统中，庄子是一棵孤独的树，是一棵孤独地在深夜看守心灵月亮的树。当我们大都在黑夜里昧昧昏睡时，月亮为什么没有丢失？就是因为有了这样一两棵在清风夜唳的夜中独自看守月亮的树。

　　一轮孤月之下一株孤独的树，这是一种不可企及的妩媚。

　　一部《庄子》，一言以蔽之，就是对人类的怜悯！庄子似因无情而坚强，实则因最多情而最虚弱！庄子是人类最脆弱的心灵，最温柔的心灵，最敏感因而也最易受到伤害的心灵……

胡文英这样说庄子：

> 庄子眼极冷，心肠极热。眼冷，故是非不管；心肠热，故感慨万端。虽知无用，而未能忘情，到底是热肠挂住；虽不能忘情，而终不下手，到底是冷眼看穿。

这是庄子自己的"哲学困境"。此时的庄子，徘徊两间，在内心的矛盾中作困兽之斗。他自己管不住自己，自己被自己纠缠而无计脱身，自己对自己无所适从无可奈何。他有蛇的冷酷犀利，更有鸽子的温柔宽仁。对人世间的种种荒唐与罪恶，他自知不能用书生的秃笔来与之叫阵，只好冷眼相看，但终于耿耿而不能释怀，于是，随着诸侯们剑锋的残忍到极致，他的笔锋也就荒唐到极致；因着世界黑暗到了极致，他的态度也就偏激到极致。天下污浊，不能用庄重正派的语言与之对话，只好以谬悠之说，荒唐之言，无端之辞来与之周旋。他好像在和这个世界比试谁更无赖，谁更无理，谁更无情，谁更无聊，谁更无所顾忌，谁更无所关爱。谁更赤条条来去无牵挂，从而谁更能破罐子破摔。谁更无正义无逻辑无方向无心肝——只是，我们谁看不出他满纸荒唐言中的一把辛酸泪呢？对这种充满血泪的怪诞与孤傲，我们怎能不悚然面对肃然起敬油然生爱？

（选自《我是太阳花》，海天出版社，2005年版）

【交流之窗】

每个人一生都会有许多选择，选择住处，选择学校，选择伴侣，选择工作等等。每一个选择都是自己思想情感和价值观的综合决断。庄子弃官求隐，寻找自己心灵的归宿，即便在无路可走时，断不改心中之志，可敬可畏！

我的人生信念

托马斯·曼 林衡哲 译

托马斯·曼(1875—1955),德国作家,1929年诺贝尔文学奖得主。

不管是简单地或详细地,我觉得要将我对人生和世界的哲学概念或信念——或许应该说是我的观点,或我的感情?——有系统地陈述出来,是非常困难的一件事。经由图像和韵律间接表达我对世界和人生问题的这种习惯并不适宜于抽象的说明。我现在的情况,倒有点像浮士德被格列卿(Gretchen)问到他对宗教的态度时一样。

当然你的意思并不是要考问我,但事实上你的询问与此相似。因为就我个人而言,我认为要说出我对宗教的感觉可以说比要说出我对哲学的感觉容易些。真的,我否认我对精神方面的问题持有任何空论的态度。我一直惊奇于有些人为何那样轻易将"上帝"这两个字说出口——或甚至于笔之于纸上。对我以及和我同类的人而言,在宗教上,某种程度的谦虚,甚至缺乏信心远比任何过度的自信更为适宜。我们似乎只能以间接的方法来研讨这问题:利用比喻,即伦理的象征,这样可以使这概念与宗教脱离关系,暂时除掉教士袍,而只从事于合乎人性的精神问题之探讨。

最近我读到一位博学的朋友讨论religio这个拉丁词的来源和历史的一篇论文。这个词的动词形为relegere或religare,它的非宗教的意义是照顾、留心、想起等。它是neglegere或negligere(疏忽大意)的反义词,意指专心、挂虑和仔细、谨慎、小心之态度而言——也就是一切不当心和疏忽的相反词。整个拉丁时代,religio这个词似乎都保持着知觉、良心上的顾虑等意思。在最早的拉丁文学里,这个词的用法就是如此,并不一定与宗教或神的事情有关。

读了这文章我觉得很高兴。我对自己说,如果那样子便算是笃信宗教,那么每位艺术家,仅以其艺术家的身份,都可大胆地自认为是笃信宗教的人了。因为还有什么会比不当心或疏忽更与艺术家的本性相悖呢?除了专心、谨慎、注意、深切的关怀——总而言之，仔细——之外，还有什么东西更能显著地表现出他的道德标准以及他与生俱来的特质呢？艺术工作者当然是最细心的人；智慧高的人都是如此，而艺术家以其创造性的才华建造人生和心智间的桥梁，只是此一类型的一种表白而已——或者我们应该说，一个特别令人欣悦的怪物？是的，细心就是这种人最明显的特征；他深切而灵敏地注意着整个宇宙精神的意旨和活动，真理之外衣的更换，正确而必需的事物，换言之，即上帝的意旨。有心智和精神的人，必须不顾那些愚蠢、受到惊讶、依恋于当代颓废和罪恶事务的民众间所引起的恶感，而全心全意地为上帝服务。

那么，艺术家、诗人——由于他不但对自己的作品，而且对善、真、和上帝的意旨都能全神贯注——可以说是一个对宗教虔诚的人了。当歌德用下列词句赞美人的高贵命运时，他的意思就是如此：

思想永远正确的人，永远完美而伟大。

再换句话说：对我这类人而言，有人性才有对宗教的信仰。我的意思并不是说人性来自对人类的神化——事实上这根本没有什么根据！当一个人的话日日与冷酷无情的事实互相矛盾时，他在观察我们这些疯狂的人类之后，还敢尽发乐观的豪语吗？每日我们都看到人类在犯着十诫里的恶事；日日我们都为其前途失望，我们非常了解为何天使们自创世以来一见到造物主对他那可疑的手工显出难解的偏心时，他们就会脸露轻蔑。然而——今天更甚以往——我觉得不管我们的怀疑如何有根据，我们绝对不能对人类心存讥讽和轻视。虽然人类的罪恶昭彰，但我们也不能忘记他在艺术的形式，科学、真理的追求，美的创造，正义的概念等方面所显露出来的伟大和可敬的特质。每当我们说出人类或人性这两个字眼时，我们便触及一个"大神秘"，如果我们对这"大神秘"已无知觉，那么我们便已经屈服于精神的死亡。

精神的死亡。这几个字听来倒很有宗教味道；而且令人有异常严肃之感。今天我们的时代特别严酷，人类的整个问题以及我们对它的看法都有着生死存亡一般的严肃。对每个人而言，尤其是对艺术家，这是一个精神存亡的问题；用宗教的术语来说，这是个救赎的问题。我深信：一位作家如果不能面对并且为他自己解决人生问题，而致背叛精神界的事物，那么他自己本身已经是不可救药了。不可避免地，他将会发育不全，他的作品将蒙受损失，他的才能将会衰退，直到他不能赋予他的创作以生命。即使在他受责难以前所创造的作品，而且一度是上乘又有生命的东西，最后也将不再给人如此的印象。它将在人们眼前呈现完全崩溃的景象。以上这些便是我的信念；我的脑子里确有这样的例子。

当我说人类是一大神秘时，我是否夸大其词了呢？人类来自何处？他来自自然，来自自然界的动物，而且行为与其同类毫无差异。但是在其身上，自然发现到他自己。自然创造了他，不仅仅是要他主宰他自己。也在他身上，自然敞开胸怀承接精神的奥妙。他探询、赞赏和判断自己，就仿佛是在一个既是他自己又是属于更高一层的一个创造物身上。发觉自己，便是有良心，能辨别善恶。较人类低一层的自然不知道这些。他是"无罪的"。但在人类身上，他便有罪了——也就是"所谓堕落"。人类便是自然离弃纯洁之后的堕落；这不是下降，而是上升，也就是说，有良心之情况乃是高于无罪之状态。基督徒所谓的"原罪"不仅是使人接受教会控制的一种策略。那是作为精神体的人对其天生的柔弱、犯错的倾向，以及在精神上能够超越这些弱点的一种深切的觉醒。这是对自然的不忠吗？绝对不是。那是对自然最深邃的要求之反应。自然之创造出人类就是为了他本身的精神化。

这些概念既合乎基督教义，又合乎人情。而且很明显的，如果我们今天特别强调我们西方文化的基督教性质，对我们将会有益处。对于今天那些未受足够教育而企图"征服基督教"的一些人，我最具反感。我同样深信未来的人类——也就是现在正从各种的努力和试验吸取生命，且为当代优秀人才努力奋斗的目标，那是即将诞生的，包含全人类的一种新知觉——在基督教信仰的精神里，在基督教的二元论（亦即灵魂和肉体、精神和生命、真理和"此世界"）中，这种人文主义将永不会耗尽其生命力。

我深信人类的一切努力，必须能有助于这种新的人类的知觉之诞生，才能算是好的，值得的，当我们这个无望又无领导者的阶段过去之后，所有人类将生活在这一知觉的庇护与支配之下。我深信我这些分析和综合的努力。只有当它们与这即将来临的诞生有关时，它们才有意义和价值。事实上，我相信一个新的，第三类人一定会到来，在面貌和基本性质上都将与其前辈不同。他以乐观的态度注视人类，但他不是过分夸赞人类，因为他有前人所没有的经验。他勇敢地面对人类的黑暗、凶恶，这些极端原始的一面；而对其超生物的精神价值也怀有敬仰。这新的人将是全世界性的——他会有艺术家的态度；就是说，他能认出人类伟大的价值和美好乃在于人类是属于两大领域，自然界和精神界。他会知道在这一事实内，并不含有浪漫的冲突和悲剧的二元论；而是命运和自由抉择之完美有效的融合。基于此，才有对人类的爱心，而人类的悲观与乐观在此爱心中也会互相消融了。

年轻的时候，我迷惑于那将生活和精神、肉欲和超度互相对立的悲观而浪漫的宇宙观。从这宇宙观中艺术得到一些最迷人的结果——虽然迷人，但对人类而言，却没有什么真实的意义与合理的价值。简言之，我是华格纳的信徒。但是大概由于年龄增长的关系，我的爱心和注意力逐渐地集中在一个更适当更健全的典范上：那便是歌德。他是恶魔和文雅的混合体，也因此使他成为人类的骄子。我并不是轻率地选择他作为我穷毕生之力以赴的史诗之英雄，他是一位得到天地万物赐福的人。

约瑟夫的父亲雅各曾对他如此赐福。这并不是说他真可以得到这样的赐福，而是说他就是这样子受到赐福，是希望他幸福的一个愿望。就我而言，这是对我理想的人类最简要的说明。不管是在心灵和人格领域内的任何地方，只要我能发现我把这些理想表现出来，例如黑暗和光明，情感和理智，原始和文明，智慧和愉快的心灵等之融合——简言之，即我们所谓人的那有人性的神秘体：我就献出我最诚挚的忠诚，我的心就有其安心的所在。让我说得更清楚些：我的意思并不是把浪漫变得更微妙，也不是把野蛮变得更精致。我只是将自然阐明，那便是文化；作为艺术家的人类，艺术乃是人类步向了解自己的崎岖道上的向导。

对人类的一切爱需留待未来，对艺术之爱也是如此。艺术就是希望……我并不是断言人类未来的希望落在艺术家的肩膀上，而是说艺术是所有人类希望的表现，是幸福而平衡的人类的影像和模范，我喜欢常常想着：一个未来即将到来，那是一切非由智能控制的艺术，我们都将斥之为魔术，没有头脑不负责任的本能之产品。我们所以斥责它，就如它在像我们现在所处这样无能的时代里受到赞扬一样。事实上，艺术并非完全是甜美和光明。它也不全然像地球深处那么黝黑、盲目与古怪，它不仅仅是"生活"。未来的艺术家对其艺术将有更清晰、更恰当的见解；艺术是天使的魔术，它是生活和精神之间有翅膀、有魔力、有幻影的调和者，因为一切调和之本身便是精神。

（选自《理想的桂冠——诺贝尔文学奖获奖者文萃》，经济日报出版社，2000年版）

【交流之窗】

生命中有很多精神内核是要坚守的，托马斯·曼通过本文阐述自己的艺术观，并认为艺术家首先要坚守生命中的知觉和良心，艺术家通过对生活的细心观察，敏锐感知灵魂所在。而这条追求真理的道路注定崎岖不平，注定孤独甚或以死殉道。但真正的艺术家就应该坚守这种精神，创造这个时代上真正伟大的艺术作品。

自由的精神

勒尼德·汉德

勒尼德·汉德(1872—1961),美国法官、法学家。

我们聚集在这里肯定一种信念,一种对共同目的、共同信仰和共同的献身精神的信念。我们中有些人已选定美国作为自己的国家;其他人则是做出这种选择的人的后代。为此原因,我们有权把自己看成是一个经过精选的群体,它的成员勇于同过去决裂,勇于面对在一个陌生国度遇到的危险和孤寂。是什么目标激励我们或我们的前人做出这一选择的呢?我们追求自由:不受压迫的自由,免遭贫困的自由,独立自主的自由。我们当时追求这一目标,现在我们相信自己通过奋斗达到了这一目标。当我们说我们首先追求自由的时候,意味着什么呢?我经常怀疑,我们是否对宪法、法律和法庭寄予过多的希望。这些是虚幻的希望,真的,这些是虚幻的希望。自由存在于人们的心中;一旦它在人们心中死去,没有任何宪法、法律或法院能拯救它;甚至没有任何宪法、法律或法庭能给予它多大帮助。当自由存在人们心中时,无须宪法、法律或法庭去拯救它。那么这一必须存活于人们心中的自由究竟是什么呢?它不是冷酷无情,不受约束的意志;不是随心所欲的自由。那是对自由的否定,直接导致自由的毁灭。倘若在一个社会中人们不承认对他们的自由应有所控制,那么它很快会变成一个只让一小撮凶狠残暴的人拥有自由的社会。对这一点我们已有痛苦的教训。

什么是自由的精神?我无法给它下定义,只能告诉你们我自己的信念。自由的精神即是对其是否正确不很有把握的精神;自由的精神即是尽力去理解别人的见解的精神;自由的精神即是将别人的利益与自己的利益不带偏见一并考虑的精神;自由的精神铭记,即使一只麻雀落地也该引起注意;自由的精神也就是基督的精神,他在将近二千年之前教给人类从未学过,从此难忘的一课:有可能出现一个王国,在那里人们对最伟大者和最渺小者不分贵贱，一视同仁。现在，以这种精神，以这种从未存在、或许永不会有的美国——唯美国人的良知和勇气才能创造它——所具有的精神，以某种形式深藏在我们大家心中的那个美国的精神，以我国的年轻人此刻正为之战斗献身的那个美国的精神，我请求你们起立，与我一起宣誓效忠于对我们可爱的国家光辉前程的信仰。

（选自《世界演讲名篇鉴赏辞典》，上海辞书出版社，2000年版）

【交流之窗】

　　这是一篇极好的论说文，也是一篇优秀的演讲稿。生命诚可贵，爱情价更高，若为自由故，二者皆可抛。相比之下，自由最为重要。人类要宣扬自由精神，才能创造更文明的世界。阅读本文，作者告诉你什么是自由的精神。

沉思录（节选）

马可·奥勒留·安东尼　　吴　琼　等译

马可·奥勒留·安东尼（121—180），毕业于萨利圣学院，罗马帝国皇帝。

每天早晨都要提醒自己，在这一天结束之前，自己遇到的除了好管闲事之人、举止粗鲁之人、傲慢之人，还有欺诈之人、嫉妒之人和孤僻之人。他们之所以乖张骄横，是因为他们不清楚何为善、何为恶，所以明白善是美的、恶是丑的，就是我的必修课了。这些人的本性和我一样，因为我们同样分享着神性。我不可能被他们中的任何一个人伤害，因为没有人可以强迫我做坏事。我也不会迁怒和憎恨这些与我一样的人，我们天生就应该互相帮助，正如身体的各个部分应该共同协作一样。我们之间的斗争都是有违本性的。因此，冲突和矛盾是与自然相违背的。

不管我是什么人，我的身体都是包括肉体、呼吸和支配各个部分的心灵，丢开你的书本，来看看身体的本原意义吧。不要将你的肉体看得比你在濒临死亡的时候还要宝贵，它只是血液、骨骼等的集合体而已。你的呼吸只不过是排出和吸进空气。剩下的就是支配各部分的心灵了。假设你现在是个老人，不要让这最宝贵的东西在被压抑的情况下消沉。不要对你的现状不满，或对将来心存恐惧。……

随时都要记住你是一个人，而且是一个罗马人。因此，你的每一次行动都必须保持着高贵、庄严、仁慈、正直和公平的气度，要把每一次行动都当成最后一次来珍惜。做人既不可虚伪，也不可自私。一个人只要把握很简单的一点儿东西就能像神一样过一种宁静的生活。

无论是好人还是坏人，都要面对生死、荣誉、苦乐和贫富等问题。他们的本质没有善恶之分。人的一生转瞬即逝，我们的能力会减弱，身体会衰老。灵魂就像是一个涡流，命运之谜无法解释，身后的名声也将迅速被人们忘怀。我们的心灵将寄于何处？唯有哲学是心灵安息之所。我们要让自己内心的品质不受摧残,不受伤害,超越痛苦和快乐,避免任何虚伪和矫饰,泰然接受自己的命运。

不要将心思花在别人身上,不要探听别人的事情,也不要对别人任意猜度。除了你想对人说的事情,其他事情就不要去想。于是,你灵魂中所有的就是真诚、善良和无私的东西。有了这些品质,你就与神司和神佐没有什么两样,从而也就能准确运用自己的品质了。要乐观,不要依赖外在的帮助,也不要向别人乞求幸福,只有这样,一个人方能凭自己的腿独自站立,而不需要拐杖。

如果你在人类生活中发现有比正义、真理、节制和坚定更好的东西,或者有比听从理性和天命更好的生活,那就全身心地去追求这最高的幸福吧。但如果没有什么东西比你自己宝贵的神性更好,如果别的一切和它相比都微不足道,那就不要为此而分心。你的选择应该始终如一,永远朝向至善。让所有的繁杂事务都从你脑中消失吧。

人们喜欢到海边、山谷或其他人烟稀少之处隐居。你也会渴望这种清幽僻静之所。但这种想法仍然流于庸俗,如果你愿意,你可以退隐到自己的心灵中。恬淡、平和的心灵,是世界上最清静的幽居之所。所以,我们要善于利用心灵,彻底地净化心灵,祛除里面的一切杂念。要这样做,就要准备一些精准简洁的概念,使你的悟性不致失于虚假。退隐到这个幽僻的角落吧,这里没有烦恼、忧愁,一切都是那么的平静。

如果你认为自己并没有受到伤害,那么抱怨也就会消失。

如果你受到了别人的冒犯,不要计较他的观点,更不要以他期待的方式去看待问题,而要实事求是。撒落在一个祭坛上的乳香,总会是一个先落下,一个后落下,它们之间并没有区别。

……事物自身的好坏绝对不会因所受到的称赞而发生改变。品德会不会因为人们说它好而变好,说它坏而变坏呢?即使没人能说出一块美玉的价值,但谁也无法否认它的光芒。

我们说的话和做的事,大都是没有意义的。如果把这些都取消的话,我们就会有更多的空闲和更少的麻烦。同样,我们也要舍弃那些无用的思想,因为无用的思想会导致无聊的行动。

人的一生是转瞬即逝的,也是微不足道的,今天活着,明天就变成了灰尘。我们应该妥善安排这短暂的过程,满意地离去。就像果实成熟后脱落一样,你也应该感谢承载你生长的那棵树木。

当你早晨不想起床的时候,你不妨这么对自己说:"我要起来去做作为人应该做的工作,对此难道应该有什么不满吗?难道我生下来就是为了在被窝里睡觉吗?"毋庸置疑,行动是我们每一个人存在的目的。……

做符合你本性的工作吧,不要被别人的话语或批评所影响。遵循本性所做的事情,就不要怕别人的意见。奋勇向前,为了自己和大家的利益。

有人对你有所恩惠便索要报答,有人虽不期求回报,但却始终想着自己做过的好事,将你看成他的受惠者。还有人做了好事,根本就不把它放在心上。这样的人就如同那葡萄藤,只要结出葡萄就心满意足,根本就不会指望别人的感恩。真正仁慈的人绝不会夸耀自己的善行,只要有机会,他马上去着手另一件善行,就像葡萄藤在来年会继续开花结果一样。

如果你的举动与格言的标准有所偏差,切勿沮丧或失望。失败了要从头开始,只要你做的大部分事情符合人的本性,就应该欣慰。

报复的最好方法是不要仿效害人者的行为。经常做对人有益的事情,在宽以待人中感受做人的乐趣。

只要做好自己的分内之事,这就足够了,其他的事无须牵挂。

恶并不是什么新鲜东西。当你在发生危险的时候,最好把它当成是司空见惯的现象。你将在任何时间、任何地点见到这样的事情,不会见到更新奇的东西。所有事物都是普通的,短暂的。

看着天上星星的运动,仿佛是你们在一起运行。如此考虑,就会涤除人世间的诸多污秽。

不要一下子就想好自己的一生，那样只能徒增烦恼，也不要想未来还没有发生的事情。过去和将来都不重要，唯一重要的是现在。如果只是考虑现在，那问题就简单了。当你日渐沉迷在忧愁之中时，你应该及时地制止自己。

不论在什么条件下，我的心灵都是满足的。世界上有什么苦难会让我心绪不宁，或让我变得卑鄙和贪婪呢？如果没有，那还有什么能造成这种混乱呢？

行动要敏捷，说话时要条理清楚，情绪稳定。不要将过多的事情揽到自己头上。有人在诅咒你吗？这并不能干扰你保持纯净、明智和公正的心灵。如果一个人诅咒一泓清澈的泉水，他的脏话绝不会对这清泉有丝毫的玷污。如果他竟然把泥土扔进清泉，清泉也会迅速将之冲散，而不会受到污染。如何才能让你拥有清泉而不是一潭死水呢？那就是你应该保持满足、谦虚和温厚的美德。

不要像一个摇桨的奴隶那样忙个不停，也不要像苦力一样为了得到人们的怜悯或注意而做事情。

善恶只存在于积极的行动之中，而不是存在于感官印象里。因此，让人类快乐或痛苦的不是感觉，而是行动。

一个人应让所有的人都不能给他加上恶名，如果有人认为你虚伪，那你就应该通过行动来否定他的话。如果你能做到这样，谁能妨碍你做个正直、诚实的人呢？

（选自《思想的盛宴——一口气读完100部西方思想经典》，贵州教育出版社，2010年版）

【交流之窗】

人生短暂，不要沉浸于过去，也不要幻想未来，要把握当下，不要被别人左右，不要生活在别人的影子里，要自信自己是一个高贵庄严的人，要全身心地去追求幸福。《沉思录》漫谈人生哲理，句句发人深思。

我的世界观

爱因斯坦 许良英 译

⊙ 爱因斯坦 何作栋绘

爱因斯坦(1879—1955),美国物理学家。犹太人,原籍德国,1921年获诺贝尔物理学奖。

我们这些总有一死的人的命运是多么奇特啊!我们每个人在这个世界上都只作一个短暂的逗留,目的何在,却无所知之,尽管有时自以为对此若有所感。但是,不必深思,从日常生活就可以明白:人是为别人而生存的——首先是为那样一些人,他们的喜悦和健康关系着我们自己的全部幸福;然后是为许多我们所不认识的人,他们的命运通过同情的纽带同我们密切结合在一起。我每天上百次地提醒自己,我的精神生活和物质生活都依靠着别人(包括生者和死者)的劳动,我必须尽力以同样的分量来报偿我所领受了的和至今还在领受着的东西。我强烈地向往着简朴的生活,并且时常为发觉自己占用了同胞的过多劳动而难以忍受。我认为阶级的区分是不合理的,它最后所凭借的是以暴力为根据。我也相信,简单淳朴的生活,无论在身体上还是在精神上,对每个人都是有益的。

我完全不相信人类会有那种在哲学意义上的自由。每一个人的行为不仅受着外界的强迫,而且还要适应内在的必然。叔本华说,"人虽然能够做他所想做的,但不能要他所想要的。"这句话从我青年时代起,就对我是一个真正的启示;在我自己和别人生活面临困难的时候,它总是使我们得到安慰,并且永远是宽容的源泉。这种体会可以宽大为怀地减轻那种容易使人气馁的责任感,也可以防止我们过于严肃地对待自己和别人;它还导致一种特别给幽默以应有地位的人生观。

要追究一个人或自己或一切生物生存的意义或目的,从客观的观点看来,我总觉得是愚蠢可笑的。可是每个人都有一定的理想,这些理想决定着他的努力和判断的方向。就在这个意义上,我从来不把安逸和享乐看作生活目的的本身——这种伦理基础,我叫它猪栏的理想。照亮我的道路,并且不断地给我新的勇气去愉快地正视生活的理想,是善、美和真。

要是没有志同道合者之间的亲切感情，要不是全神贯注于客观世界——那个在艺术与科学工作领域里永远达不到的对象，那么在我看来，生活就会是空虚的。人们所努力追求的庸俗目标——财产、虚荣、奢侈的生活——我觉得都是可以鄙视的。

我对社会正义和社会责任的强烈感觉，同我显然的对别人和社会直接接触的淡漠，这两者总是形成古怪的对照。我实在是一个"孤独的旅客"，我未曾全心全意地属于我的国家、我的家庭、我的朋友，甚至我最接近的亲人；在所有这些关系面前，我总是感觉到一定距离并且需要保持孤独——而这种感受正与年俱增。人们会清楚地发觉，同别人的相互了解和协调一致是有限度的，但这不足惋惜。这样的人无疑有点失去他的天真无邪和无忧无虑的心境；但另一方面，他却能够在很大程度上不为别人的意见、习惯和判断所左右，并且能够不受诱惑地去把他的内心平衡建立在这样一些不可靠的基础之上。

我的政治理想是民主主义。让每一个人都作为个人而受到尊重，而不让任何人成为崇拜的偶像。我自己受到了人们过分的赞扬和尊敬，这不是由于我自己的过错，也不是由于我自己的功劳，而实在是一种命运的嘲弄。其原因大概在于人们有一种愿望，想理解我以自己的绵薄之力通过不断的斗争所获得的少数几个观念，而这种愿望有很多人却未能实现。我完全明白，一个组织要实现它的目的，就必须有一个人去思考，去指挥，并且全面担负起责任来。但是被领导的人不应该受到强迫，他们必须有可能选择自己的领袖。在我看来，强迫的专制制度很快就会腐化堕落。因为暴力所招引来的总是一些品德低劣的人，而且我相信，天才的暴君总是由无赖来继承，这是一条千古不变的规律。就是这个缘故，我总是强烈地反对今天我们在意大利所见到的那种制度。像欧洲今天所存在的情况，已使得民主形势受到了怀疑，这不能归咎于民主原则本身，而是由于政府的不稳定和选举制度中与个人无关的特征。我相信美国在这方面已经找到了正确的道路。他们选出了一个任期足够长的总统，他有充分的权力来真正履行他的职责。另一方面，在德国的政治制度中，我所重视的是，它为救济患病或贫困的人做出了比较广泛的规定。

在人生丰富多彩的表演中，我觉得真正可贵的不是政治上的国家，而是有创造性的、有感情的个人，是人格；只有个人才能创造出高尚的和卓越的东西。

讲到这里,我想起了群众生活中最坏的一种表现,那就是使我所厌恶的军事制度。一个人能够洋洋得意地随着军乐队在四列纵队里行进,单凭这一点就足以使我对他轻视。他所以长了一个大脑,只是出于误会;单单一根骨髓就可满足他的全部需要了。文明国家的这种罪恶的渊薮,应当尽快加以消灭。由命令产生的勇敢行为,毫无意义的暴行,以及在爱国主义名义下一切可恶的胡闹,所有这些都使我深恶痛绝!在我看来,战争是多么卑鄙、下流!我宁愿被千刀万剐,也不愿参与这种可憎的勾当。尽管如此,我对人类的评价还是十分高的,我相信,要是人民的健康感情没有被那些通过学校和报纸而起作用的商业利益和政治利益蓄意败坏,那么战争这个妖魔早就该绝迹了。

我们所能有的最美好的经验是奥秘的经验。它是坚守在真正艺术和真正科学发源地上的基本感情。谁要是体验不到它,谁要是不再有好奇心也不再有惊讶的感觉,他就无异于行尸走肉,他的眼睛是模糊不清的。就是这种奥秘的经验——虽然掺杂着恐怖——产生了宗教。我们认识到有某种为我们所不能洞察的东西存在,感觉到那种只能以其最原始的形式为我们感受到的最深奥的理性和最灿烂的美——正是这种认识和这种情感构成了真正的宗教感情;在这个意义上,而且也只是在这个意义上,我才是一个具有深挚的宗教感情的人。我无法想象一个会对自己的创造物加以赏罚的上帝,也无法想象他会有像我们在自己身上所体验到的那样一种意志。我不能也不愿去想象一个人在肉体死亡以后还会继续活着,让那些脆弱的灵魂,由于恐惧或者由于可笑的唯我论,去拿这种思想当宝贝吧!我自己只求满足于生命永恒的奥秘,满足于觉察现存世界的神奇的结构,窥见它的一鳞半爪,并且以诚挚的努力去领悟在自然界中显示出来的那个理性的一部分,即使只是其极小的一部分,我也就心满意足了。

(选自《犹太名人读本——感动过全世界的文字》,内蒙古人民出版社,2004年版)

【交流之窗】

　　凭科学发现，爱因斯坦被公认为20世纪最伟大的科学家；而同时，他也是个真正意义上的伟人。他强烈地向往简朴生活，他将"财产、虚荣、奢侈的生活"看作是可鄙的庸俗的目标，他有强烈的社会正义感和社会责任感，他痛恨专制和战争，他坚守在真正艺术和科学发源地上。

第五编
向死而生

⊙ 彪炳丹青 邹华桢书

● 单元导读

帕乌斯托夫斯基所著的《金蔷薇》有这样一则故事：渔村里，一代又一代的居民几乎全都死在海上。一名游客好奇地问："大海太危险了，你们为什么不换一种生活方式呢？"渔村里的小伙子反问道："是人，都会死去，在床上死去跟在海上死去有什么区别吗？"死亡是任何一个生命体从诞生之日起就需面对的终极问题，对此，德国大哲学家海德格尔在《存在与时间》里写道："死是人之最本己的，无所关联的，确知而不确定，超不过的可能性。"他将死亡看作是可能性，人生毫无疑问是一步步在走向死亡。所以，人生在世的过程就是"向死而生"的过程。

这并不是指死亡就可以得到新生，而是将死亡的可能性自己承担起来。面对自己的死亡，凭借自己的良心，自己筹划自己，把自己的可能性开展出去，一举一动都有自己的身影所在，而非带着别人的痕迹。既然"死是一件不必急于求成的事，死是一个必然会降临的节日"，有什么事情不能去做呢？真切地认识到了死，我们才会更好地把握当下，为明天的一切可能性有所作为，以更超脱的姿态去战胜死亡，而不再选择庸庸碌碌，也不会迷失在那些看似重要实则次要的事情中无法自拔！

但很多人依旧对死怀着莫名的恐惧与敬畏，甚而在言说中保持沉默，成为"死亡禁忌"。然而，你是否有想过，逃避对死的思考在某种意义上就是在逃避对生的思考。所以人们对死的敬畏其实是建立于对生的终极追问上，对死敬畏的背后是生命个体对生的眷恋与对人生体验的顾盼。虽然"生"与"死"在终极意义上成为不可逾越的鸿沟，但人类也试图在价值层面沟通二者的关系："人固有一死，或重于泰山，或轻于鸿毛。"通过将对立的"生—死"这一生理现象转化为人生价值问题，从而使"死"具有了超验的和形而上的终极意义。由此，在人类理性视域中，"生—死"更多地成为一种文化现象、精神现象，涉及人生的根本问题与终极关怀。

那么面对人生之秋，老之将至，甚至死亡降临，我们应是何种心情，何种态度？本编"向死而生"就要借先贤之口，向大家解答疑惑。先贤们以他们的无悔选择，诠释了肉体虽灭，精神流芳的另一种永恒，也让我们看到，面对不可抗拒的死亡，看似弱小的人类，又将迸发出何等震慑人心、何等高贵的力量！希望在了解了先哲们的反思与抉择之后，我们对待死亡的态度可以由忧虑畏惧升华到洞悉生命的意义，进而更懂得珍惜与拥抱当下。

● 文学之花

五人墓碑记

张 溥

张溥（1602—1641），字乾度，明朝文学家。

　　五人者，盖当蓼洲周公①之被逮，激于义而死焉者也。至于今，郡之贤士大夫请于当道，即除魏阉②废祠之址以葬之，且立石于其墓之门，以旌其所为。呜呼！亦盛矣哉！

　　夫五人之死，去今之墓而葬焉，其为时止十有一月耳。夫十有一月之中，凡富贵之子，慷慨得志之徒，其疾病而死，死而湮没不足道者，亦已众矣。况草野之无闻者欤！独五人之皦皦，何也？

　　予犹记周公之被逮，在丁卯三月之望。吾社之行为士先者，为之声义，敛赀财以送其行，哭声震动天地。缇骑③按剑而前，问："谁为哀者？"众不能堪，抶而仆之。是时以大中丞抚吴者，为魏之私人，周公之逮所由使也，吴之民方痛心焉。于是乘其厉声以呵，则噪而相逐。中丞匿于溷藩④以免。既而以吴民之乱请于朝，按诛五人，曰：颜佩韦、杨念如、马杰、沈扬、周文元，即今之傫然在墓者也。

　　然五人之当刑也，意气扬扬，呼中丞之名而詈之，谈笑以死。断头置城上，颜色不少变。有贤士大夫发五十金，买五人之脰而函之⑤，卒与尸合。故今之墓中，全乎为五人也。

　　嗟乎！大阉之乱，缙绅⑥而能不易其志者，四海之大，有几人欤？而五人生于编伍之间，素不闻《诗》《书》之训，激昂大义，蹈死不顾，亦曷故哉？且矫诏纷出，钩党⑦之捕，遍于天下，卒以吾郡之发愤一击，不敢复有株治。大阉亦逡巡畏义，非常之谋⑧，难于猝发。待圣人之出，而投缳道路⑨，不可谓非五人之力也。

　　由是观之，则今之高爵显位，一旦抵罪，或脱身以逃，不能容于远近，而又有剪发杜门，佯狂不知所之者。其辱人贱行，视五人之死，轻重固何如哉?是以蓼洲周公,忠义暴于朝廷,赠谥美显,荣于身后;而五人亦得以加其土封⑩,列其姓名于大堤之上。凡四方之士,无有不过而拜且泣者,斯固百世之遇也!不然,令五人者保其首领,以老于户牖之下,则尽其天年,人皆得以隶使之,安能屈豪杰之流,扼腕墓道,发其志士之悲哉?故予与同社诸君子,哀斯墓之徒有其石也,而为之记,亦以明死生之大,匹夫之有重于社稷也。

贤士大夫者,冏卿因之吴公,太史文起文公,孟长姚公也。

[选自《古文观止译注(下册)》,上海古籍出版社,2006年版]

【注释】①蓼(liǎo)洲周公:周顺昌,号蓼洲。明末吴县人,万历年间进士。为官清廉。因得罪太监魏忠贤而死在狱中。②魏阉(yān):指魏忠贤。明熹宗时太监,擅权专行。③缇骑(tí jì):这里指明代专门逮捕人犯的东厂和锦衣卫特务机关的吏役。④溷藩(hùn fān):溷:厕所。藩:篱笆。⑤脰(dòu):颈项。这里指头。函:匣子。这里用作动词,放在匣子里。⑥缙绅:旧时指官僚。⑦钩党:相牵连的同党。⑧非常之谋:指篡夺帝位的阴谋。⑨圣人:这里指崇祯皇帝。投缳道路:崇祯即位后,魏忠贤被贬。他自知罪大恶极,在路上自缢身亡。⑩土封:坟墓。

【交流之窗】

苏州五人称得上"蹈死不顾"的"义士",称得上敢于直面黑暗现实、正视淋漓鲜血的"勇士",也称得上"有重于社稷"的"国士"。五人"谈笑以死……轻重固何如哉?"这便是"死生之大"的真正内涵。但在葬墓的石碑上镌刻的却是"五人之墓",为什么不刻"五义士(勇士/国士)之墓"呢?"人"字一撇一捺,头顶苍天,双脚着地。你觉得一个真正的人,应该是怎样的?

与妻书

林觉民

林觉民(1887—1911),字意洞,号抖飞,"黄花岗七十二烈士"之一。

意映卿卿如晤①:

吾今以此书与汝永别矣!吾作此书时,尚是世中一人;汝看此书时,吾已成为阴间一鬼。吾作此书,泪珠和笔墨齐下,不能竟书而欲搁笔,又恐汝不察吾衷,谓吾忍舍汝而死,谓吾不知汝之不欲吾死也,故遂忍悲为汝言之。

吾至爱汝,即此爱汝一念,使吾勇于就死也。吾自遇汝以来,常愿天下有情人都成眷属。然遍地腥云,满街狼犬,称心快意,几家能彀②?司马青衫③,吾不能学太上之忘情也④。语云:仁者"老吾老以及人之老,幼吾幼以及人之幼"。吾充吾爱汝之心,助天下人爱其所爱,所以敢先汝而死,不顾汝也。汝体吾此心,于啼泣之余,亦以天下人为念,当亦乐牺牲吾身与汝身之福利,为天下人谋永福也。汝其勿悲!

汝忆否?四五年前某夕,吾尝语曰:"与使吾先死也,无宁汝先吾而死。"汝初闻言而怒,后经吾婉解,虽不谓吾言为是,而亦无词相答。吾之意盖谓以汝之弱,必不能禁失吾之悲,吾先死留苦与汝,吾心不忍,故宁请汝先死,吾担悲也。嗟夫!谁知吾卒先汝而死乎?吾真真不能忘汝也!回忆后街之屋,入门穿廊,过前后厅,又三四折,有小厅,厅旁一室,为吾与汝双栖之所。初婚三四个月,适冬之望日⑤前后,窗外疏梅筛月影,依稀掩映。吾与汝并肩携手,低低切切,何事不语?何情不诉?及今思之,空余泪痕。又回忆六七年前,吾之逃家复归也,汝泣告我:"望今后有远行,必以告妾,妾愿随君行。"吾亦既许汝矣。前十余日回家,即欲乘便以此行之事语汝。及与汝相对,又不能启口,且以汝之有身也,更恐不胜悲,故唯日日呼酒买醉。嗟夫!当时余心之悲,盖不能以寸管形容之。

吾诚愿与汝相守以死,第⑥以今日事势观之,天灾可以死,盗贼可以死,瓜分之日可以死,奸官污吏虐民可以死,吾辈处今日之中国,国中无地无时不可以死。到那时使吾眼睁睁看汝死,或使汝眼睁睁看我死,吾能之乎?抑汝能之乎?即可不死,而离散不相见,徒使两地眼成穿而骨化石,试问古来几曾见破镜能重圆?则较死为苦也。将奈之何?今日吾与汝幸双健。天下人之不当死而死,与不愿离而离者,不可数计。钟情如我辈者,能忍之乎?此吾所以敢率性就死不顾汝也。吾今死无余憾,国事成不成自有同志者在。依新已五岁,转眼成人,汝其善抚之,使之肖我。汝腹中之物,吾疑其女也,女必像汝,吾心甚慰。或又是男,则亦教其以父志为志,则吾死后尚有二意洞在也。甚幸,甚幸!吾家后日当甚贫,贫无所苦,清静过日而已。

吾今与汝无言矣。吾居九泉之下,遥闻汝哭声,当哭相和也。吾平日不信有鬼,今则又望其真有。今人又言心电感应有道,吾亦望其言是实,则吾之死,吾灵尚依依傍汝也。汝不必以无侣悲。

吾平生未尝以吾所志语汝,是吾不是处,然语之又恐汝日日为吾担忧。吾牺牲百死而不辞,而使汝担忧,的的非吾所忍。吾爱汝至,所以为汝谋者唯恐未尽。汝幸而偶我,又何不幸而生今日之中国!吾幸而得汝,又何不幸而生今日之中国!卒不忍独善其身。嗟夫!巾短情长,所未尽者,尚有万千,汝可以模拟得之。吾今不能见汝矣!汝不能舍吾,其时时于梦中得我乎?一恸!

辛亥三月廿六夜四鼓　意洞手书。

家中诸母皆通文,有不解处,望请其指教,当尽吾意为幸。

(选自《中国近现代人文名篇鉴赏辞典》,上海辞书出版社,2014年版)

【注释】①意映,作者妻子的名字。卿卿,旧时夫妻间的爱称,多用于对女方的称呼。②毂:同"够"。③司马青衫:出自白居易《琵琶行》。这里用以表达自己深切同情人民疾苦的心情。④太上之忘情:古人有"太上忘情"之说,意思是修养最高的人,忘了喜怒哀乐之情。⑤望日:农历每月十五日。⑥第:但。

【交流之窗】

　　旦日起义的炮声就要响起,在"碧血横飞"的前夜,林觉民面对死亡,不仅临危不惧,还充分考虑妻子的担忧,奋笔而就这封诀别书。"吾充吾爱汝之心,助天下人爱其所爱"这种以天下为己任,甘愿牺牲自己的壮举,是林觉民超越死亡畏惧做出的精神抉择,令人敬佩!听听童安格为此创作的《诀别》一曲,能更充分地体会一种面对生命的绝对意义即将丧失时,人的精神的壮烈和永恒。

文天祥千秋祭

卞毓方

卞毓方，1944年生于江苏，社会活动家、教授、作家。

一

怦然令我心跳的，是他已活了760岁。七个多世纪，一个不朽的生命，从南宋跨元、明、清、民国昂昂而来，并将踏着无穷的岁月凛凛而去。他生于公元1236年。当他生时，"直把杭州作汴州"的临安朝廷，已经危在旦夕，人们指望他能挽狂澜于既倒，扶大厦之将倾，然而，毕竟"独柱擎天力弗支"，终其一生，他没能，也无法延续赵宋王朝的社稷。他就在47岁那年化作啼鹃去了。当他死时，不，当他走向永生，九州百姓的精神疆域，陡地竖起了又一根立柱，虽共工也触不倒的擎天玉柱。

他是状元出身，笔力当然雄健，生平留下的皇皇笔墨，正不知有凡几。只是，真正配得上他760岁生命的，则首推他在零丁洋上的浩歌。那是公元1279年，农历正月，他已兵败被俘，恰值英雄末路，在元军的押解下，云愁雾惨地颠簸在崖山海面。如墨的海浪呵，你倾翻了宋朝的龙廷，你噬碎了孤臣的赤心。此一去，"百年落落生涯尽，万里遥遥行役苦""以身殉道不苟生，道在光明照千古"。无一丝一毫的张皇，在这生与死的关头，他坦然选择了与国家民族共存亡。但见，一腔忠烈，由胸中长啸而出，落纸，化作了黄钟大吕的绝响。这就是那首光射千古的七律《过零丁洋》："辛苦遭逢起一经，干戈寥落四周星。山河破碎风飘絮，身世浮沉雨打萍。惶恐滩头说惶恐，零丁洋里叹零丁。人生自古谁无死？留取丹心照汗青！"

假如文天祥在这时候就死去，结局又会怎样？毫无疑问，他是可以永生的了。南宋遗民清楚这一点。所以，他的战友、庐陵人王炎午，才在他被押往北方的途中，张贴了数十份《生祭文丞相文》，疾呼："大丞相可死矣！"敦促他舍生取义，保全大节。他自己又何尝不明白这一点。因此，一路上才又是服毒，又是绝食，自谓"惟可死，不可生"。然而，且慢——打量历史，我们只能作这般理解——日月还要从他的生命摄取更多的光华；社会还要从他的精神吸收更多钙质；盘古氏留下的那柄板斧，需要新的磨刀石；长江和黄河，渴求更壮美的音符。一句话，他的使命还没有结束。于是，同年十月，他就在一种求死不得、欲逃又不能的状态下抵达元大都燕京。

二

在北地，考验他的人格的，是比杀头更严峻的诱降。诱降决无刀光剑影，却能戕灭一个人的灵魂。但见，各种身份的说客轮番登门，留梦炎，就是元人打出的第一张"王牌"。

留梦炎是谁？此公不是凡人。想当初，他和文天祥，曾同为南宋的状元宰相。然而，两人位同志不同，就是这个留大宰相，早在公元1275年的临安保卫战中，就伙同权奸陈宜中，暗里策划降元。为此，他极力干扰文天祥率军驰卫，而后又弃城、弃职逃跑。待到临安沦陷，他又拿家乡衢州作献礼，摇身变成元朝的廷臣。

留梦炎一见文天祥，就迫不及待地推销他的不倒翁哲学。他说："信国公啊，今日大宋已灭，恭帝废，二帝崩，天下已尽归元朝，你一人苦苦坚持，又顶得了什么用呢？那草木，诚然还是赵家的草木，那日月，却已经是忽必烈大汗的日月了。"

天祥转过身去，只给他一个冷背。真的，你让葵藿如何与狗尾巴草对话？你让铁石如何与秽土论坚？留梦炎之流的后人对乃祖的投降哲学又有发挥，最形象、最直白的是"有奶便是娘"。岂知这种"奶"里缺乏钙质，他们的骨头永远不得发育。此辈精神侏儒，哪里识得文天祥的"千年沧海上，精卫是吾魂"！哪里配闻他的"人生自古谁无死？留取丹心照汗青"！

不识相的留梦炎仍然摇唇鼓舌，聒噪不已。天祥不禁怒火中烧，他霍然转身，戟指着留梦炎痛骂："你今天来，就是给我指这条出路的吗？你这个卖国卖祖卖身的奸贼！你，身为大宋重臣而卖宋，可是卖国？身为衢州百姓而卖衢州,可是卖祖?身为汉人而卖汉节,可是卖身?……"

"你、你、你——老夫本是一番好意,你不听也罢,凭什么要血口喷人?"留梦炎饶是厚脸昧心,也搁不住文天祥这一番揭底剥皮,当下脸上红白乱窜,低头鼠窜而去。

九岁的赵显,堪称是元人手里那种不带引号的王牌。这位南宋的小恭帝,国隆的日子没有赶上,国破的日子似乎也不觉得太痛苦。同是亡国废帝,南唐后主李煜的依恋:"春花秋月何时了,往事知多少!小楼昨夜又东风,故国不堪回首月明中。雕栏玉砌应犹在,只是朱颜改。问君能有几多愁,恰似一江春水向东流。"只怕他是既不识梦寻,也不懂悲怀。元人想到了杠杆原理,想着废物利用,比如,现在就让他以旧主子的身份,出面劝说文天祥归顺。古话说一物降一物,你文天祥不是最讲忠君吗!那么你看,这会儿是谁来了?

文天祥料到元人会有这一着,怕的也就是这一着。因此,思想上早做好了准备。他没等赵显走上会同馆的台阶,赶紧跨出门槛,来个先发制人。但见他抢前数步,挡住赵显,然后南向而跪,口呼"臣文天祥参见圣驾",随即放声痛哭。小皇帝被这突如其来的哭声闹懵了,傻乎乎地站在那里,说不出一句话。

天祥这一场大哭,本是策略,旨在让故恭帝无从开口。但他哭着哭着,想到今日幼主为人所制,竟不自知,而自己和千万忠臣义士浴血疆场,抵死搏战,还不就是为了保卫赵宋江山!一时心中涌上万般酸楚,不由动了真情,遂跪地不起,长哭不已,并且一迭声地泣呼:"圣驾请回!"

赵显这边慌了手脚,越听哭声心里越发毛,早把元人教给的言语,忘了个一干二净。少顷,又搁不住文天祥的一再催促,便乐得说声"拜拜",转身回头,辚辚绝尘而去。

劝降招安活动并没有就此止步。这就要谈到元世祖忽必烈——也就是那位一代天骄成吉思汗的孙子。平心而论,忽必烈也称得上是一代枭雄,他不仅识得弯弓射大雕,还尽懂得治理天下。且说眼前,他就深知接管汉室,光凭蒙古人的力量,是不能畅达无阻的,须得借助汉人,实行"以汉治汉"才行。而在汉人中,最具号召力、影响力,因此也最能帮他巩固统治秩序的,当数文天祥无疑。所以,天祥愈是不屈,他就愈想招安。留梦炎、赵显两番碰壁,这一次,他就转派中书平章政事阿合马上阵。

胜利者多的是淫威。此时不要威风，更待何时！阿合马在一干僚臣的簇拥下，趾高气扬地来到会同馆正厅，着人传文天祥。

一会，文天祥从容步出。他虽然衣单形瘦，眉宇举止仍不失大国之相的雍容。天祥站在厅内，以宋朝官礼向阿合马行一长揖，随后泰然入座。

阿合马眯缝着眼打量文天祥，恶声问："姓文的，知道是谁在跟你讲话吗？"

天祥微微一笑："听人说，来的是宰相。"

"既知我是宰相，为什么不下跪？！"

天祥扬得一扬眉："我是南朝宰相，南朝宰相见北朝宰相，彼此彼此，哪有下跪之理？"

"嘿嘿！你既是南朝宰相，又怎么到这儿来的呀！"阿合马抖抖朝服，晃晃珠冠，戏谑地发出一阵嚎笑。

天祥面如闲云，待阿合马笑够了，笑不下去了，才盯住他的眼：

"老实告诉你，南朝要是早用我为宰相，你们一定打不到南方去，我们也不会落到这个地步！"

阿合马先是被天祥盯出一阵寒颤，接着又被他的回答激得恼羞成怒，无奈辞拙，找不出话来反驳。试想，大草原的马背上摔打出来的将军，总共才读过几行书，论说理，哪里是江南士子的对手。何况他今天面临的又是彻底陌生的语言和行为系统！阿合马没了辙，只好抛出撒手锏：

"老子不跟你斗嘴皮。你要晓得，你的性命，可是捏在老子的掌心！"

这又显出了阿合马的浅陋。像文天祥这样的一代奇男，是杀头所能吓趴的吗？！岂不知"高人名若浼，烈士死如归"！文天祥固然无法预见，700年后有个叫毛泽东的，把太史公司马迁"人固有一死，或重于泰山，或轻于鸿毛"的箴言，定音为人品人格的最高层次。不过，他在缧绁之中，倒是常拿了这几句诗勉励自己："千年成败俱尘土，消得人间说丈夫""一死鸿毛或泰山，之轻之重安所处"！

天祥听罢阿合马的恫吓，果然昂首挺胸，一脸不屑："要杀便杀，说什么捏在你的掌心不掌心！"

消息反馈给忽必烈。这位元朝的开山始祖，眼见诱导不成，威逼也无效，但他仍不死心。这就见出了他的目力，一代政治家的战略巨眼。同时也折射出一个饶有深意的现象：在人类的发展史上，在权力的高地，往往是那些敌对派别的首领,也就是对峙的双峰,才更为了解,更为识得对方的价值。

忽必烈心生一计,下令将文天祥铐上长枷,送入兵马司囚禁。为了耗蚀文天祥的锐气,消磨他的精神,还规定不准带一仆一役,日常做饭、烧茶、洗衣,乃至打扫园林,都要他自己动手。

一月后,他们估计文天祥肯定经受不了这番折辱,想必已经回心转意,于是让丞相孛罗亲自出马,伺机渡文天祥投诚。

历史记载这一日天寒地冻,漫空飞雪。文天祥随狱卒来到枢密院,他看到孛罗之外,还有平章张弘范,另有院判、签院多人。天祥往厅堂中央一站,草草行了个长揖。通事(翻译)喝道:

"跪下!"

天祥略一摆手:"你们北人讲究下跪,我们南人讲究作揖。我是南人,自然只行南礼。"

孛罗听通事译完,气得乱髭倒竖。他吸取了阿合马的教训,决定先来个下马威。于是喝令将文天祥强行按跪。几名侍卫一拥而上,又拖又拽又按又压,强迫文天祥屈膝。奈何强按不是真跪,天祥仍奋力抬起头,双目射出凛凛的威光。

孛罗冷笑:"文天祥,你现在还有什么话要说的呀?"

"天下事有兴有废,自古帝王将相,因国破而遭杀身之祸的,哪一代没有?"天祥亢声说,"我今日忠于大宋王朝,沦为阶下囚,只求速死。"

孛罗追问:"就这些,再没别的了吗?"

天祥正色:"我是宋朝宰相,国破,论职务唯有一死,战败被俘,按法律也唯有一死,还有什么其他可讲的!"

"你说天下事有兴有废,我问你,从盘古到咱今天,一共有过多少帝王呀?"孛罗摇晃着脑瓜,摆出一副蛮有学问的样子。

"莫名其妙!"天祥露出无限蔑视,"一部皇皇十七史,你让我从哪里说起呀?我今天又不是来赴博学宏词科,哪有工夫陪你闲扯!"

孛罗这才想到有点文不对题。但他是丞相,且负有劝降重任,所以不得不强自镇定。随后又挖空心思,多方诘难,企图从根本上摧毁文天祥的自尊,以便乘隙诱归。也真是,整个江山都已姓元不姓宋了,你一个文天祥,还倔强个什么?这当口,只要文天祥的膝盖稍微那么一弯,立马就可以获得高官厚禄。奈何，奈何他的膝盖天生就不会向敌人弯曲。"亦知夏夏楚囚难，无奈天生一寸丹！""忠肝义胆不可状，要与人间留好样！"文天祥打定主意就是誓死不降。孛罗忍受不了这种刺激，终于又归于了阿合马一路。他站起身，一掌扫落案上的杯盏，歇斯底里地狂吼：

"文天祥！你一味想死，我偏不叫你就死！我要囚禁你，让你求死不能，求生不得！"

天祥哈哈一笑，从留梦炎到赵显到阿合马到孛罗，已足以让他看出元朝统治者的黔驴技穷。他仰得一仰头，运气丹田，声震屋瓦：

"文某取义而死，死且不惧，你囚禁又能把我怎样？"

三

漫长的囚禁生涯开始了。

站在文明文化的角度看，这是人类的一场灾难。一个死去700年犹然光芒四射的人物，一个再过700年将依然如钻石般璀璨的人物，当年，他生命的巅峰状态，却是被狭小的土牢所扼杀、窒息。且慢，正是站在文明文化的角度看，这又是人类的一大骄傲。迄南宋以来，不，迄有史以来，东方爱国主义圣坛上一副最具典型价值的人格，恰恰是在元大都兵马司的炼狱里丰盈、完满。

说到文天祥的崇高人格，我们不能不想到他那些撼天地、慑鬼神的诗篇。请允许我在此将笔稍微拐一下。纵观世界文学史，最为悲壮、高亢的诗文，往往是在人生最激烈、惨痛的漩涡里分娩。因为写它的不是笔，是生命的孤注一掷。这方面，中国的例子读者都很熟悉，就不举了。国外太大，姑且画一个小圈子，限定在文天祥同一时代。我想到意大利的世界级诗人但丁，他那在欧洲文学史上具有划时代意义的《神曲》，便是在流亡生活最苦难的阶段孕育。圈子还可以再画小，比如威尼斯旅行家、仅仅早文天祥四年到达燕京的马可·波罗，日后也是在热那亚的监狱里，口述他那部蜚声世界的游记。本文前面提到的太史公司马迁和南唐后主李煜，亦无例外，他两人分别是在刑余和亡国之后，才写下可歌可泣的力作。观照文天祥，情形也是如此。在他传世的诗文中，最为撼人心魄的，我认为有两篇。其一，就是前文提到的《过零丁洋》；其二，则是在囚禁中写下的《正气歌》。

你想知道《正气歌》的创作过程吗？应该说，文天祥早就在酝酿、构思了。滂沛在歌中的，是他自幼信奉的民族大义；呼啸在歌中的，是他九死一生的文谏武战；最后，催生这支歌的，则是他的宁死不屈的坚贞，以及在土牢里遭受的种种恶浊之气的挑战。何为恶浊之气？关押文天祥的牢房，是一处狭窄、阴暗的土室，每当夏秋，外有烈日蒸晒，暴雨浸淫，内有炉火炙烤，加之朽木、霉米、腐土、垃圾，联合进攻，空气是坏得不能再坏的了。这时候的文天祥，愈加显出了他一腔凛然沛然浩然的正气，在常人难以忍受的恶劣环境里，照旧坐歌起吟，从容不迫。他把这些恶浊之气，总结为"水、土、白、火、米、人、秽"七种，并向天地宣称："彼气有七，吾气有一，以一乱七，吾何患焉！"——这就激发了他一生中最为高昂的《正气歌》。

让我们把镜头摇到公元1821年夏末的一个晚上。那天，牢房里苦热难耐，天祥无法入睡，他翻身坐起，点起案上的油灯，信手抽出几篇诗稿吟哦。渐渐地，他忘记了酷热，忘记了弥漫在周围的恶气浊气，仿佛又回到了"夜夜梦伊吕"的少年时代，又成了青年及第、雄心万丈的状元郎，又在上书直谏、痛斥奸佞、倡言改革，又在洒血攘袂、出生入死、慷慨悲歌……这时，天空中亮起了金鞭形的闪电，随后又传来了隐隐的雷声，天祥的心旌突然分外摇动起来。他一跃而起，摊开纸墨，提起笔，悬腕直书：

> 天地有正气，杂然赋流形。
> 下则为河岳，上则为日星。
> 于人曰浩然，沛乎塞苍冥。
> 皇路当清夷，含和吐明庭。

文天祥驻笔片刻，凝神思索。他想到自幼熟读的前朝英烈：春秋的齐太史、晋董狐，战国的张良，汉代的苏武，三国的严颜、管宁、诸葛亮，晋代的嵇绍、祖逖，唐代的张巡、颜杲卿、段秀实，他觉得天地间的正气正是充塞、洋溢在这十二位先贤的身上，并由他们的行为而光照日月。历史千百次地昭示，千百次啊：一旦两种健康、健全的人格走碰头，就好比两股涌浪，在大洋上相激，又好比两颗基本粒子，在高能状态下相撞，谁又能精确估出它所蕴藏的能量！又一道闪电在空中划过，瞬间将土牢照得如同白昼，文天祥秉笔书下：

> 时穷节乃见,一一垂丹青。
> 在齐太史简,在晋董狐笔,
> 在秦张良椎,在汉苏武节……

一串霹雳在天空炸响,风吹得灯光不住摇曳,文天祥的身影被投射到墙壁上,幻化成各种高大的形状,他继续俯身狂书:

> 是气所磅礴,凛烈万古存;
> 当其贯日月,生死安足论。
> 地维赖以立,天柱赖以尊;
> 三纲实系命,道义为之根……

室外,突至的雨点开始鞭抽大地。室内,天祥前额也可见汗淋如雨。然而他顾不得擦拭,只是一个劲地笔走龙蛇。强风吹开了牢门,散乱了他的头发,鼓荡起他的衣衫,将案上的诗稿吹得满屋飘飞,他兀自目运神光,浑然不觉。天地间的正气、先贤们的正气仿佛已经流转灌注到了他的四肢百骸、关关节节!

　　啊啊,古今的无穷雄文宝典,在这儿都要黯然失色。这不是寻常诗文,这是中华民族的慷慨呼啸。民族精魂在历史发展的紧要关头,常常要推出一些人来为社会立言。有时它是借屈原之口诵吟"哀民生之多艰",有时它是借霍去病之口诵吟"匈奴未灭,何以家为!",这一次,便是借文天祥之口诵吟《正气歌》。歌之临空,则化为虹霓;歌之坠地,则凝作金石。五岳千山因了这支歌,而更增其高;北斗七星因了这支歌,而益显其明;前朝仁人因了这支歌,而大放光彩;后代志士因了这支歌,而脊梁愈挺。至此,文天祥是可以"求仁得仁"、从容捐躯的了,他已完成在尘世的使命,即将跨入辉煌的天国。

> 哲人日已远,典型在夙昔。
> 风檐展书读,古道照颜色。

写完最后四句,文天祥掷笔长啸。室外,滂沱大雨裂天而下,夹杂着摧枯拉朽的电闪雷鸣,天空大地似乎将要崩裂交合了。天祥凝立不动,身形俨如一尊山岳!

(选自《长歌当啸》,东方出版中心,2011年版)

【交流之窗】

　　读完本文,你是否感受到了文天祥"威武不能屈"的傲骨精神?当他化作啼鹃去了,作者说"他走向永生"。他的形体毁灭了,而爱国的精神却永存。文天祥没有完成复宋的历史使命,却在囚禁中,求生不能,求逃不成的处境中,将要慷慨赴义之时完成了《正气歌》的创作。他的视死如归,正是"向死而生"的英勇实践,是"中国的脊梁"!

安于途中

连玉基

连玉基,当代作家。

从起点到终点,其距离就是途中。

感觉生命总是在途中。就像候鸟,总是从南飞到北,又从北飞到南;就像泉水,总是从溪流入河,又从河流入海;就像花草,总是从春长到夏,又从夏长到秋。是的,自从离开起点以后,生命就总是在途中,在时间与空间的途中。而且不管情愿与不情愿,总是在日渐靠近某个可知的或未知的终点,这很自然——有花开就有花谢,有日出就有日落,有起点就有终点。但对一些具体的生命而言,似乎出发就是为了抵达,似乎付出就要有结果,于是必经的过程被视作漫长的等待,总是在途中就感觉到生命最大的煎熬和无奈。

然而,抵达真的那么重要吗?终点真的那么美好吗?等待或许会是一种煎熬,然而生命总是在途中真的就只有无奈吗?

水汽抵达天空或许就成了彩虹,蛹到了生命的尽头或许就成了蝴蝶,但并不是所有的抵达和终点都具有终极辉煌。花朵的终点是凋谢,道路的终点是绝境,生命的终点通常是死亡。即使水汽是因为抵达天空才成为彩虹,蛹是因为到了生命的尽头才成为蝴蝶。它们也是分别经历了一定的转化和蜕变过程,才各自化为虹和化为蝶的——是过程成就了它们最终的美。

其实,过程对于任何一个生命体都具有至关重要的不可替代的作用。我们甚至可以说,过程即生命;或者说,生命就是一个个过程的完整体现,是无数生活细节的集结。而终点不过是生命的界限,主要用于喻示生命体的完结;它有可能构成生命的升华,却绝不会是生命的目的。

但我们往往将最美好的愿望寄于终极。仿佛最美好的风景只是在彼岸,而此岸只是一种过渡,是一段抵达某处的旅途。因此对此处的风景常常会忽视，并习惯于生活总是在别处。当然，每一个至美的终极愿望都必须受到肯定，但是生活不是只有这些，也不该只有这些。活着，也不能只追求刹那的辉煌和完成某种使命，或是为了去到某一个地方而赶一段路，如果生是为了死，就像花朵是为了凋谢才盛开，这样的生命，存在的意义还有多大？

生命不是一次简单的奔赴死亡之约，每一个高品质的生命，或者有高品质愿望的生命，都必须首先做到安于途中。因为生活并不总是在别处，生命也只有在途中成其为生命。就像候鸟，只有在不停地从南飞到北，又从北飞到南，才构成其一生的迁徙；就像泉水，只有不断地从溪流入河，又从河流入海，才体现其自身的运动。

生命也不完全是为了抵达。就像泉水，并不是非要到达怎样的地方才算完成使命；就像花草，并不是非要到达哪个季节才算实现价值。因为生命中绝大部分风景总是在途中。生命主要是为了经历。就像候鸟，不停地迁徙，就是为了经历季节和风雨；就像泉水，不息地流动就是为了经历交汇和起伏。尽管具体的经历总是显得那样琐碎、那样平凡、那样漫长又是那样不胜其烦，但是，恰恰是它们构成了一个个真实的精彩的人生，这才是生命弥足珍惜的状态。

每一个安于途中的生命都将尽享人生！

（选自《中学话题作文必备精美时文·思辨篇》，南方出版社，2003年版）

【交流之窗】

你是否在深夜里害怕过一眠不起？生命的终点是死亡，但过程却不是一次简单的奔赴死亡之约。它是参透生死关系后勇敢地面对"死"，更积极地"生"，关注"生"的每个阶段，充实丰满的人格内涵。"天空中没有翅膀的痕迹，但我已飞过。"生活中永远没有旁观者的席位，我们总可以找到自己的位置，总有属于我们自己的一片天空。

一片树叶（节选）

东山魁夷　　陈德文　译

东山魁夷（1908—1999），日本风景画家、散文家，主要散文集有《听泉》等。

　　人应当更谦虚地看待自然和风景。为此，固然有必要出门旅行，同大自然直接接触，或深入异乡，领略一下当地人们的生活情趣。然而，就是我们住地周围，哪怕是庭院的一木一叶，只要用心观察，有时也能深刻地领略到生命的涵义。

　　我注视着院子里的树木，更准确地说，是在凝望枝头上的一片树叶。而今，它泛着美丽的绿色，在夏日的阳光里闪耀着光辉。我想起当它还是幼芽的时候，我所看到的情景。那是去年初冬，就在这片新叶尚未吐露的地方，吊着一片干枯的黄叶，不久就脱离了枝条飘落到地上。就在原来的枝丫上，你这幼小的坚强的嫩芽，生机勃勃地诞生了。

　　任凭寒风猛吹，任凭大雪纷纷，你默默等待着春天，慢慢地在体内积攒着力量。一日清晨，微雨乍晴，我看到树枝上缀满粒粒珍珠，这是一枚枚新生的幼芽凝聚着雨水闪闪发光。于是我感到百草都在催芽，春天已经临近了。

　　春天终于来了，万木高高兴兴地吐翠了。然而，散落在地面上的陈叶，早已腐烂化作泥土了。

　　你迅速长成一片嫩叶，在初夏的太阳下浮绿泛金。对于柔弱的绿叶来说，初夏，既是生机旺盛的季节，也是最易遭受害虫侵蚀的季节。幸好，你平安地迎来了暑天，而今正同伙伴们织成浓密的青荫，遮蔽着枝头。

　　我预测着你的未来。到了仲夏，鸣蝉将在你的浓荫下长啸，等一场台风袭过，那嘒嘒蝉鸣变成了凄切的哀吟，天气也随之凉爽起来。蝉声一断，代之而来的是树根深处秋虫的合唱，这唧唧虫声，确也能为静寂的秋夜增添不少雅趣。

　　你的绿意，不知不觉黯然失色了，终于变成了一片黄叶，在冷雨里垂挂着。夜来，秋风敲窗，第二天早晨起来，树枝上已经消失了你的踪影。只看到你所在的那个枝丫上又冒出了一个嫩芽。等到这个幼芽绽放绿意的时候，你早已零落地下，埋在泥土之中了。

这就是自然，不光是一片树叶，生活在世界上的万物，都有一个相同的归宿。一叶坠地，绝不是毫无意义的。正是这片片黄叶，换来了整个大树的盎然生机。这一片树叶的诞生和消亡，正标志着生命在四季里的不停转化。

同样，一个人的死关系着整个人类的生。死，固然是人人所不欢迎的。但是，只要你珍爱自己的生命，同时也珍视他人的生命，那么，当你生命渐尽，行将回归大地的时候，你应当感到庆幸。这就是我观察庭院里的一片树叶所得的启示。不，这是那片树叶向我娓娓讲述的生死轮回的要谛。

（选自《东山魁夷散文选》，百花文艺出版社，1989年版）

【交流之窗】
你一定听过"滴水藏海"的说法，一个人的死亡和一片树叶的飘落，其实没有什么不同，在扑向死亡之途，万物所呈现出来的价值和状态至少是一样的。并且个体生命的终结，丝毫不会影响大千世界一切存在的延续。面对生死，我们还有什么纠结而想不开、放不下的呢？学会向死而生吧，只有这样人生才会无边辽阔，日子才会静静流淌。

遗嘱

果戈理　　童道明　译

果戈理(1809—1852),俄国批判主义作家。

趁头脑还清醒,我把自己最后的意愿陈述如下:

Ⅰ.我遗嘱在我的身体没有出现明显腐烂迹象之前,别忙着将我埋葬。所以要指出这一点,是因为在我患病期间,在我身上已经有过假死现象,心脏和脉搏停止了跳动……鉴于在生活中我已多次目睹由于我们愚蠢的操之过急而酿成的悲剧(这类悲剧发生在一切方面,甚至发生在殓葬过程中),因此我将此项要求列入遗嘱的头条,但愿我的人之将死的声音能提醒大家行动切切谨慎。把我的遗体随便埋葬在一个什么地方好了,谁要是过多地关注已经不属于我的腐烂的肉体,谁就傻得等于是在向吞食烂肉的蛆虫顶礼;我希望更多地为我的灵魂祈祷,与其张罗各种葬仪,倒不如代我向穷人们施舍一些惠而不费的午餐。

Ⅱ.我遗嘱不要为我建造任何纪念碑,连想也不要想这类与基督教徒身份不合的俗事。要是在我的亲朋好友之中真有爱我者,那么他也应用另一种方式为我立碑:他将以锲而不舍的生活毅力,激励众生的德行把碑石树立在自己的心田,谁于我死后在精神上较之于我生前提高了一截,谁就是真正爱我的人,是我的朋友,也只有这样才能为我建立起一块丰碑。因为我本人——不管我本人有多么渺小,始终在激励我的朋友们。在最近一个时期与常相过从的朋友中,没有一个人会在黯然伤神的时刻,看到我有什么沮丧的神情,尽管我本人也有悲伤的时刻,我的苦痛也并不比别人少——但愿他们中的每个人都能在我死后记住这一点,并重新思索所有我对他说过的话,重读在这一年前我写给他的所有信札。

Ⅲ.我遗嘱谁也不要为我哭泣,谁要是把我的死视为一大损失,谁便要负起道德的罪责。即便我当真做过什么好事,当真已经开始履行我应当履行的职责,而死亡使我中断了一件不是为少数人而是为多数人服务的事业,那么也无需陷入无谓的悲痛之中。甚至如果死的不是我,而是一位的确于现今的俄国大有用处的俄国人,那么任何一个活着的人也无需垂头丧气;尽管有用之才的过早夭折,可以认为是天庭震怒的表现,上苍有意以此耗蚀一批有助于接近我们向往之目标的武器与工具。我们不应该在遇到一切突如其来的损失之时陷入哀伤之中,而是应该严格地审视自己,需要思索的不是别人的黑暗,不是天下的黑暗,而是自己心中的黑暗。灵魂的黑暗可怕之极,为什么需要等到冷酷的死神已经站到你面前时才发现这灵魂的黑暗!

Ⅳ. 我遗嘱我的所有同胞(作此遗嘱的唯一的理由是,任何一个作家在他身后都应该把某种良善的思想作为财富留给读者),我留给他们一部我写得最好的作品,这部作品名叫《告别的书》。他们会看到,这部书是面向他们的。作为最好的宝藏,作为上帝对我的恩慈的见证,我已经长久地把它珍藏于我心中。它是谁也看不到的我从小就流淌的眼泪的源泉。我把它作为遗产留给大家。但我恳求我的任何一位同胞都不要感到委屈,如果他们在书中听到有什么类似教诲的声音。我是个作家,而作家的职责不仅仅给读者的心智提供闲情惬意的愉悦,如果他的作品不能陶冶心灵,不能对人有所教益,那么这位作家就要被严厉地追究责任。但愿我的同胞同样能够想到,即便不是作家,每个要告别这个世界的兄弟也有权利给我们留几句兄弟般的临别赠言,而在这种场合人们不会在乎他的地位低微、无权无势和才识庸下。需要记住的是,将死之人能比在世上打转转的大活人对某些事物看得更真切。然而,尽管我拥有足够的权利,但我仍然不敢在此讲述你们能在《告别的书》中听到的话,因为灵魂不洁、沉疴在身、心力交瘁的我现在不配说出那些话。然而,另外一种更为重要的理由在推动着我:同胞们!可怕呀!……灵魂因为震栗而归于寂静,这只是因为感应到了死后的恢宏和上帝的灵魂的崇高创造,与这崇高创造相比,一切我们可以目及的、曾使我们惊讶过的上帝伟业,不过是沧海一粟。整个的垂死的我在呻吟,因为我感觉到我们在生活中播下的种子在惊人地大大膨胀,而在播种之初完全没有想到从中会生长出什么样的骇人的怪物……也许,我的《告别的书》能对那些迄今还把生活视为游戏的人多少有所助益,他们的心灵哪怕能多少听到它的庄严的神秘以及这神秘中的珍贵之极的天堂之声。同胞们!……我不知该如何称呼你们。就把虚礼抛到一边吧！同胞们，我爱你们，这爱是无法言喻的，这爱是上帝赐予我的，为此我要感谢他，就像感谢他给予我的最好施舍，因为我在极其痛苦的时刻正是这爱给了我欢乐与慰藉——以这个爱的名义我恳求你们用心来接受我的《告别的书》。我起誓：这本书不是我的杜撰，它是我心灵的自然流露，是上帝历尽苦难的教育之果，而它的声音来自我们共同的俄罗斯种族的隐秘的伟力，按此种族的血缘，我是你们共同的近亲。

Ⅴ. 我遗嘱在我死后别匆忙地在报刊上赞扬或贬抑我的作品：这样的急于褒贬的做法会像在我生前一样的有失公允。我的作品中值得批评的地方远比值得赞美的地方多。对于我的作品的任何攻击都有不同程度的根据。在我面前谁也没有过错。谁要是以我的名义对什么人在什么方面进行责难，谁便是不诚实和不公正的。我还要大声宣布，除了已经出版的，都不是属于我的作品。所有被我付之一炬的手稿，都是在不自主的病态状态下写成的苍白无力之作。因此，日后如有人假借我的名义发表什么作品，请把这视为卑劣的伪造。然而，我愿拜托我的朋友们日后把我自1844年年底写给他们的书信搜集一起，严加筛选，择其有益于人心者，弃其无谓的游戏文字，编成单册出版。这些书信曾使收信人多少获益，上帝是仁慈的，或许，它们还将有益于其他人，这样我就能从我心中多少消释一些因为我过去创作中的碌碌无功而承担的沉重责任。

Ⅵ. 我遗嘱我死后的版税收入归我母亲和姐妹所有，但这要在与穷人分享的前提下。不管我的亲人们如何贫寒，她们永远会记住，在世上还有比她们更贫寒的人。她们只能接济那些真正想改变生活、努力上进的穷人。为此，她们应深入了解每个穷人的情况，只有在情况完全了解之后才能提供经济支持。这些钱来之不易，不能随便把它们扔到天空中。我的全部不动产，早就奉送给了我母亲，如果15年前做出的确认这所别墅归属的文件还显得不够明确，那么我在此重申一次，以便今后无人敢与我母亲争夺其所有权。请母亲和姐妹在我死后重读我近三年来给她们写的信，特别不要遗漏那些看来仅仅涉及家业的信件：信中很多内容在我死后能理解得更清楚。在我死后，她们中的任何人已经无权仅仅属于自己，而是属于所有受苦受难的人们。她们的房屋和庄园与其说是像地主的家宅，毋宁说是像旅客之家和朝圣香客之家，每个过路来客在此都将得到如亲人一样的接待,都将亲切地向他们问寒问暖,问他们有何需求,至少要对他们讲点宽心的话,使得所有人在离开村子时都能得到心灵的慰藉。要是有习惯于贫寒生活的过客不便在地主家宅过夜,那么可以把他领到村中一个心地善良的殷实农民的家里,以便他也能用聪明的开导帮助来客,对他问寒问暖,用理智的祝愿振奋来客的精神,然后将情况呈报主人,以便他们再加进自己的建议,使得每个人离开村子时多少能得到心灵的慰藉。

Ⅶ. 我遗嘱……但我意识到我已经无从遗嘱。我的一项所有权已经横遭剥夺:未经本人许可,我的一张肖像画刊印了。由于诸多无需解释的原因,我不想这样做,我没有给任何人公布我肖像的权利,在这之前所有为此目的的登门请求的书商都遭我严拒;只有在一种情况下我才认为可行——如果上帝帮助我完成了我毕生追求的事业,而且完成得如此出色,以至于全体同胞异口同声说,我已经忠诚地完成了自己的事业,他们甚至渴望一睹这位一直在默默耕耘、不图浮名的人的面容。与此相关联的还有另外一个情况:我的画像碰上这种机遇定会销路大畅,从而也使雕刻它的画家得到一笔可观的收入。这位画家多年在罗马雕刻拉斐尔的不朽的《基督变容图》。他把一切都奉献给了耗蚀他青春岁月与健康生命的创作,并且把现已接近尾声的工作完成得如此完美,任何一个雕刻家都会自叹弗如。但由于定价偏高、知音太少的缘故,他的铜版画不可能畅销到足以酬谢他为此所花去的心血;我的肖像画或许能对他有所帮助。现在我的计划落空了:任何人的肖像一经刊印,便成了刊印铜版画或石版画的印刷业主的私有物。可是如果情况会是这样:在我死后出版的我的书信集竟能获得某种社会效益(哪怕仅仅是获得这种社会效益的真诚愿望),同胞们也许会想看一看我的画像,那么我恳请那些印刷业主们慷慨地放弃自己的权利;而那些对一切名人怀有过分的热情,保存着一张本人画像的读者们,我请求他们在读到这段文字后就立即将它毁掉,尤其是如果那画像画得很拙劣,与本人不相像的话。他们只能购买注明"约尔达诺夫所刻"字样的画像。这样就至少做了一件公正的事。而如果谁手头宽裕,能以购买《基督变容图》来取代我的肖像画,那就更加公正了。即便是外国人,也把那幅铜版画视为雕刻艺术的王冠和俄国的光荣。

我的这份遗嘱务必在我死后立即刊登在所有报刊上，为的是不会有人因为没有读到它而成为我的无辜的罪人，并忍受内疚于心的痛苦。

（选自《阅读俄罗斯》，上海三联书店，2008年版）

【交流之窗】

《遗嘱》作为果戈理《告别的书》这一部饱受争议的作品的开篇之作，否定了一切好大喜功的纪念留名。他不在乎形体肉身，而重视精神信念；他不惧怕生命的死亡，而强调灵魂的永存。果戈理只想为自己的同胞留下最后的思想感念，安慰一群还在苦难中迷茫的兄弟姐妹，构建自我的心灵，将比生理上的存在更有价值意义。

● 理性之光

临终辩词

苏格拉底

苏格拉底（前469—前399），古希腊著名的哲学家。

亲爱的雅典同胞们：所剩的时间不多了，你们就要指责那些使雅典城蒙上污名的人，因为他们把那位智者苏格拉底处死。而那些使你们也蒙上污名的人坚称我是位智者，其实并不是。如果你们再等一段时间，自然也会看见一个生命终结的事情，因为我的年纪也不小，接近死亡的日子实在也不远了。但是我并不是要对你们说话，而是要对那些欲置我于死地的人说话。同胞们：或许你们会以为我被定罪是因为我喜好争辩，其实如果说我好辩的话，那么只要我认为对的话我或许还可以借此说服你们，并替自己辩护，尚可免处死刑，其实我并不是因好辩被判罪，而是被控竟敢胆大妄为向你们宣传异端邪说，其实那些只不过像平常别人告诉你们的话一样罢了。

但是我不以为，为了避免危险起见，就应该去做不值得一个自由人去做的事，也不懊悔我用现在这样的方式替自己辩护。我宁可选择死亡，也不愿因辩护得生存。因为不管是我还是任何其他的人，在审判中或打仗时，利用各种可能的方法来逃避死亡，都是不对的。在战时，一个人如想逃避死亡，他可以放下武器，屈服在敌人的怜悯之下，尚有许多其他逃避死亡之策，假如他敢做、敢说的话。

但是，雅典的同胞啊！逃避死亡并不难，要避免堕落才是难的，因它跑得比死要快。我，因为上了年纪，动作较慢，所以就被死亡赶上了；而控告我的人，他们都年轻力壮，富有活力，却被跑得较快的邪恶、腐败追上了。现在，我因被他们判处死刑而要离开这个世界；但他们却背叛了真理，犯了邪恶不公之罪。既然我接受处置，他们也应该接受裁决，这是理所当然之事。

下一步，我要向你们预言到底是谁判我的罪，及你们未来的命运如何：因为人在将死之际，通常就成了先知，此时我正处于这种情况。同胞们！我告诉你们是谁置我于死地吧！而在我死后不久，天神宙斯将处罚你们，比你们加害在我身上的更加残酷，虽然你们以为对自己的所作所为不须负责，但我敢保证事实正相反。控告你们的人会更多，而我此时在限制他们，虽然你们看不见；并且他们会更加凶猛，由于他们较年轻，而你们也将更愤怒。如果你们认为把别人处死就可以避免人们谴责你们，那你们就大错特错了。这种逃避的方式既不可能也不光荣，而另有一种较光荣且较简单的方法，即是不去抑制别人，而注意自己，使自己趋向最完善。对那些判我死刑的人，我预言了这么多，我就此告辞了。

但对于那些赞成我无罪的人，我愿意趁此时法官正忙着，我还没有赴刑场之际，跟你们谈谈到底发生了什么事。在我死前陪着我吧！同胞们！我们就要互道再见了！此时没有任何事情能阻碍我们之间的交谈，我们被允许谈话，我要把你们当成朋友，让你们知道刚刚发生在我身上的事是怎么一回事。公正的审判官们！一件奇怪的事发生在我身上，因为在平常，只要我将做错事，即使是最微小的琐事，我的守护神就会发出他先知的声音来阻止我；但是此时，任何人都看到了发生在我身上的事，每个人都会认为这是极端罪恶的事，但在我早上离家出门时，在我来此赴审判时，在我要对你们做演讲时，我都没有听到神的警告。而在其他场合，他都常常在我说话说到一半时就阻止我再说下去。现在，不管我做了什么，或说了什么，他都不来反对我。那么，这是什么原因呢？我告诉你们：发生在我身上的事，对我来讲反而是一种祝福；我们都把死视为是一种罪恶，那是不正确的，因为神的信号并没有对我发出这样的警告。

再者，我们更可由此归纳出，死是一种祝福，具有很大的希望。因为死可以表示两回事：一者表明死者从此永远消灭，对任何事物不再有任何感觉；二者，正如我们所说的，人的灵魂因死而改变，由一个地方升到另一个地方，如果是前者的话，死者毫无知觉，就像睡觉的人没有做梦，那么死就是一种奇妙的收获。假如有人选择一个夜晚，睡觉睡得很熟而没做什么梦，然后拿这个夜晚与其他的晚上或白天相比较，他一定会说，他一生经过的白日或夜晚没有比这个夜晚过得更好、更愉快的了。我想不只是一个普通人会这样说，即使是国王也会发现这点的。因此，如果死就是这么一回事的话,我说它是一种收获,因为,一切的未来只不过像一个无梦的夜晚罢了!

反之,如果死是从这里迁移到另一个地方,这个说法如果正确,那么所有的死人都在那里,审判官啊!那又有什么是比这个更伟大的幸福呢?因为假如死者到了阴府,他就可以摆脱掉那些把自己伪装成法官的人,而看到真正的法官在黄泉当裁判,像弥诺斯(希腊神话人物,冥府判官之一,决定鬼神未来的命运,惩罚犯罪者的灵魂)、剌达曼堤斯、埃阿科斯、特里普托勒摩斯,及其他一些半神半人,跟他们活着的时候一样。难道说这种迁移很可悲吗?而且,还可见到像俄耳甫斯、穆赛俄斯、赫西俄德及荷马等人。如果真有这回事,我倒真是希望自己常常死去,对我来讲,寄居在那儿更好,我可以遇见帕拉墨得斯、忒拉蒙的儿子埃阿斯,及任何一个被不公平处死的古人。拿我的遭遇与他们相比,将会使我愉快不少。

但最大的快乐还是花时间在那里研究每个人,像我在这里做的一样,去发现到底谁是真智者,谁是伪装的智者。判官们啊!谁会失去大好机会不去研究那个率领大军对抗特洛亚城的人?或是俄底修斯?或是西绪福斯?或是其他成千上万的人?不管是男是女,我们经常会提到的人。跟他们交谈、联系,问他们问题,将是最大的快慰。当然了,那里的法官是不判人死刑的,因为住在那里的人在其他方面是比住在这里的人快乐多了,所以他们是永生不朽的。

因此,你们这些审判官们,要尊敬死,才能满怀希望。要仔细想想这个真理,对一个好人来讲,没有什么是罪恶的,不管他是活着还是死了,或是他的事情被神疏忽了。发生在我身上的事并非偶然。对我来讲,现在死了,即是摆脱一切烦恼,对我更有好处。由于神并没有阻止我,我对置我于死地的人不再怀恨了,也不反对控告我的人,虽然他们并不是因这个用意而判我罪,控告我,只是想伤害我,这点他们该受责备。

然而,我要求他们做下面这些事情:如果我的儿子们长大后,置财富或其他事情于美德之上的话,法官们,处罚他们吧!使他们痛苦,就像我使你们痛苦一样。如果他们自以为了不起,其实胸中根本无物时,责备他们,就像我责备你们一样。如果他们没有做应该做的事,同样地责罚他们吧!如果你们这么做,我和儿子们将自你们的手中得到相同的公平待遇。

已到了我们要分开的时刻了——我将死,而你们还要活下去,但也唯有上帝知道我们中谁会走向更好的国度。

（选自《人一生要读的60篇演讲词》，华文出版社，2009年版）

【交流之窗】

　　朋友，你还记得阿波罗神殿前的箴言"认识你自己"吗？你是否疑惑苏格拉底这样的好人何以会被民主政治判死罪？他何以不选择赎走、逃狱，而是自愿去死？"死"是必然的，是内在于人生之中的，是独立的，使人自身个别化从而本真地作为他自己而存在。苏格拉底的饮鸩自尽警醒着世人：所谓"灵魂不灭"不是灵魂虚无，它蕴含着对生前死后应等量齐观。

谈怕死

威廉·赫兹里特

威廉·赫兹里特（1778—1830），英国文艺评论家、散文作家。

也许摆脱死亡恐惧的最佳疗法是思考生命的开始和终结。曾经，我们对此没有给予关注——为什么走到生命的尽头时，这个问题却会困扰我们？我不希望生活在一百年前，或者安妮女王时代，为什么还要为未能生活在一百年前，说不出是谁的统治时代而感到遗憾？

死亡就像我们的出生。思考这一永恒的主题，无人会自责、悔恨，或质疑，相反我们可以释放心灵，缓解忧愁。我们仿佛在度假一般：我们没有被传唤至人生的舞台上，穿着华丽的衣服或破旧的衣衫，大笑不止或痛哭流涕，被人训斥或者赞美。然而对此，我们却隐藏了许久，安详悠闲，而远离伤害：我们仿佛沉睡了千百个世纪而不愿被人唤醒；安逸而无忧虑，总处于孩童时期，而且比婴儿睡得还要深沉，还要平静，被裹挟于最轻柔、最细密的灰尘之中。我们最怕的是经过瞬间的狂热、徒劳的希望、没有缘由的恐惧，又沉浸到熟睡状态，而忘记生命中困扰我们的梦想！

（选自《人生哲理枕边书全集》，哈尔滨出版社，2007年版）

【交流之窗】

海德格尔说："死在，我就不在；我在，死就不在。"我们担心死亡，大多是在担心死亡的滋味，但当你死时，却并无知觉意识，因为这样的你，并不存在。实际上我们害怕的，不是死亡，而是死亡的概念。死亡是我们所有人的终点，它又一直存在于生的进程中。我们越是活得充实，就越是能够接纳死亡。如果我们只热爱生命而惧怕死亡，那是因为我们并不真正热爱生命。

论老之将至

伯特兰·罗素　　申慧辉　译

伯特兰·罗素（1872—1970），英国哲学家、数学家，1950年获得诺贝尔文学奖。

　　虽然有这样一个标题，这篇文章真正要谈的却是怎样才能不老。在我这个年纪，这实在是一个至关重要的问题。我的第一个忠告是，要仔细选择你的祖先。尽管我的双亲皆属早逝，但是考虑到我的其他祖先，我的选择还是很不错的。是的，我的外祖父六十七岁时去世，正值盛年，可是另外三位祖父辈的亲人都活到八十岁以上。至于稍远些的亲戚，我只发现一位没能长寿的，他死于一种现已罕见的病症：被杀头。我的一位曾祖母是吉本①的朋友，她活到九十二岁高龄，一直到死，她始终是让子孙们全都感到敬畏的人。我的外祖母，一辈子生了十个孩子，活了九个，还有一个早年夭折，此外还有过多次流产。可是守寡之后，她马上就致力于妇女的高等教育事业。她是格顿学院②的创办人之一，力图使妇女进入医疗行业。她总好讲起她在意大利遇到过的一位面容悲哀的老年绅士。她询问他忧郁的缘故，他说他刚刚失去了两个孙子。"天哪！"她叫道，"我有七十二个孙儿孙女，如果我每失去一个就要悲伤不止，那我就没法活了！""奇怪的母亲。"③他回答说。但是，作为她的七十二个孙儿孙女的一员，我却要说我更喜欢她的见地。上了八十岁，她开始感到有些难于入睡，她便经常在午夜时分至凌晨三时这段时间里阅读科普方面的书籍。我想她根本就没有工夫去留意她在衰老。我认为，这就是保持年轻的最佳方法。如果你的兴趣和活动既广泛又浓烈，而且你又能从中感到自己仍然精力旺盛，那么你就不必去考虑你已经活了多少年这种纯粹的统计学情况，更不必去考虑你那也许不很长久的未来。

---

① 爱德华·吉本（1737—1794），英国历史学家，著有《罗马帝国衰亡史》等著作。
② 格顿学院是剑桥大学的第一所女子学院，建于1869年。
③ 原文为拉丁文。

至于健康,由于我这一生几乎从未患过病,也就没有什么有益的忠告。我吃喝皆随心所欲,醒不了的时候就睡觉。我做事情从不以它是否有益健康为根据,尽管实际上我喜欢做的事情通常是有益健康的。

　　从心理角度讲,老年需防止两种危险。一是过分沉湎于往事。人不能生活在回忆当中,不能生活在对美好的往昔的怀念或对去世的友人的哀念之中。一个人应当把心思放在未来,放到需要自己去做点什么的事情上,要做到这一点并非轻而易举,往事的影响总是在不断地增加。人们总好认为自己过去的情感要比现在强烈得多,头脑也比现在敏锐。假如真的如此,就该忘掉它;而如果可以忘掉它,那你自以为是的情况就可能并不是真的。

　　另一件应当避免的事是依恋年轻人,期望从他们的勃勃生气中获取力量。子女们长大成人之后,都想按照自己的意愿生活。如果你还像他们年幼时那样关心他们,你就会成为他们的包袱,除非他们是异常迟钝的人。我不是说不应该关心子女,而是说这种关心应该是含蓄的,假如可能的话,还应是宽厚的,而不应该过分地感情用事。动物的幼子一旦自立,大动物就不再关心它们了。人类则因其幼年时期较长而难于做到这一点。

　　我认为,对于那些具有强烈的爱好,其活动又都恰当适宜,并且不受个人情感影响的人们,成功地度过老年绝非难事。只有在这个范围里,长寿才真正有益;只有在这个范围里,源于经验的智慧才能不受压制地得到运用。告诫已经成人的孩子别犯错误是没有用处的,因为一来他们不会相信你,二来错误原来就是教育所必不可少的要素之一。但是,如果你是那种受个人情感支配的人,你就会感到,不把心思都放在子女和孙儿女身上,你就会觉得生活很空虚。假如事实确是如此,那么当你还能为他们提供物质上的帮助,譬如支援他们一笔钱或者为他们编织毛线外套的时候,你就必须明白,绝不要期望他们会因为你的陪伴而感到快活。

　　有些老人因害怕死亡而苦恼。年轻人害怕死亡是可以理解的。有些年轻人担心他们会在战斗中丧生。一想到会失去生活能够给予他们的种种美好事物,他们就感到痛苦。这种担心并不是无缘无故的,也是情有可原的。但是,对于一位经历了人世的悲欢、履行了个人职责的老人,害怕死亡就有些可怜且可耻了。克服这种恐惧的最好办法是——至少我是这样看的——逐渐扩大你的兴趣范围并使其不受个人情感的影响，直至包围自我的围墙一点一点地离开你，而你的生活则越来越融合于大家的生活之中。每一个人的生活都应该像河水一样——开始是细小的，被限制在狭窄的两岸之间，然后热烈地冲过巨石、滑下瀑布。渐渐地，河道变宽了，河岸扩展了，河水流得更平稳了。最后，河水流入了海洋，不再有明显的间断和停顿，而后便毫无痛苦地摆脱了自身的存在。能够这样理解自己的一生的老人，将不会因害怕死亡而痛苦，因为他所珍爱的一切都将继续存在下去。而且，如果随着精力的衰退，疲倦之感日渐增加，长眠并非是不受欢迎的念头。我渴望死于尚能劳作之时，同时知道他人将继续我所未竟的事业，我大可因为已经尽了自己之所能而感到安慰。

（选自《历届诺贝尔文学奖获得者散文金库》，人民日报出版社，1997年版）

【交流之窗】

"当你老了，头发花白，睡意沉沉……"叶芝用诗歌唱出了老之将至的状态，罗素亦以笔道出渐渐走向暮年所应关注的转变。衰老不应是秋风之于落叶的萧瑟，应该是落叶之于秋风的舞蹈。生命之树常青，正因罗素外祖母有着睿智通达的人生观，她便得到了生命的垂青。思想上越彻悟，精神上越洒脱，寿命也就越长。

人生之秋

米·努埃曼　李唯中　译

米·努埃曼(1889—1988)，黎巴嫩作家、文艺评论家，是黎巴嫩海外文学"三杰"之一。

　　一年四季，各有其意义、清新、朗润与欢乐，致使关于四季之间的比较，就像是某种诡辩或毫无价值的争论。因为任何一个季节都不能代表其余季节；而任何季节的完成，也有待于其余季节的完成。

　　春季，是被封锁起来的大自然对周围一切的造反；封锁已使大自然感到厌烦，于是起来挣脱桎梏与锁链，毫不犹豫或毫不留情地将其打个粉碎。蓓蕾渐次膨大，开出花朵，生出叶子和枝条；种子萌发生芽，裂开包衣，冲出黑暗大地，沐浴灿烂阳光，成为挺拔滴露的香草；根茎挣脱枷锁的束缚，拨开泥土，昂首空中，伸向四面八方；昆虫、蛇蚁、飞禽走兽嘶鸣、舞蹈、啼唱，成双结对，兴高采烈，欢欣鼓舞，深深沉浸在万物更新、再度欢腾的微醉情状之中。大地沸腾，动中祝福，形态种种，五彩纷呈。苍穹起舞，送来热情、光明、欢歌和妙曲，都是对胜利暴动的陶醉。

　　如果说春天是大自然对封锁所采取的暴烈行动，那么，夏天就是那场暴动本身，且可言登峰造极，如愿以偿，愤怒随之而消逝。反抗行动变得温和，一切都从微醉中苏醒过来，开始安排自己的事，清点战利品，保卫自身的安全，注意自己的生长，以便日后最大限度地享受自己创造的美味。

　　秋天到来，大自然的暴动带来了果实，带来的是成熟的、光彩夺目的可口果实；华美、鲜味与健康已自在其中。

　　大地走来，因眼见自己的革命果实而欢喜，于是动手采摘，饱吃足食一顿，然后将剩余的果实储藏起来。肚饱之后，精疲力竭，困神缠眼，正好入睡，以便消化吃下去的食物，除却怀孕、分娩、生产的污物。

　　冬令，则是大自然的休眠期，那是生命强加于她的，意在怜惜她的体力过度消耗及肠胃消化困难，唯恐她陷于神经紊乱状态。生命自有其生活哲学，宁愿带着自己的子女缓步走上完全解脱的道路，而不肯一下将他们推到那条道路上去。那是因为自由是一种长寿灵丹妙药，只能一口一口地吞服，借以进行自疗，一口足保一生或一个周期。

或许我们在用隐喻方法谈及人生四季时，道出事实的精华。世界上的一切都像地球上的四季变化规律一样，服从于一定的严格规律。每种事物必在一定时候开始，又在一定时间结束，先经过革命暴动，继而经历一个时期的力量集聚与调整，然后进入采摘收获时节，接着便是新的封锁或休眠，兴许长达一个月，也许久至一个时期；那时，我们就像谈论地球上的春、夏、秋、冬一样，完全有权利谈论太阳或宇宙任何星球的春天、人类的夏天、城市的秋天、学说的冬天。

我一点也不怀疑，人的生命仍然分为四季，有展开之时，有卷起之日，带着人到达最大自由境地，直至从四季的桎梏和岁月的权势下得到永久的解脱。

然而，无论我们怎样坚持将一年四季与人生四季之间进行比较，无论此与彼之间的相似之处如何吸引我们，我们也不应该对不会开口说话的自然界与有理性的人类之间的巨大差距视而不见。依照我们的躯体所遵从的规律而论，我们或多或少地无异于草木、昆虫和牲畜。因为我们像它们一样，要经历四个阶段……开花，成长，采果，衰败。但是，我们具有草木、昆虫、牲畜所不具有的开花和成长要素……我们有思想、有想象力、有意志……所有这些，如果说受某种规律约束的话，那么，它不是四季那种规律，而是一种我们至今仍不明其目的与深度的规律，我们又如何为之划定界限呢？

也许我们当中某人年迈，于是神经衰萎，耳欠聪，目不明，多数器官出现故障，失去正常功能；虽然如此，他却仍富有想象力，意志坚强，思想与心脏还很年轻。而另有一个人，虽正当华年，思想却在摇篮里，想象力仅在袖口，意志已入老年。在人们当中，没有两个生命季节的意义完全相同的人，即使二者的年龄与外貌毫无差异。因此，谈人生的季节是很困难的，办法只有一个，即从总体上去谈论它；也许这个办法不适合于所有的人，但在多数情况下是适合于多数人的。

在人生的秋天，阴影不但多而且长。我们所进行的任何一种活动，或每一项爱好，或每一个想法，都会在我们的生活中留下阴影或痕迹；不论我们处于行、止状态，还是醒、睡之时，它都会与我们形影相随。这些阴影就像吉他上的琴弦一样，不停地振动，依照琴手的手指动作方向，时而这根弦被按下，时而那根弦被弹起。弹琴者也许受控于突如其来的一种情感，也许受控于某种一闪即逝的思想，或者受控于不可抗争的某一事件。琴弦的嗡鸣一波一波传入我们的耳际，有欢乐之波，有悲伤之波，有赞美、歌颂之波，有斥责、非难之波，有胜利、舒展之波，有挫折、萎靡之波，直至登上人类情感阶梯的最后一个台阶。真正幸福者是那种已经进入人生秋天的人；自打春天一直绷紧到秋天的琴弦，成了金声玉振、音色动人、情感纯真的琴弦；他将在自己的人生之秋摘到最甜美的果子。

在人生的秋天，人们常常回顾往日，很少向前展望。每当我们接近必然结局时，我们便竭力回想过去，从往日里寻觅适合于那种必然结局的食粮。那些昔日路途上布满圈套、荆棘、黑影的人是多么不幸？正是他们在自己的手脚上绑上重物，然而却说："走，我们爬山去吧！"当他们无力负重时，便失望地后退，竟诅咒起山来，说那山令神鬼见愁。正是他们，人生之秋使他们病入膏肓，他们真希望生命永远是春天，而全然不知那是不可能的。他们终于懒于前进，因为他们看到眼前只有一个窄小、黑暗而又寒冷的泥坑。至于那些阴影淡薄的人们，他们则乐于在人生之秋展望未来；眼前的一切蒙不住他们的眼睛。冬天只能伤害那些无家可归以及那些家无隔夜粮的人。那些已为冬季来临备足粮食的人们，即使在严冬里，他们也会得到最美好的思想与情感。

在人生的秋天，血和肉的活力极大限度地松弛下来，胸间没有炽燃的火焰，没有抽击心与脑的长鞭，没有缠绕枕席的梦幻，没有耸入云霄的宫殿，没有幸福之光照耀下的双眼。然而此时此刻，人却有不可意料的幸福临门；因为他永远地摆脱了欲望的引诱和唆使，而且那种诱使是不可救药的。

在人生的秋天，最宜于深思熟虑，自我清算。人度过了自己生命的春天和夏天，迎来了无可逃避的秋天，无论其思维与想象力多么迟钝，他一定会问自己：自打看到人间光明时就沉睡着的力量从何而来？又是谁将其从昏睡中唤醒，然后进行组织、训练，继而组成大军，在一千个前线进行一千次战斗，或胜或败，或强或弱，或饥或饱。然而决不投降，一直战斗下去；或进或退，或攻或守，战斗的意义究竟何在呢？有其向往的远大目标吗？目标究竟是什么？再则，我们为什么一时竟相信那种天性和力量，而后却不顾我们的反对，硬要收回去呢？难道因为我们不大理解它？或者我们没有用好它？谁晓得我们当中谁善于使用、谁又不善于使用它呢？这些与我们永不分离的影子，莫非仅仅是某种记忆？我们何必欢迎其中某些影子，而又躲避另一些影子呢？为什么这个影子亲近我们，使我们高兴，而那个影子又疏远我们，抛弃我们，好像我们的心灵在哭号呢？难道仅仅直觉本身就足以向我们报告善恶，还是人们当中有比直觉更忠实可靠的向导呢？在永恒的斗争中，善与恶又算什么呢？究竟是善与恶在进行搏斗，还是我们之间在进行搏斗？在茫然与高热状态下，我们所看到的是我们同大自然的搏斗，不是吗？

也许人从自己生命的秋天采摘到的最佳果实是平静、安然的心情：感到有许多颗心脏在自己的胸中跳动，友谊、情怀、爱慕自在其中；感到自己的根已经延伸到很远的地方，在生活的土壤里茁壮成长；感到自己落在大地上的阴影是那样浓密柔和，足以让辛勤的劳动者和无家可归的流浪汉在那里歇荫乘凉。人可以用这样的情感展望人生的冬天，足以使冬之严寒变为温暖，令凄凉变成热闹，使荒芜化为肥沃。人若能把坚定的信仰与生命的哲理、美妙与公正联系在一起，那么，他便能够面对死如同面对生，面对坟墓如同面对摇篮。

（选自《外国百年散文鉴赏》，长江出版社，2007年版）

【交流之窗】

古人悲春伤秋之语不计其数，自然如此，人生亦然。走在人生之秋的节点上，难免涌上悲愁之感。但为什么大家总容易只看到凋零，却忽略了收获呢？"虽惭老圃秋容淡，且看黄花晚节香"，到了人生之秋，尝遍了酸甜苦辣，看惯了风云变幻之后，心胸会更加宽广，处事会更加成熟，所以，"莫叹阳春美景过，更有红枫染秋山"。

论年龄

赫尔曼·黑塞[①]   姚保琮 译

赫尔曼·黑塞，德国作家，1946年获诺贝尔文学奖，被人称为"德国浪漫派最后的一个骑士"。

　　古稀之年在我们的一生中是一层台阶，跟其他所有的人生台阶一样，它也有自己的外表、自己的环境与温度，有自己的欢乐与愁苦。我们满头白发的老年人跟我们所有的年纪较轻的兄弟姐妹一样，有我们的任务，这任务赋予我们的生命以意义，甚至连病入膏肓的人和行将就木的人，这些尘世的呼唤都已难于送达他们卧榻的人也都有他们的任务，有着重要的和必要的事要由他们来完成。年老和年轻同样是一项美好而又神圣的任务，学着去死和死都是有价值的天职，这和其他天职一样——前提是对人生的意义和圣洁要怀着尊崇的心情去履行这一天职。一位老年人，如果他只是憎恨和害怕自己年纪老，憎恨和害怕满头白发以及死之将至，那他就不是登上这一人生台阶上令人尊敬的代表，这正如一个年轻力壮的人憎恨他的职业和他每日的工作，并试图逃避它们是同样不受人尊敬的。

　　简而言之，作为老年人，为了实现老年人的意义，并胜任他的职责，那他就得承认自己是老了，承认年老带给他的一切，并必须对此做出肯定的回答。若是没有这个肯定的回答，若不能为大自然向我们要求的一切做出牺牲的话，那我们活着的价值和意义——不管是年老，还是年轻——就都失去了。我们也就欺骗了生命。

　　每个人都知道，古稀高龄会带来疾病和苦楚，并且知道死神就站在他生命的终点。你会年复一年地做出牺牲，有所放弃。你必须学会不信任自己的感觉与力量。不久前还是短短的一次散步的路程，现在变得漫长

[①] 原文译作海尔曼·海塞，此改为现今标准译法。

了，觉得吃力了，有朝一日我们再也没有能力走下去了。我们一辈子都爱吃的饭菜，我们也不得不割舍。肉体的欢娱与肉体上的享受愈来愈少，并且还得付出更高的代价。尔后，一切健康上的损伤和疾病，感觉变得迟钝了，各器官的功能也减退了，诸多的痛楚，尤其是经常发生在那漫长的令人恐惧的黑夜里——所有这一切都是不可否认的，这是严酷的现实。但是一味沉溺于这一衰退的过程，看不到古稀高龄也有它的好处、它的优越性、它的令人快慰和欢乐之处，那就太可怜、太可悲了。当两位老年人彼此相遇，不该单是谈那该死的痛风，谈上楼时腿脚的僵硬和呼吸的困难，他们不该光是交流各自的痛苦与令人心烦的事，也应该谈谈他们各自令人愉快和令人欣慰的经历。而这样的事有很多。

　　每当我想起老年人生活中这些积极的和美好的一面，想到我们这些白发苍苍的人也知道力量、耐心和欢乐的源泉之所在——这在年轻人的生活中是无足轻重的——这时我就不必去谈论宗教和教会的慰藉作用。这是神职人员的事。但是，我大概可以满怀谢忱地举出几项年龄送给我们的礼物。在这些礼物中我认为最珍贵的是：在漫长的一生后保留在我们记忆中的各种画面的宝库，随着行动能力的消失，我们将以完全不同于往昔的方式去追忆这些画面。那些六七十年来不复存在于地球上的人的形象和面容，它们还在我们身上继续存活下去，它们是属于我们的，它们陪伴着我们，它们用充满生气的目光注视着我们。在此期间消失了的或是完全变了样的屋宇、花园、城市，在我们看来却跟昔日一样未曾变样，我们发现几十年以前旅行时见过的远处的山峦和海滨，依然色彩鲜艳地留存在我们的画册里。观看、审视、凝视越来越成为一种习惯和练习，观察人的心绪和态度不知不觉地浸透在我们的全部行为中。我们曾为愿望、梦想、欲望、激情所驱使，正如人类的大多数人一样，通过我们生命岁月的冲击，我们曾不耐烦地、紧张地、充满期待地为成功和失望强烈地激动过，而今天当我们小心翼翼地翻阅着自己生平的画册时，禁不住惊叹：我们能躲开追逐和奔波而获得静心养性的生活该是多么美好。这里，在白发老人的花园里，正在盛开着一些我们昔日几乎没想到去护养的花儿。这里盛开着忍耐的花，一种高贵的花，我们变得更加泰然，更加宽厚。我们对于去参与某些事件和采取一些什么行动的要求越小，我们静观和聆听大自然的生命和人类生命的能力就变得越强，我们对它们不加指责，并总是怀着对它们的多姿多态的新奇之感任其在我们身旁掠过,有时是同情的、不动声色的怜悯,有时是带着笑声带着欢悦带着幽默。

最近我站在我的花园里,点上一堆火,不断给它添加些树叶和枯枝。这时来了一位老妇人,大约八十岁了,她从白刺荆的矮树丛旁走过,停下脚步,向我望来。我向她打招呼,于是她笑了,并说:"您的这把火点得对。像我们这般年纪的人应该慢慢地和地狱交上朋友。"就这样我们交谈起来,我们的谈话带着对种种烦恼与困乏抱怨的调子,但总是带着开玩笑的口吻。谈话结束时我们都承认,只要我们村子里还有最老的人,还有百岁老人,我们还不是老得叫人害怕,这几乎不该算是真正的老人。

当很年轻的人以其力量和毫无所知的优势在我们背后嘲笑我们,认为我们艰难的步态、我们的几茎白发和我们青筋暴露的颈项是滑稽可笑的时候,我们就会想起,我们过去也具有他们同样的力量,也像他们一样毫无所知,我们也曾这样取笑过别人,我们并不认为自己处于劣势,被人战胜了,我们对于自己已经跨过的这一生命的台阶,变得稍微地聪明了一些,变得更有耐心而感到高兴。

(选自《二十世纪德语作家散文精华》,作家出版社,1990年版)

【交流之窗】

你是否见证过一棵树成长的过程?它彰显着所有生命历程的共性,有抽出的嫩芽,也会有增长的年轮和遒劲的根须,不管是什么阶段,都有该阶段无与伦比的魅力与意义。当我们能坦然面对时,会发现对生老病死不必有畏惧,它是人生交响曲中的一个普通音符,自有它的情趣和美,是另一种美好的体验。我们对人生的意义和圣洁要怀着尊崇的心情去履行"死的天职"。

第六编
超越永恒

⊙ 邢永峰绘

● 单元导读

　　在阅读文学作品的过程中，你是否有想过：为什么夸父冒着生命毁灭的危险去逐日？为什么屈原去国离家上下求索？为什么苏轼屡遭谪迁仍享受清风明月？为什么曹雪芹用满纸荒唐言垒起的大观园让人如醉如痴？为什么但丁穿越时空隧道从地狱走向天国？为什么保尔·柯察金将全部精力献给了世上最壮丽的事业？为什么108岁的杨敬年时刻思考着中国的未来？为什么天津塘沽大火时消防员们冲进火场留下"最美的逆行"……

　　我们常说"文学即人学"，许多优秀的文学作品始终经营着一种深层意识——生命超越。生命是有限的，这种有限相对于永恒无限，呈现为短暂，甚至"一瞬"，悲剧因而成为生命的底色，即便有时表现为"五彩缤纷"，却又更加重了生命的悲剧色彩。突破生命的有限，化短暂为无限、超越"刹那"成为永恒，便是生命的最终意义。

　　从《诗经》、《楚辞》、汉赋到唐诗、宋词、元曲、明清小说，到现当代文学创作；从古希腊罗马神话、史诗、悲剧，到中世纪《神曲》、文艺复兴、启蒙运动、浪漫主义，到现实主义乃至现代与后现代主义——几千年的人类文学史不仅是"生命超越"密码的记录史，也是"生命超越"观念的阐释史，是一幅幅渴望成熟、渴望完美、渴望无限的鲜活的"生命超越"的审美画卷。每一个时代，对于作为沉思者的诗人而言，他们深切关注人类从何而来、命运如何、最终愿望是什么。不是吗？在悲欢离合的"人间喜剧"大舞台，他们倾听来自大自然"飞鸟"的欢唱，他们体验生命的每一次"喧哗与骚动"，他们"追忆似水年华"，他们亲历"巨人"的诞生，他们追寻"道德的自我完善"，在"彷徨""忏悔""苦难的历程"之中不断经历着"罪与罚"的拷问，冀望于摆脱"悲惨世界"，走出困惑的"城堡""迷宫"和"荒原"，哪怕"恶心"，哪怕"疯狂"，哪怕"变形"，哪怕"毁灭"，哪怕"百年孤独"，也要让心灵长出"觉醒"或"复活"的翅膀，进而超脱生死，达到生命的飞跃。

　　"生命超越"的意识虽看不见摸不着，却实实在在地存在着，是人"诗意地栖居"的一个形而上的维度。对生死的看法决定了我们对生命的理解，对生命价值的追求，也正是因为有了对死亡的思考，对生命意义的探寻，我们才有了对精神、文化传承的渴望与诉诸。对灵与肉、物质与精神超越的深刻实践，昭示着人类对生命终极寄托的需要。

● 文学之花

报任安书(节选)

司马迁

司马迁(约前145或前135—?),字子长,西汉伟大的史学家、文学家、思想家。

太史公牛马走①司马迁再拜言,少卿足下:曩者②辱赐书,教以慎于接物,推贤进士为务。意气勤勤恳恳,若望仆不相师,而用③流俗人之言,仆非敢如此也。请略陈固陋。阙然久不报,幸勿为过!

夫人情莫不贪生恶死,念父母,顾妻子;至激于义理者不然,乃有所不得已也。今仆不幸,早失父母,无兄弟之亲,独身孤立,少卿视仆于妻子何如哉?且勇者不必死节,怯夫慕义,何处不勉焉!仆虽怯懦,欲苟活,亦颇识去就之分矣,何至自沉溺缧绁之辱哉!且夫臧获④婢妾,犹能引决,况仆之不得已乎?所以隐忍苟活,幽于粪土之中而不辞者,恨私心有所不尽,鄙陋没世而文采不表于后世也。

古者富贵而名摩灭,不可胜记,唯倜傥非常之人称焉。盖文王拘而演《周易》;仲尼厄而作《春秋》;屈原放逐,乃赋《离骚》;左丘失明,厥有《国语》;孙子膑脚,《兵法》修列;不韦迁蜀,世传《吕览》;韩非囚秦,《说难》《孤愤》;《诗》三百篇,大底圣贤发愤之所为作也。此人皆意有所郁结,不得通其道,故述往事,思来者。乃如左丘无目,孙子断足,终不可用,退而论书策,以舒其愤,思垂空文以自见。

仆窃不逊,近自托于无能之辞,网罗天下放失旧闻,略考其行事,综其终始,稽⑤其成败兴坏之纪,上计轩辕,下至于兹,为十表,本纪十二,书八章,世家三十,列传七十,凡百三十篇。亦欲以究天人之际,通古今之变,成一家之言。草创未就,会遭此祸,惜其不成,是以就极刑而无愠色。仆诚以著此书,藏之名山,传之其人,通邑大都,则仆偿前辱之责,虽万被戮,岂有悔哉!然此可为智者道,难为俗人言也。

且负下未易居,下流多谤议,仆以口语遇遭此祸,重为乡党所笑,以污辱先人，亦何面目复上父母之丘墓乎？虽累百世，垢弥甚耳！是以肠一日而九迴，居则忽忽若有所亡，出则不知其所往。每念斯耻，汗未尝不发背沾衣也。身直为闺阁之臣⑥，宁得自引深藏于岩穴邪？故且从俗浮沉，与时俯仰，以通其狂惑。今少卿乃教以推贤进士，无乃与仆私心剌谬乎？今虽欲自雕琢，曼辞以自饰，无益，于俗不信，适足取辱耳。要之⑦，死日然后是非乃定。书不能尽意，略陈固陋。谨再拜。

（选自《汉书·司马迁传》，中华书局，1962年版）

【注释】

①牛马走：谦词，意为像牛马一样以供人使用的仆隶。相当于文中"仆"之义。②曩（nǎng）者：从前。③用：因。④臧获：奴曰臧，婢曰获。⑤稽：考察，探究。⑥闺阁（gé）之臣：闺、阁都是宫中小门，代指皇帝内廷里由宦官充任的官。⑦要之：总之。

【交流之窗】

因为替李陵仗义执言，却遭受到最屈辱的腐刑，司马迁为什么还有活下去的勇气？"人固有一死，或重于泰山，或轻于鸿毛。"他忍辱偷生，却最终以"史家之绝唱，无韵之离骚"的《史记》彪炳千古，实现了生命的超越和永恒！

昙花的启示

殷 颖

殷颖,中国当代作家。

我家拥有两盆昙花,枝叶都很茂密,前些时忽然发现它那不规则的厚叶上有虫蛀的现象,且有点泛黄,正担心它的健康,要给它喷药施肥,两天前浇水时,竟在叶底出现了两朵小小的蓓蕾,使我感到意外的惊喜。以往我的两盆昙花都是各开一朵,也有时会同时开放,蔚为奇观,但一株同时开出两朵,还是很稀有的现象。

我虽然密切地注意着这两朵棕色的蓓蕾,但仍然不知道它在什么时候由一个小指么大,长成了五寸长的体积。今天下午,当我再注视它的时候,发现包在外面的那几片棕色的花瓣已经倒卷,里面的雪白的嫩瓣已微微开启。根据经验,这是含苞待放的时刻了。家人立刻紧张起来,将花盆由院中移到客厅的桌子上,有人建议要请朋友来观赏,我则觉得若请一些俗客来围观,倒不如让它悄悄地绽开,再静静地谢去,让它那片刻宝贵的生命得到安详与宁谧,而且昙花绽开的时刻都挑在夜晚,似乎是有意逃避白天的烦嚣的,所以无论鸿儒与白丁我都没有邀请,只静静地将这盆昙花摆在桌子上,在唱机中放上柴可夫斯基忧郁的《D大调小提琴协奏曲》,然后泡一杯苦茗,静候它绽放。

每一次我都想看看昙花开放的情形,但多半因事耽误了,这次我决心要看着它开放,于是我拿着茶杯守在旁边凝视着它。看着那饱满待放的花苞,心头忽然充满了生命的神奇的感觉。

想到生命的短促与珍贵,一朵昙花由盛开到枯萎,它的美丽的生命不过是两三个小时,所谓"昙花一现",生命真是何其短促。唯其短促,也才更显得珍贵。但这短短的"一现",虽然只有两个小时,比起人的一生到底有什么不同,颇使我感到惶然。颁布十诫的摩西在《诗篇》中对人生感叹说:"早晨他们如生长的草,早晨发芽生长,晚上割下枯干……我们度尽的年岁，好像一声叹息。我们一生的年日是70岁，若是强壮可到80岁，但其中所矜夸的，不过是劳苦愁烦，转眼成空，我们便如飞而去……"这"转眼成空"，与"一现"的昙花，又有何分别，若空空活了70年，回忆起来都是苍白贫乏的岁月，还远不如昙花在一瞬中绽放出生命的芳香，将它的美丽贡献给人，反能在人的记忆中留下永不磨灭的印象呢！昙花将它全部的生命浓缩成短短的两个小时，璀璨奇丽地盛开在人间，我想它绽放的一刻，已与永恒连接为一体，成为永生的一部分了。于是我忽然憬悟到人的生命也不在乎岁月的长短，而在乎人的生命是否在短暂的时间中吐露出人性的芳香，散发出人性的光辉，照耀千古，与宇宙并存，同日月争辉。

　　我默想着生命的意义，期待着两朵新生命的诞生，我悠然的神情逐渐严肃起来，当我再抬头看那盆昙花时，两朵洁白馥郁的新生命，不知什么时候已经悄悄灿开在我面前了。

　　我出神地凝视着这两朵白色的新生命，花瓣柔美而轻灵，有点像池中的白睡莲，但睡莲此刻恐怕正在梦中与绿色的小青蛙在跳圆舞吧！我熄掉室中的灯光，让清澈的月华流进来，看去像凝在蒙蒙的雾中，比睡莲更美，不，比什么花都美，雪白的花瓣，在浓叶的映掩下，如夜空中的一朵云彩，如安琪儿的翅膀。花朵的中心伸出了一束细细长长的花蕊，扩散着淡淡的幽香。因为它的生命过于短促，所以它美得像梦样的迷人。美得使人窒息。当我凝视它的时候，竟在不觉中被它那空灵的气氛所感染，顿时挣脱了凄迷的夜色与忧郁的音乐的羁绊，而与永恒的美连结在一起了。

（选自《殷颖文化散文：归回田园》，中国友谊出版公司，2005年版）

【交流之窗】

　　"一花一世界，一叶一菩提"，自然永远是值得我们追崇的精神导师。本文作者便是借昙花短暂却"美得使人窒息"的绽放得出生命的启示：生命不在乎岁月和长短，生命的永恒在于"吐露出人性的芳香，散发出人性的光辉"。

"无限之生"的界线

冰　心

⊙冰心　武更年绘

冰心（1900—1999），原名谢婉莹，福建长乐人，中国现代著名女作家，诗人。

　　我独坐在楼廊上，凝望着窗内的屋子。浅绿色的墙壁，赭色的地板，几张椅子和书桌；空沉沉的，被那从绿罩子底下发出来的灯光照着，只觉得凄黯无色。

　　这屋子，便是宛因和我同住的一间宿舍。课余之暇，我们永远是在这屋里说笑，如今宛因去了，只剩了我一个人了。

　　她去的那个地方，我不能知道，世人也不能知道，或者她自己也不能知道。然而宛因是死了，我看见她病的，我看见她的躯壳埋在黄土里的，但是这个躯壳能以代表宛因么！

　　屋子依旧是空沉的，空气依旧是烦闷的，灯光也依旧是惨绿的。我只管坐在窗外，也不是悲伤，也不是悚惧；似乎神经麻木了，再也不能迈步进到屋子里去。

　　死呵，你是一个破坏者，你是一个大有权威者！世界既然有了生物，为何又有你来摧残他们，限制他们？无论是帝王，是英雄，是……一遇见你，便立刻撇下他一切所有的，屈服在你的权威之下；无论是惊才，绝艳，丰功，伟业，与你接触之后，不过只留下一抔黄土！

　　我想到这里，只觉得失望，灰心，到了极处！——这样的人生，有什么趣味？纵然抱着极大的愿力，又有什么用处？又有什么结果？到头也不过是归于虚空，不但我是虚空，万物也是虚空。

　　漆黑的天空里，只有几点闪烁的星光，不住的颤动着。树叶楂楂槭槭的响着。微微的一阵槐花香气，扑到阑边来。

　　我抬头看着天空，数着星辰，竭力地想慰安自己。我想：——何必为死者难过？何必因为有"死"就难过？人生世上，劳碌辛苦的，想为国家，为社会，谋幸福，似乎是极其壮丽宏大的事业了。然而造物者凭高下视，不过如同一个蚂蚁，辛辛苦苦的，替他同伴驮着粟粒一般。几点的小雨，一阵的微风，就忽然把他渺小之躯，打死，吹飞。他的工程，就算了结。我们人在这大地上，已经是像小蚁微尘一般，何况在这万星团簇，缥缈幽深的太空之内，更是连小蚁微尘都不如了！如此看来，……都不过是昙花泡影，抑制理性，随着他们走去，就完了！何必……

想到这里，我的脑子似乎胀大了，身子也似乎起在空中。勉强定了神，往四围一看：——我依旧坐在阑边，楼外的景物，也一切如故。原来我还没有超越到世外去，我苦痛已极，低着头只有叹息。

一阵衣裳綷縩的声音，仿佛是从树杪下来，——接着有微渺的声音，连连唤道："冰心，冰心！"我此时昏昏沉沉的，问道："是谁？是宛因么？"她说："是的。"我竭力地抬起头来，借着微微的星光，仔细一看，那白衣飘举，荡荡漾漾的，站在我面前的，可不是宛因么！只是她全身上下，显出一种庄严透彻的神情来，又似乎不是从前的宛因了。

我心里益发的昏沉了，不觉似悲似喜地问道："宛因，你为何又来了？你到底是到哪里去了？"她微笑说："我不过是越过'无限之生的界线'就是了。"我说："你不是……"她摇头说："什么叫作'死'？我同你依旧是一样的活着，不过你是在界线的这一边，我是在界线的那一边，精神上依旧是结合的。不但我和你是结合的，我们和宇宙间的万物，也是结合的。"

我听了她这几句话，心中模模糊糊的，又像明白，又像不明白。

这时她朗若曙星的眼光，似乎已经历历地看出我心中的症结。便问说："在你未生之前，世界上有你没有？在你既死之后，世界上有你没有？"我这时真不明白了，过了一会，忽然灵光一闪，觉得心下光明朗澈，欢欣鼓舞的说："有，有，无论是生前，是死后，我还是我，'生'和'死'不过都是'无限之生的界线'就是了。"

她微笑说："你明白了，我再问你，什么叫作'无限之生'？"我说："'无限之生'就是天国，就是极乐世界。"她说："这光明神圣的地方，是发现在你生前呢？还是发现在你死后呢？"我说："既然生前死后都是有我，这天国和极乐世界，就说是现在也有，也可以的。"

她说："为什么现在世界上，就没有这样的地方呢？"我仿佛应道："既然我们和万物都是结合的，到了完全结合的时候，便成了天国和极乐世界了，不过现在……"她止住了我的话，又说："这样说来，天国和极乐世界，不是超出世外的，是不是呢？"我点了一点头。

她停了一会，便说："我就是你，你就是我，你我就是万物，万物就是太空：是不可分析，不容分析的。这样——人和人中间的爱，人和万物，和太空中间的爱，是昙花么？是泡影么？那些英雄，帝王，杀伐争竞的事业，自然是虚空的了。我们要奔赴到那'完全结合'的那个事业，难道也是虚空的么？去建设'完全结合'的事业的人，难道从造物者看来，是如同小蚁微尘么？"我一句话也说不出来，只含着快乐信仰的珠泪，抬头望着她。

她慢慢地举起手来，轻裾飘扬，那微妙的目光，悠扬着看我，琅琅的说："万全的爱，无限的结合，是不分生——死——人——物的，无论什么，都不能抑制摧残他，你去罢，——你去奔那'完全结合'的道路罢！"

这时她慢慢地飘了起来，似乎要乘风飞举。我连忙拉住她的衣角说，"我往哪里去呢？那条路在哪里呢？"她指着天边说，"你迎着他走去罢。你看——光明来了！"

轻软的衣裳，从我脸上拂过。慢慢地睁开眼，只见地平线边，漾出万道的霞光，一片的光明莹洁，迎着我射来。我心中充满了快乐，也微微的随她说道："光明来了！"

[选自《冰心全集（第1册）》，海峡文艺出版社，2012年版]

【交流之窗】

朋友逝世，冰心除感伤之外更参破了宗教情结。她先是以为死亡消解了一切，"这样的人生，有什么趣味？"进而悟得"万全的爱，无限的结合，是不分生——死——人——物的"。爱可以超越无限之生的界线，从而使生命达到永恒。

世间最美的坟墓

——记1928年的一次俄国旅行

斯蒂芬·茨威格　　张厚仁　译

⊙ 茨威格　何作栋绘

斯蒂芬·茨威格（1881—1942），著名的奥地利犹太裔作家，中短篇小说巨匠。

　　我在俄国所见到的景物再没有比托尔斯泰墓更宏伟、更感人的了。这将被后代怀着敬畏之情朝拜的尊严圣地，远离尘嚣，孤零零地躺在林荫里。顺着一条羊肠小路信步走去，穿过林间空地和灌木丛，便到了墓冢前。这只是一个长方形的土堆而已，无人守护，无人管理，只有几株大树荫庇。他的外孙女跟我讲，这些高大挺拔、在初秋的风中微微摇动的树木是托尔斯泰亲手栽种的。小的时候，他的哥哥尼古莱和他曾听保姆或村妇讲过一个古老传说，提到亲手种树的地方会变成幸福的所在。于是他俩就在自己庄园的某块地上栽了几株树苗，这个儿童游戏不久也就忘了。托尔斯泰晚年才想起这桩儿时往事和关于幸福的奇妙许诺，饱经忧患的老人突然从中获得了一个新的、更美好的启示，他当即表示愿意将来埋骨于那些亲手栽种的树木之下。

　　后来就这样办了，完全按照托尔斯泰的愿望：他的坟墓成了世间最美的、给人印象最深刻的、最感人的坟墓。它只是树林中的一个小小长方形土丘，上面开满鲜花，没有十字架，没有墓碑，没有墓志铭，连托尔斯泰这个名字也没有。这个比谁都感到受自己的声名所累的伟人，就像偶尔被发现的流浪汉、不为人知的士兵一般不留名姓地被人埋葬了。谁都可以踏进他最后的安息地，围在四周的稀疏的木栅栏是不关闭的——保护列夫·托尔斯泰得以安息的没有任何别的东西，唯有人们的敬意；而通常，人们却总是怀着好奇，去破坏伟人墓地的宁静。这里，逼人的朴素禁锢住任何一种观赏的闲情，并且不容许你大声说话。风儿在俯临这座无名者之墓的树木之间飒飒响着，和暖的阳光在坟头嬉戏；冬天，白雪温柔地覆盖这片幽暗的土地。无论你在夏天和冬天经过这儿，你都想象不到，这个小小的、隆起的长方形包容着当代最伟大的人物当中的一个。然而，恰恰是不留姓名，比所有挖空心思置办的大理石和奢华装饰更扣人心弦：在今天这个特殊的日子里，成百上千到他的安息地来的人中间没有一个有勇气，哪怕仅仅从这幽暗的土丘上摘下一朵花留作纪念。人们重新感到，这个世界上再也没有比这最后留下的、纪念碑式的朴素更打动人心的了。残废者大教堂大理石穹隆底下拿破仑的墓穴，魏玛公侯之墓中歌德的灵寝，西敏司寺里莎士比亚的石棺，看上去都不像树林中的这个只有风儿低吟，甚至全无人语声，庄严肃穆，感人至深的无名墓冢那样能剧烈震撼每一个人内心深藏着的感情。

（选自《外国优秀散文选》，中国文艺联合出版公司，1984年版）

【交流之窗】

　　有的人把名字刻在石头上，以求不朽；俄国大文豪托尔斯泰的墓冢却仅是一个无名的长方形土丘。这被赞誉为世间最美的坟墓。伟大和朴素两相结合，庄严肃穆，感人至深，给人以"生命有限，而精神永恒"的启迪。

悼念乔治·桑

维克多·雨果 姚 远 译

维克多·雨果（1802—1885），法国作家，19世纪前期积极浪漫主义文学的代表作家。

我为一位死者哭泣，我向这位不朽者致敬。

昔日我曾爱慕过她，钦佩过她，崇敬过她，而今，在死神带来的庄严肃穆之中，我出神地凝视着她。

我祝贺她，因为她所做的是伟大的；我感激她，因为她所做的是美好的。我记得，曾经有一天，我给她写过这样的话："感谢您，您的灵魂是如此伟大。"

难道说我们真的失去她了吗？

不。

那些高大的身影虽然与世长辞，然而他们并未真正消失。远非如此，人们甚至可以说他们已经自我完成。他们在某种形式下消失了，但是在另一种形式中犹然可见。这真是崇高的变容。

人类的躯体乃是一种遮掩。它能将神化的真正面貌——思想——遮掩起来。乔治·桑就是一种思想，她从肉体中超脱出来，自由自在，虽死犹生，永垂不朽。啊，自由的女神！

乔治·桑在我们这个时代具有独一无二的地位。其他的伟人都是男子，唯独她是伟大的女性。

在本世纪，法国革命的结束与人类革命的开始都是顺乎天理的，男女平等是人与人之间平等的一部分。一个伟大的女性是必不可少的。妇女应该显示出，她们不仅保持天使般的禀性，而且还具有我们男子的才华。她们不仅应有强韧的力量，也要不失其温柔的禀性。乔治·桑就是这类女性的典范。

当法兰西遭到人们的凌辱时，完全需要有人挺身而出，为她争光载誉。乔治·桑永远是本世纪的光荣，永远是我们法兰西的骄傲。这位荣誉等身的女性是完美无缺的。她像巴贝斯一样有着一颗伟大的心；她像巴尔扎克一样有着伟大的精神；她像拉马丁一样有着伟大的灵魂。在她身上不乏诗才。在加里波第曾创造过奇迹的时代里，乔治·桑留下了无数杰作佳品。

列举她的杰作显然是毫无必要的，重复大众的记忆又有何益？她的那些杰作的伟力概括起来就是"善良"二字。乔治·桑确实是善良的，当然她也招来某些人的仇视。崇敬总是有它的对立面的，这就是仇恨。有人狂热崇拜，也有人恶意辱骂。仇恨与辱骂正好表现人们的反对，或者不妨说它表明了人们的赞同——反对者的叫骂往往会被后人视为一种赞美之辞。谁戴桂冠谁就招打，这是一条规律，咒骂的低劣正衬出欢呼的高尚。

像乔治·桑这样的人物，可谓公开的行善者，他们离别了我们，而几乎是在离逝的同时，人们在他们留下的似乎空荡荡的位子上发现新的进步已经出现。

每当人间的伟人逝世之时，我们都听到强大的振翅搏击的响声。一种事物消失了，另一种事物降临了。

大地与苍穹都有阴晴圆缺。但是，这人间与那天上一样，消失之后就是再现。一个像火炬那样的男人或女子，在这种形式下熄灭了，在思想的形式下又复燃了。于是人们发现，曾经被认为是熄灭了的，其实是永远不会熄灭。这火炬燃得比以往任何时候更加光彩夺目，从此它组成文明的一部分，从而屹立在人类无限的光明之列，并将增添文明的光芒。健康的革命之风吹动着这支火炬，并使它成为燎原之势，越烧越旺，那神秘的吹拂熄灭了虚假的光亮，却增添了真正的光明。

劳动者离去了，但他的劳动成果留了下来。

埃德加·基内逝世了，但是他的高深的哲学却越出了他的坟墓，居高临下劝告着人们。米谢莱去世了，可在他的身后，记载着未来的史册却在高高耸起。乔治·桑虽然与我们永别了，但她留给我们以女权，充分显示出妇女有着不可抹煞的天才。正由于这样，革命才得以完全。让我们为死者哭泣吧，但是我们要看到他们的业绩。具有决定性意义的伟业，得益于颇可引以为豪的先驱者的英灵精神，必定会随之而来。一切真理、一切正义正在向我们走来。这就是我们听到的振翅搏击的响声。

让我们接受这些卓绝的死者在离别我们时所遗赠的一切！让我们去

迎接未来!让我们在静静的沉思中,向那些伟大的离别者为我们预言将要到来的伟大女性致敬!

(选自《散文名作精品》,四川人民出版社,1995年版)

【交流之窗】

乔治·桑是法国女小说家,是巴尔扎克时代最具风情、最另类的小说家。她为什么赢得了雨果如此高的崇敬?雨果通过她让我们知道,有一种伟大的生命虽然与世长辞,却并未真正消失,他们"在另一种形式中犹然可见",他们"是崇高的变容",是崇高的另一种存在!

● 理性之光

逍遥游（节选）

庄　子

⊙ 庄子　王博绘

庄子（约前369—前286），姓庄，名周，宋国蒙人，战国中期著名的思想家、哲学家和文学家。著作有《庄子》。

　　北冥有鱼，其名为鲲。鲲之大，不知其几千里也；化而为鸟，其名为鹏。鹏之背，不知其几千里也；怒而飞，其翼若垂天之云。是鸟也，海运则将徙于南冥，——南冥者，天池也。《齐谐》者，志怪者也。《谐》之言曰："鹏之徙于南冥也，水击三千里，抟扶摇①而上者九万里，去以六月息者也②。"野马也③，尘埃也，生物之以息相吹也。天之苍苍，其正色邪？其远而无所至极邪？其视下也，亦若是则已矣。且夫水之积也不厚，则其负大舟也无力。覆杯水于坳堂之上，则芥为之舟，置杯焉则胶④，水浅而舟大也。风之积也不厚，则其负大翼也无力。故九万里，则风斯在下矣，而后乃今培风⑤；背负青天，而莫之夭阏者⑥，而后乃今将图南。蜩与学鸠⑦笑之曰："我决起⑧而飞，抢榆枋⑨而止，时则不至，而控于地而已矣，奚以之九万里而南为？"适莽苍者，三餐而反，腹犹果然；适百里者，宿舂粮⑩；适千里者，三月聚粮。之⑪二虫又何知？

　　小知不及大知，小年不及大年。奚以知其然也？朝菌⑫不知晦朔，蟪蛄⑬不知春秋，此小年也。楚之南有冥灵者，以五百岁为春，五百岁为秋。上古有大椿者，以八千岁为春，八千岁为秋，此大年也。而彭祖⑭乃今以久特闻，众人匹之，不亦悲乎！汤之问棘也是已⑮。穷发之北，有冥海者，天池也。有鱼焉，其广数千里，未有知其修者，其名为鲲。有鸟焉，其名为鹏，背若泰山，翼若垂天之云，抟扶摇羊角⑯而上者九万里，绝云气，负青天，然后图南，且适南冥也。斥鴳⑰笑之曰："彼且奚适也？我腾跃而上，不过数仞而下，翱翔蓬蒿之间，此亦飞之至也。而彼且奚适也？"此小大之辩也。

故夫知效一官，行比一乡，德合一君，而征一国者[18]，其自视也，亦若此矣。而宋荣子犹然笑之。且举世誉之而不加劝，举世非之而不加沮，定乎内外之分，辩乎荣辱之境，斯已矣。彼其于世，未数数然也[19]。虽然，犹有未树也。夫列子[20]御风而行，泠然[21]善也，旬有五日而后反。彼于致福者，未数数然也。此虽免乎行，犹有所待[22]者也。若夫乘天地之正，而御六气之辩[23]，以游无穷者，彼且恶[24]乎待哉？故曰：至人[25]无己[26]，神人无功[27]，圣人无名[28]。

（选自《庄子集释》，中华书局，1954年版）

【注释】

①抟（tuán）扶摇：抟，环旋着往上飞。扶摇，旋风。②息：气息，这里指风。③野马：这里指游动的雾气。④胶：粘，指着地。⑤培：凭，凭借。⑥夭阏（è）：阻塞。⑦蜩（tiáo）与学鸠：蜩，蝉。学鸠，斑鸠。⑧决（xuè）：快速的样子。⑨抢（qiāng）榆枋：抢，触、碰。榆枋，榆树和檀树。⑩宿舂（chōng）粮：出发前一宿捣米储食。舂，捣掉谷壳。⑪之：此。⑫朝（zhāo）菌：一名大芝，早晨生，见日则死。⑬蟪（huì）蛄（gū）：寒蝉，春生夏死，夏生秋死。⑭彭祖：传说为尧之臣，名铿，活了八百岁。⑮汤之问棘：汤，商朝开国之君。棘，商汤时之贤人。⑯羊角：旋风。⑰斥鴳（yàn）：鴳雀。⑱而：通"能"，才能。征，信，这里是"取信"的意思。⑲数（shuò）数然：拼命追求的样子。⑳列子：姓列，名御寇，战国时郑国人。㉑泠（líng）然：轻快的样子。㉒待：凭借。㉓六气之辩：六气，阴、阳、风、雨、晦、明。辩，通"变"。㉔恶（wū）：何。㉕至人：庄子认为修养最高的人。下文"神人""圣人"与此义相近。㉖无己：无我。即物我不分。㉗无功：无所为，故无功利。㉘无名：不立名。

【交流之窗】

庄子追求精神的绝对自由，他笔下的这只神奇的大鹏就是自由精神的象征。它广数千里，背负青天，雄飞在九万里高空。但它不能无所凭倚，因而并不能真正的自由。庄子指出，人只有做到"无己""无名""无功"，才能达到独与天地精神相往来的"逍遥游"境界。

人生的境界

冯友兰

冯友兰(1895—1990),字芝生,河南省人,中国哲学家、哲学史家。

哲学的任务是什么？我在第一章曾提出，按照中国哲学的传统，它的任务不是增加关于实际的积极的知识，而是提高人的精神境界。在这里更清楚地解释一下这个话的意思，似乎是恰当的。

我在《新原人》一书中曾说，人与其他动物的不同，在于人做某事时，他了解他在做什么，并且自觉他在做。正是这种觉解，使他正在做的对于他有了意义。他做各种事，有各种意义，各种意义合成一个整体，就构成他的人生境界。如此构成各人的人生境界，这是我的说法。不同的人可能做相同的事，但是各人的觉解程度不同，所做的事对于他们也就各有不同的意义。每个人各有自己的人生境界，与其他任何个人的都不完全相同。若是不管这些个人的差异，我们可以把各种不同的人生境界划分为四个概括的等级。从最低的说起，它们是：自然境界，功利境界，道德境界，天地境界。

一个人做事，可能只是顺着他的本能或其社会的风俗习惯。就像小孩和原始人那样，他做他所做的事，然而并无觉解，或不甚觉解。这样，他所做的事，对于他就没有意义，或很少意义。他的人生境界，就是我所说的自然境界。

一个人可能意识到他自己，为自己而做各种事。这并不意味着他必然是不道德的人。他可以做些事，其后果有利于他人，其动机则是利己的。所以他所做的各种事，对于他，有功利的意义。他的人生境界，就是我所说的功利境界。

还有的人，可能了解到社会的存在，他是社会的一员。这个社会是一个整体，他是这个整体的一部分。有这种觉解，他就为社会的利益做各种事，或如儒家所说，他做事是为了"正其义不谋其利"。他真正是有道德的人，他所做的都是符合严格的道德意义的道德行为。他所做的各种事都有道德的意义。所以他的人生境界，是我所说的道德境界。

最后，一个人可能了解到超乎社会整体之上，还有一个更大的整体，即宇宙。他不仅是社会的一员，同时还是宇宙的一员。他是社会组织的公民，同时还是孟子所说的"天民"。有这种觉解，他就为宇宙的利益而做各种事。他了解他所做的事的意义，自觉他正在做他所做的事。这种觉解为他构成了最高的人生境界，就是我所说的天地境界。

这四种人生境界之中，自然境界、功利境界的人，是人现在就是的人；道德境界、天地境界的人，是人应该成为的人。前两者是自然的产物，后两者是精神的创造。自然境界最低，其次是功利境界，然后是道德境界，最后是天地境界。它们之所以如此，是由于自然境界，几乎不需要觉解；功利境界、道德境界，需要较多的觉解；天地境界则需要最多的觉解。道德境界有道德价值，天地境界有超道德价值。

照中国哲学的传统，哲学的任务是帮助人达到道德境界和天地境界，特别是达到天地境界。天地境界又可以叫作哲学境界，因为只有通过哲学，获得对宇宙的某些了解，才能达到天地境界。但是道德境界，也是哲学的产物。道德认为，并不单纯是遵循道德律的行为；有道德的人也不单纯是养成某些道德习惯的人。他行动和生活，都必须觉解其中的道德原理，哲学的任务正是给予他这种觉解。

生活于道德境界的人是贤人，生活于天地境界的人是圣人。哲学教人以怎样成为圣人的方法。我在第一章中指出，成为圣人就是达到人作为人的最高成就。这是哲学的崇高任务。

在《理想国》中，柏拉图说，哲学家必须从感觉世界的"洞穴"上升到理智世界。哲学家到了理智世界，也就是到了天地境界。可是天地境界的人，其最高成就，是自己与宇宙同一，而在这个同一中，他也就超越了理智。

前几章已经告诉我们，中国哲学总是倾向于强调，为了成为圣人，并不需要做不同于平常的事。他不可能表演奇迹，也不需要表演奇迹。他做的都只是平常人所做的事，但是由于有高度的觉解，他所做的事对于他就有不同的意义。换句话说，他是在觉悟状态做他所做的事，别人是在无明状态做他们所做的事。禅宗有人说，觉字乃万妙之源。由觉产生的意义，构成了他的最高的人生境界。

所以中国的圣人是既入世而又出世的,中国的哲学也是既入世而又出世的。随着未来的科学进步,我相信,宗教及其教条和迷信,必将让位于科学;可是人的对于超越人世的渴望,必将由未来的哲学来满足。未来的哲学很可能是既入世而又出世的。在这方面,中国哲学可能有所贡献。

[选自《三松堂全集(第六卷)》,河南人民出版社,2000年版]

【交流之窗】

同样是生活在世上的人,却可能有不同的人生境界。扪心自问:我们处在哪个境界?冯友兰先生的"人生境界说"既向我们揭示了人生的复杂性和差异性,又昭示着我们向人生的更高境界前行,去寻求生命的超越。

人和宇宙①

维克多·奥辛廷斯基　　徐　元　译

维克多·奥辛廷斯基，波兰学者和作家，曾任波兰《文化》周刊记者。

维克多·奥辛廷斯基（以下简称奥）：什克洛夫斯基教授，近来越来越多的人都在谈论人类与宇宙的联系，地球上生命的进化对宇宙命运的依赖，以及外层空间的全部历史对人类的出现到底有什么样的贡献。有些人则从中看到克服人类在宇宙中的凄凉孤独地位的机会。

约瑟夫·S.什克洛夫斯基②（以下简称什）：我没有明白你的意思，你是不是说人类是上帝创造的？

奥：不，我是说或许宇宙对我们的影响要比以前所想象的大得多。

什：你真的是说有某种外层空间对地球的干预吗？人类作为一种文化，其历史只不过10000余年。我可以肯定地告诉你，从未有过什么外空的东西来到这里。

…………

奥：那我们为什么还要去寻找其他的文明呢？为什么我们还要寄送各种"宇宙信件"呢？

什：这根本就没有用，纯粹是愚蠢，假如某种高级文明存在的话，我们早就该发现其活动的信号了。技术发展的速度如此之迅猛，某种与我们可以媲美的文明，只需300年就能征服邻近的空间，在1000年的时间里就能控制该星球所在的整个太阳系，甚至于到达其他的星系。假如有比我们早1000年的文明存在的话——在宇宙范畴中这个数字几乎等于零——那么它早就发展到自己的星球以外了。这种文明就已经可能控制了自己的太阳系，并且拓展到我们的太阳系中来了。可是，任何地方都找不到这些活动的踪迹，这就意味着我们的文明是唯一的。

---

① 标题为编者所拟。本文有删节。
② 约瑟夫·S.什克洛夫斯基：苏联天体物理学家，科学院院士，全美科学院外籍院士。

奥：是否其他的文明不想征服宇宙？或许是通过另一种方式来达到这一目的？

什：不，那是不可能的。有人说文明可能只在其自己封闭的界限内发展，仅仅在内部使用其能量，而丝毫不发射到周围的外层空间去，这在物理上是不可能的，它违反了热力学原理。

奥：你是不是说，假定有某种文明存在的话，那它就一定会与我们一模一样演化？

什：是的。然而，我们技术的进步，只不过是最近的事，科学还只有350年的历史。在这样短短的时间里，人类的知识几乎是从零发展到目前的水平；从野蛮愚昧的境地发展到一种高度发达的文明阶段。这意味着，如果人类潜力的发挥，每10年到20年翻一番的话，那么在未来的300年中，我们的文明将遍布整个太阳系。

奥：以何种方式？我们活动的踪迹，会不会像我们发出的电波或空间探测器一样，遍及整个太阳系？

什：人类将完全有可能在太阳系里旅行。人们已经设计出了空间城市，今天的空间技术已经有可能为10000人建造一个居民点，在月球的轨道上舒舒服服地生活，这些人不是宇航员，而是普普通通的人。大概10年到15年后，用约1000亿美元，就能造一个空间居民点，其价格，刚好是人在月球上着陆的费用的3倍。50年后，我们将能为3000万到4000万的人口在空间建立一个居民点。

奥：这样做合算吗？

什：那是另外一个问题。我一直是在说其可能性。然而，我认为是否要去探索宇宙，不决定于人类是否愿意，它将是人类的唯一选择，因为这是人类生存的唯一出路。你看，现在地球上正在闹能源危机，但只需一个月球轨道上的空间站，就能满足整个美国的能源需求，它把转换成微波的太阳能输送给地球。再例如污染问题，人类将永远不可能完全消除能源工厂污染和化学实验污染所构成的威胁。因此，有污染的工厂不应在地球上建造，而应建到空间中去。

…………

奥：我们从哪里弄到能源和材料去创造它？

什：我们可以使用太阳能；这种能量在整个太阳系到处都有，我们的建筑材料可以从木星或者小行星上取得。

奥：这听起来像幻想曲或科幻小说。

什：喔，很快就不会是梦幻了。我们朝这个目标发展有其必然性，不走这条路就意味着延误、停滞，就好像不用的蒸汽机会生锈一样。

奥：现在我懂了，你为什么排除存在其他文明的可能性。假如的确存在有其他文明的话，他们也会用同样的方式来发展，并且已经到达我们这里了，否则他们就会"生锈"。是不是他们现在正在"生锈"呢？或许技术发展到一定水平，如核能的利用，某种内部的力量破坏了他们的文明。

什：有这种理论，但相信这种理论的人并不普遍。也许有可能某些文明在克服其内部的问题，但我们并没有发现他们在空间的任何活动。

奥：也许他们都灭亡了。

什：但那并不能改变我对是否存在具有发达技术的文明这个问题的答案。他们现在不存在，要么从未有过，要么已经灭亡了。

…………

奥：你如何衡量空间研究的效益？是从实用的和技术的角度，或者从一种哲学本质的角度来看待这个问题。

什：两者兼有。

奥：那么，按照你的观点，在过去20年的空间研究中，最有意义的哲学效果是什么？

什：我认为，就是人在宇宙中的地位更明确了。在学校里，老师教导我们，我们是居住在一颗小行星上，可是谁也不承认这一点。相反，我们却相信经验告诉我们的，地球的范围和资源几乎是无限的。太空时代的到来，使人们清醒地看到，我们的星球一点也不大。此外，太空时代的另一个重要成果，就是在整个太阳系中我们还没有发现任何新的东西，只不过证实了以前天文学家所知道的有关太阳、行星以及整个系统的情况。……宇宙飞行只不过证实了我们的推测，是对我们有关太阳系知识可靠性的直接检验——这种知识是基于间接推断而得出的。继而，就可帮助我们检验有关宇宙中更遥远区域的推测的可靠性，那些地方，宇宙飞船在我们这一辈还无法到达。我们还能够检验有关宇宙历史和演化的命题。总之，空间计划已经证实了科学和我们所使用的科学方法的正确性。这不是已经够多的了，是不是？

奥：你提到了宇宙的历史和演化，今天大多数科学家都相信这种假说，即宇宙是从一种称之为宇宙大爆炸的爆发开始的，人们常常在想，在宇宙大爆炸之前是个什么样的情形？

什：你是想知道什么都没有之前的情形？

奥：我不清楚。我只是想，时间和空间无限性的概念是一个被人们提出来，但又无法解决的问题。

什：我想也许你是对的，但只是在一定程度上。时间的概念并不像想象的那么重要。这个问题有一个非常简单的答案：在宇宙大爆炸之前有些什么？在此之前，时间概念本身根本就不存在。现在很难想象这一点，但让我们试试看。比如说宇宙是一个电子的大小，即10^{-12}厘米，这个粒子的重量是10^{120}克/厘米^3，在这种极端情况下，时间的概念是毫无意义的，特别是因为在那种情况下根本没人可据以感觉时间在流逝的变化。帮助我们认识在大爆炸之前引力有多么神奇的是广义相对论，所以，我们在那种情况下不能使用时间和空间的概念。那里不存在我们所知道的时间和空间。当我们问"在此之前是什么"时，"之前"这个词就暗示了时间，我们没有领会"之前"这个时间根本就不存在。实际上时间只能在"以后"才产生。

……………

奥：那么将来会发生些什么？时间和空间的概念是否会再消失。

什：不会的，宇宙——我们的宇宙——将会无止境地发展，任何力量都不能阻止它的发展。

奥：你是说宇宙不会停止其膨胀而再次开始收缩吗？

什：不，未来宇宙发展的规律取决于它的平均密度。现代天文学曾帮助我们测量了宇宙的实际密度是10^{-31}克/厘米^3，即相当于在每立方米中，仅有一个原子核。假如宇宙的密度是现在的20倍的话，那么数百亿年后，宇宙就会停止膨胀而开始再次收缩，直到宇宙变成一个微小的点。然而，既然物质并非如此稠密，所以宇宙扩张的过程是无法阻止的。

奥：是否宇宙比现在小20倍，就会达到临界点？

什：不是，随着宇宙的扩张，这种临界值也会发生变化。原子核的数目是严格确定的，它是10^{80}个。这个数目是临界值。这就是我们的宇宙是怎样构成的，它的结构本身就已决定了其未来。

奥：我怀疑谁能如此绝对而又权威地测知宇宙中物质的密度或原子核的数目，因为这些值仍旧有争议和不肯定。不过，让我们假设你是对的，这是否意味着没有什么"宇宙边界"？

什：是的。宇宙起源时出现的一种非常奇怪的现象，以后不可能再出现。宇宙将永无止境地膨胀，至少今天的科学是这样认为的。

奥：我们太阳系的未来会怎样呢？是否有一天会出现"太阳末日"？

什：当然有可能。宇宙中的每一单元都有其自己的历史。曾经有过没有星系、恒星、太阳系和行星，甚至没有化学元素的时候。只有均匀分布的等离子体。这种等离子体开始形成，从等离子体中产生了星系，当它浓集时就形成了恒星。在恒星内部的热核反应导致了化学元素的产生等等，随之出现了行星，然后又出现了生命。宇宙从简单的形式向越来越复杂的形式发展。我们的太阳，是从一种物质云中产生出来的，大约50亿年前，就形成了我们今天所见到的太阳，其他行星也同时形成……

奥：未来会怎么样呢？

什：在以后的40亿到60亿年中，太阳的能量将会耗尽，尽管它不会达到零点。太阳将会膨胀为一个红巨星，并且将比现在亮100倍，其边缘将会扩展到地球，甚至到达火星。之后，物质云会与红巨星分开，产生一种行星状的星云。然而，太阳的中心部分将会收缩，变成一种很小的星体，我们称之为白矮星，其后再也不会发生什么变化。实际上它将永远存在下去。

奥：它会不会消失？

什：不会的，虽然有时白矮星的电子外壳会破裂，但我们的太阳不会出现这种情况。它太小了。白矮星的临界质量是太阳质量的1.2倍。所以，如果太阳的质量再增加16%的话，它就可以从空间捕获其他物质，大灾难就会发生。白矮星会变成所谓中子星并且坍缩。然而，这些天体是怎样产生的，一些白矮星为什么会坍缩，其机制还很不清楚。

奥：但是我们的太阳不会发生这样的事情。

什：你不喜欢那种观点，是吗？太阳变成白矮星这件事条件还不够充分。

奥：我真的无所谓，既然太阳会变成一颗白矮星，而我们的星球是绕其运动——寒冷、没有空气、荒凉，一切都死灭了——那时将不会有人类存在了。

什：并不一定会如此。这种情况要几十亿年后才会出现，那时人类也许可以创造自己的新的大气和自己的新的能源。人的潜力是无限的。人类毕竟只需1000年就能征服整个太阳系，而太阳变成白矮星则要几十亿年。

奥：是不是到那时，人类就能改变那种事物发展的自然过程？

什：不，这些过程不可能停止或改变。人类可以调节自己——只要有新的人造能源，人类就可以创造一种人工环境，不必依靠太阳来生存。

奥：人类生存的时间是否有可能超过太阳系？

什：为什么不行？人类思维的潜力是巨大的。如果人类按现在的速度发展下去，不出几百万年，就可以控制并改变整个银河系。人类也许可以在每一个恒星的周围建造一座太空城。的确，这很快就可以实现，因为一个星系绕其自身的轴运转一周所花的时间是两亿年，那么，五六百万年这区区小数就不足挂齿了。但人类一定得学会运用其潜力。假如没有什么大灾难摧毁人类的话，人类可以永远生存下去。

奥：你心目中的大灾难是什么样的？是内部的，还是外部的？

什：人类内部的大灾难如同幽灵一样萦绕在全世界所有政治家的头脑中，这种灾难可以毁灭整个人类文明。虽然人类具有无限的技术潜力，但在道德和社会方面还很不成熟，这些缺陷可能引起一场大灾难，从内部破坏整个文明。

奥：所以，在你看来，这样一种不完美的高级动物在宇宙中居然是独一无二的，并且甚至可能成为宇宙的主宰，也许这很遗憾，是吗？

什：恐怕你并没有完全理解我所说的意思，当我谈到人类的独特性，谈到向地球以外的空间拓展的必要性时，你似乎对"扩张主义"这个词感到恐惧。相反，你没有考虑到，在实现扩张主义的同时，人也能改造自己，它使人在道德方面更完善，对其行动更加负责任。

奥：因为作为宇宙的主人，我们就应为宇宙担当起责任？

什：因为我们承担着这种责任。

（选自《未来启示录——苏美思想家谈未来》，上海译文出版社，1988年版）

【交流之窗】

　　本文是作者采访苏联天体物理学家什克洛夫斯基的谈话录。

　　人类从宇宙中来，漫长的进化中，虽只有350年的科学历史，但人类已发展到了高度文明的阶段。人类将要走向太阳系，并最终要超越太阳系。但人类需要克服在社会道德方面还很不成熟的缺陷，并承担起宇宙主人的责任。